1781

DIE BIBLIOTHEK DES NORDENS

HEINRICH HEINE

Im Pavillon am Jungfernstieg

Eine literarische Reise von Helgoland bis in den Harz

HERAUSGEGEBEN
UND MIT EINLEITUNGEN
VERSEHEN VON
JAN-CHRISTOPH HAUSCHILD

Hoffmann und Campe

Die Bibliothek des Nordens wurde
zusammengestellt von Vito von Eichborn.

In Kooperation mit
NDR Kultur Journal

1. Auflage 2006

www.hoca.de
Satz: atelier eilenberger, Leipzig
Gedruckt in Tschechien
ISBN (10) 3-455-40032-9
ISBN (13) 978-3-455-40032-8

HOFFMANN
UND CAMPE

Ein Unternehmen der
GANSKE VERLAGSGRUPPE

INHALT

I HAMBURG

»SCHÖNE WIEGE MEINER LEIDEN«

Einleitung

Schöne Wiege meiner Leiden,
Schönes Grabmahl meiner Ruh,
Schöne Stadt, wir müssen scheiden, –
Lebe wohl, ruf ich dir zu.

Lebe wohl, du heilge Schwelle,
Wo da wandelt Liebchen traut;
Lebe wohl! du heilge Stelle,
Wo ich sie zuerst geschaut.

Hätt ich dich doch nie gesehen,
Schöne Herzenskönigin!
Nimmer wär es dann geschehen,
Daß ich jetzt so elend bin.

Aus: *Buch der Lieder: Junge Leiden, Lieder, V*

Frei heraus: Heinrich Heine war Hamburger. Gewiß, in Düsseldorf ist er geboren, vermutlich um die Jahreswende 1797/98, wer weiß das so genau (die behaupten, es genau zu wissen: 13.12.1797, am wenigsten). Aber nach seinem Abschiedsbesuch im September 1820 hat Heine seine Vaterstadt nie wiedergesehen. Hamburg dagegen betrachtete er, so überliefert es sein Freund Heinrich Laube, »immer« als seine »spezielle Heimat«, ihr galten auch seine beiden einzigen Deutschlandreisen, die er von Paris aus 1843 und 1844 unternahm. All dem zum Trotz ist sein Verhältnis zur »seelenlosen Schacherstadt« an der Elbe stets überaus konfliktreich gewesen. Ja, gerade deswegen.

Hier war es, wo er im Kreis naher Verwandter seine erste große Liebe fand, wo er eine zweijährige Lehrzeit absolvierte und anschließend, im Auftrag seines Vaters, aber unter eigener Firma, englische Fabrikware verkaufte und nach kurzer Zeit, ohne eigene Schuld, aber mit Eklat, scheiterte. Hier begann er mit ersten Gedichtveröffentlichungen seine literarische Laufbahn, hier fand er 1826 in Julius Campe seinen deutschen Hauptverleger. Last not least war er – fast – Hamburger Staatsbürger: Als er 1818 die provisorische Aufnahme in die jüdische Gemeinde Hamburgs erlangte, kam das einem Quasi-Bürgerrecht gleich.

Heines Verhältnis zur Hamburger Judenschaft stand unter dem Patronat seiner reichen Hamburger Verwandten. Zu einer regelrechten Integration kam es jedoch nicht; Heine betrieb sie auch nicht. Das war zweifellos die Folge der liberalen und unorthodoxen Erziehung, die er im Elternhaus genossen hatte. Sie war von einer gewissen Distanz zu allem Jüdischen und insbesondere zur jüdischen Religion geprägt. Dennoch dürfte er gelegentlich den Gottesdienst in der Reformsynagoge besucht haben: Angeregt durch Reformbestrebungen Berliner Juden, hatten über sechzig Hamburger, darunter Bekannte und Verwandte Heines, den »Neuen Israelitischen Tempelverein in Hamburg« gegründet, dem sich auch Salomon Heine anschloß. Die Prediger der Reformsynagoge, Eduard Kley und Gotthold Salomon, und ihren Gegenspieler, den Orthodoxen Isaak ben Jakob Bernays, sowie den Hamburger Zuckermakler Gerson Gabriel Coh(e)n, einen Anhänger der jüdischen Reformbewegung, erwähnt Heine in Briefen an Moses Moser vom 23. August und 27. September 1823.

Moser gegenüber, einem Bankangestellten, der sein engster Berliner Freund geworden war, nahm Heine auch zahlreiche Vertreter der deutsch-jüdischen kulturellen Symbiose in Berlin aufs Korn, so den Universitätsjuristen Eduard Gans, der im Anschluß an Hegel das Recht der praktischen Vernunft vertrat, Leopold Zunz, der 1822 die *Zeitschrift für die Wissenschaft des Judentums* begründete, den Orientalisten Ludwig Marcus, den Journalisten Joseph Lehmann und den Pädagogen Immanuel Wohlwill (ursprünglich Joël Wolf, Spitzname »Monas«), der 1823 als Tempelprediger-adjunkt und Lehrer der israelitischen Freischule nach Hamburg ging. Ebenso wie in der Diskussion um die Hamburger Reformsynagoge nahm Heine im innerjüdischen Streit für die Traditionalisten Stellung, die ihm »kraftvoller« erschienen als die Reformer David Friedländer, Israel Jacobsohn, Lazarus Bendavid, Isaak Levin Auerbach und dessen Bruder Baruch Auerbach, die eine radikale Reform des Judentums, seine Modernisierung und Assimilation anstrebten.

15 Hamburg-Aufenthalte zwischen 1814/15 und 1843 hat der verdienstvolle Heineforscher Joseph A. Kruse in seiner Studie über *Heines Hamburger Zeit* (Hamburg: Hoffmann und Campe 1972) gezählt, was aneinandergereiht eine Aufenthaltsdauer von mehr als sechs Jahren ergäbe. Die Freie und Hansestadt, die auf eine lange republikanische Tradition zurückblickte, hatte damals bereits um 130 000 Einwohner; bis 1830 kamen noch einmal 40 000 dazu. Handel, Seefahrt, Schiffbau und Hafen machten Hamburg zur größten Handelsmetropole nicht nur Deutschlands, sondern bald auch des Kontinents. Hier befand sich der größte Silbermarkt Europas, neben dem Warenhandel hatte hier das Wechselgeschäft ein bedeutendes Zentrum.

Zunächst absolvierte Harry Heine, wie er bis zu seiner protestantischen Taufe 1825 hieß, von 1816 bis 1818 eine zweijährige Lehrzeit im Kontor des Hamburger Bankhauses Heckscher & Co., an dem sein Onkel Salomon, ein jüngerer Bruder seines Vaters, beteiligt war: ein energischer Geschäftsmann, ein gläubiger Jude mit viel Familiensinn, ein Philanthrop und Wohltäter nicht nur der eigenen Verwandtschaft, dessen nachgelassenes Vermögen 1843 auf umgerechnet 210 Millionen Euro beziffert wurde. Als Stifter des Israelitischen Krankenhauses (Simon-von-Utrecht-Straße 2; das Gebäude dient heute kommunalen Verwaltungszwecken) hat ihn Heine in einem Gedicht porträtiert. Seine Villa »mit Turm und Zinne« am Elbufer im damals dänischen Ottensen war ein Zentrum vornehmer hanseatischer Lebenskultur, ein offenes Haus, in dem Schriftsteller, Schauspieler und Tonkünstler verkehrten. Hintersinnig heißt es in der dritten Abteilung der *Nordsee*, Salomo »hatte immer eine besondere Liebhaberey für Gold und Affen.«

Für Heine war es im Rückblick vor allem ein Ort schwerer Demütigungen und Diffamierungen: »Affrontenburg« nannte er in einem späten Gedicht den Schauplatz seiner Leiden, von dem heute nur noch das 1832 errichtete Gärtnerhaus erhalten ist (Elbchaussee 31). Heftig reagierte er beispielsweise 1826 auf eher gutgemeinte Versuche seines Schwagers Moritz Embden und des Hamburger Bekannten Coh(e)n, Salomon Heine auf die problematische Situation seines Neffen aufmerksam zu machen, mit dem Ziel, ihn zu seinem eigenen Besten von Hamburg zu »entfernen«. Beeinflußt von ihm übelwollenden Familienmitgliedern und Gästen, so faßte er 1837 zusammen, habe dort »von jeher« eine dem todesschwangeren Dunst mittelitalienischer Sümpfe vergleichbare feindliche Atmosphäre geherrscht, »die meinen guten Leumund verpestete«.

Im Juni 1818 richtete ihm sein Vater in zentraler Lage (südlich vom Jungfernstieg, in der Nähe von Rathaus und Börse) und als Filiale des eigenen Tuchgeschäfts in Düsseldorf eine Kommissionshandlung für englische Manufakturwaren ein: »Harry Heine et Comp.«; Salomon dürfte für das nötige Gründungskapital gesorgt haben. In Düsseldorf nicht abgesetzte Waren wurden hier verkauft. Heine sollte nun aktiv an der Erhaltung des von der Wirtschaftskrise bedrohten Familienbetriebs mitwirken. Doch Samson Heines »Ellen- und Modewaarenhandlung« am Rhein steuerte längst dem Bankrott entgegen. Bereits kurz nach Eröffnung des Hamburger Geschäfts war er endgültig zahlungsunfähig; seine verzweifelten Rettungsversuche ließen den Schuldenberg nur immer weiter anwachsen. Hinzu kam eine psychische Erkrankung, die ihn am Ende völlig handlungsunfähig machte. Als seine Außenstände auf 100 000 Taler angewachsen waren, zog sein Bruder Salomon die Notbremse und ließ seinen Bruder für geisteskrank und geschäftsunfähig erklären und entmündigen, womit auch das Schicksal der Kaufmannskarriere von Harry Heine besiegelt war.

Der innerfamiliäre Konflikt wurde noch zusätzlich angefacht durch eine einseitige, für Heine unglückliche Liebesbeziehung zu Amalie, der zweitjüngsten Tochter des Millionärsonkels. Für sie scheint er sich schon in seiner Düsseldorfer Zeit interessiert zu haben; in Hamburg forcierte er sein Begehren. Es war eine unmögliche Liebe; der hanseatische »Engel« hielt den Vetter auf deutlicher Distanz. Die Poesie war dessen Trost: Im Februar 1817 veröffentlichte die Zeitschrift »Hamburgs Wächter« die ersten Gedichte des Kaufmannslehrlings, der sich noch hinter dem Anagramm *Sy. Freudhold Riesenharf* (gebildet aus: Harry Heine, Dusseldorff) verbarg.

1819 verließ Heine Hamburg und kehrte zunächst ins Elternhaus zurück. In einem Abschiedsgedicht verklärte er die Stadt zur »schönen Wiege« seiner »Leiden«. Von der emotionalen Bindung an die Elbmetropole, einem Gemenge aus schicksal- wie schuldhaften Verstrickungen, Sehnsüchten, Enttäuschungen und Verletzungen, vermochte er sich zeitlebens nicht zu befreien; darüber zu sprechen, hieß Schuld zuzuweisen. Wem auch immer die Vorwürfe gegolten hätten: Es wäre jemand aus der Familie gewesen. Und das konnte nicht Heines Absicht sein, zumal er dieser Familie außerordentlich viel verdankte.

Gleichzeitig endete auch die Düsseldorfer Zeit der Familie Heine, die nach einer Zwischenstation in Oldesloe 1822 ihren dauernden Wohnsitz in Lüneburg nahm, ehe sie im Frühsommer 1828 zu ihren Verwandten an die Elbe zog. Wegen des wirtschaftlichen und gesundheitlichen Ausfalls Samson Heines nahm nun der Hamburger Onkel die Geschicke seiner Verwandten in die Hand und förderte sie auf großzügige Weise. Die Eltern wurden mit einer Jahresrente versorgt, die Kinder mit Ausbildungsstipendien ausgestattet: Für Harry, den Ältesten, fiel die Wahl auf das Studium der sozial besonders exklusiven Jurisprudenz (anfangs zusätzlich auch der Nationalökonomie); in Verbindung mit der dann fast unausweichlichen Taufe versprach ein juristisches Examen Aussicht auf einen Posten im Staats- und Verwaltungsdienst oder zumindest auf eine Advokatur. Heines Bruder Gustav erhielt die Mittel zur praktischen Ausbildung als Landwirtschaftsinspektor, Maximilian, der jüngste der Brüder, nahm ein Medizinstudium auf. Die Schwester Charlotte, mit der Heine eine innige Geschwisterliebe verband, heiratete 1823 den Hamburger Indigo-Makler Moritz Embden (1790–1866), einen weitläufigen Verwandten.

Zwar verlangte die soziale Konvention von Salomon Familiensolidarität, weshalb er Heine auch nach Beendigung des Studiums öfter Geldbeträge zukommen ließ. Dessen Lebensunterhalt komplett bzw. zu einem beträchtlichen Teil zu übernehmen, weigerte er sich lange; seinen Zahlungen lagen außerordentliche Anlässe zugrunde. Erst nach anderthalbjährigem Zerwürfnis und äußerst schwierigen Verhandlungen gelang es Heine im Herbst 1838, von seinem Onkel eine feste Zusage über einen jährlichen, ab Januar 1839 zu entrichtenden Unterhaltszuschuß in Höhe von 4000 Francs zu erhalten, der nach seiner Eheschließung 1841 auf 4800 Francs erhöht wurde. Zu einer echten Anerkennung der außerhalb der materiellen Sphäre liegenden Leistungen seines Neffen wollte sich Salomon Heine jedoch nicht verstehen, weshalb diese Unterstützung etwas Zweideutiges behielt, von dem Heine sich prinzipiell freizumachen suchte, was ihm freilich nicht gelang.

Wie ein Blitzschlag traf ihn dann der Versuch des Hamburger Familienclans, die Pension nach Salomons Tod am 23. Dezember 1844 um die Hälfte zu kürzen und auch noch die Auszahlung dieser Hälfte an gewisse Bedingungen zu knüpfen; absolute Loyalität, Sparsamkeit und Einschränkung sollten von nun an gelten. Erst von einer Falschmeldung über Heines vermeintlichen Tod aufgeschreckt, lenkte Carl Heine im Herbst 1846 ein: Im Februar 1847 sicherte er seinem Cousin die ungekürzte Fortzahlung der ursprünglichen Jahresrente auf Lebzeiten zu; außerdem erklärte er sich bereit, nach Heines Tod die Hälfte der Pension an seine Witwe weiterzuzahlen.

Eigenem Verständnis nach hatte Heine jedoch durch seine literarische Tätigkeit, die seiner Familie zu gesellschaftlicher Ehre gereichte, Anspruch auf Unterstützung, und daher war sein immerwährender Kampf um diese Gelder auch ein Kampf um seine Identität und Akzeptanz als Schriftsteller. Der Wille, es den Hamburger »Pfeffersäcken« zu zeigen, ihrem kommerziell-materiellen Erfolg einen geistig-literarischen entgegenzusetzen, wurde zu einem der wichtigsten Antriebe seiner literarischen Tätigkeit. Und es war der Hamburg-Komplex aus Familie, Beruf und Erotik mitsamt dem Widerspruch der gleichzeitig erwünschten und verhaßten finanziellen Abhängigkeit, der Hamburg für Heine zu einem immer wiederkehrenden Thema, seine Bürgerinnen und Bürger zu Zielscheiben seines Spottes und seine reichen Verwandten vielfach zu heimlichen Adressaten von Witzen und Anspielungen werden ließ. So, als er 1832 bei Gelegenheit einer kleinen biographischen

Untersuchung über den englischen Politiker George Canning erläuterte, dieser sei »geboren von unglücklichen Eltern; späterhin, aus dem kleinen Elend der Armut in das größere Elend einer glänzenden Abhängigkeit übergehend, erduldete er die Unterstützung eines Oheims.«

Von den außerordentlich zahlreichen Hamburg-Reminiszenzen in Heines Werk sind an erster Stelle das humoristische Romanfragment *Aus den Memoiren des Herren von Schnabelewopski* zu nennen. Erzählt werden Stationen aus der fiktiven Biographie eines polnischen Adeligen, den das Schicksal aus seiner polnischen Heimat zunächst nach Hamburg führt, das hier als Hochburg einer saturierten Bürgerlichkeit erscheint. *Die Bäder von Lucca*, in deren Mittelpunkt die mit sorgfältiger Gemeinheit gearbeitete, ebenso grandiose wie flegelhafte Polemik gegen den Dichter August von Platen steht, schildern die Begegnung mit zwei Hamburgern, dem unsterblichen Pärchen Gumpelino/Hirsch-Hyazinth, für die offensichtlich Don Quixote und Sancho Pansa Pate standen.

In den *Florentinischen Nächten*, einer erotischen Konversationserzählung, mit der er an die spätromantische Erzählkunst und die Literatur der »Schwarzen Romantik« anknüpfte, schrieb Heine ausführlich und mit großer dichterischer Freiheit über ein Konzert, das Niccolò Paganini, der »Vampir mit der Violine«, im Hamburger Komödienhaus im Frühsommer 1830 gegeben hatte. Neben einem großen dreisätzigen Violinkonzert waren die »Sonata militaire auf der G-Saite« und »Nel cor piu non mi sento« erklungen; Kompositionen des »wunderbaren Meisters«, die beim Erzähler eine Kette halluzinatorischer Erscheinungen hervorrufen.

Endlich die Hamburg-Kapitel XX bis XXVI in *Deutschland. Ein Wintermärchen*, denen noch ein Caput über Bückeburg und Hannover, die Geburtsorte seines Urgroßvaters bzw. Großvaters, vorangeht. Diese »versifizierten Reisebilder«, in denen Heine ein düsteres Bild von Deutschlands Gegenwart und ein noch dunkleres von seiner Zukunft entwarf, waren sein eingehendster und brisantester Beitrag zur Deutschland- und Preußendiskussion der vierziger Jahre. Witz und Pathos, Ideologie und Satire stehen hier in einem beständigen Wechselspiel. Inhalt und Intention des in der

Zeit des persönlichen Umgangs mit Karl Marx entstandenen Werks umriß Heine in einem Brief an Julius Campe vom 17. April 1844: »Es ist ein gereimtes Gedicht, welches [...] die ganze Gärung unserer deutschen Gegenwart, in der kecksten, persönlichsten Weise ausspricht. Es ist politisch romantisch und wird der prosaisch bombastischen Tendenzpoesie hoffentlich den Todesstoß geben.«

Beobachtend und reflektierend beschrieb Heine, der seine Kenntnisse auf seiner Deutschlandreise im Herbst 1843 hatte auffrischen können, anhand der kapitelstrukturierenden Reisestationen die politische Realität seines Vaterlandes. Er reagierte damit auf den faktischen Machtzuwachs und die Hegemoniebestrebungen Preußens, das sich seit der Thronbesteigung Friedrich Wilhelms IV. als Zentrum der politischen Restauration etablierte und auf einen autoritären Nationalstaat zusteuerte. Hellsichtig erkannte er die Gefahren eines sich modern gebärdenden, bis an die Zähne bewaffneten Nationalstaats, der die politischen Strukturen des Mittelalters zu restaurieren suchte.

Gemessen an der beißenden, akzentuierten Aggressivität des Werks sind die Hamburg-Kapitel bei allem Spott durch eine sympathisierende Grundstimmung charakterisiert. Zum einen ist diese dem Wohnort von Mutter und Onkel sowie des Verlegers geschuldet. Zum andern wurde sie wohl auch durch den verheerenden Brand vom 5. bis 8. Mai 1842 veranlaßt, über den Heine seinerzeit als Paris-Korrespondent der *Allgemeinen Zeitung* berichtet hatte. Damals waren 51 Tote und über 100 Verletzte zu beklagen gewesen, ein Drittel der Innenstadt brannte ab, rund 20 000 Menschen waren dadurch obdachlos geworden. Der Wiederaufbau kam mit Hilfe internationaler Solidarität rasch in Gang, aber er machte das alte, Heine vertraute Stadtbild unkenntlich, drohte einen Teil seines Jugendlebens auszulöschen: »Es wird doch nicht mehr mein altes Hamburg sein, mein altes, schiefwinklichtes, schlabbriges Hamburg!«

Zur Beschreibung dieses alten Hamburg griff Heine auf zahlreiche hanseatische Spezifika zurück, die uns schon aus den *Memoiren des Herren von Schnabelewopski* vertraut sind. Ursprünglich vorgesehen war darüber hinaus noch eine Aufzählung von Prostituierten aus der anrüchigen Schwiegerstraße, wo die Edelbordelle lagen.

Sie fiel jedoch der Selbstzensur zum Opfer. Erstmals veröffentlicht wurden diese Verse in den *Memoiren einer Prostituierten in Hamburg.* Nach dem Originalmanuscript bearbeitet von Dr. J. Zeisig, Hamburg-Altonaer Volksbuchhandlung in St. Pauli 1847. Verfasser- und Verlagsangabe sind fingiert: verlegt wurden die Memoiren von Hoffmann und Campe, der Druck erfolgte in Leipzig.

Wir wissen von Heine selbst, daß er in Hamburg, der »großen Rechenstube«, die sich nachts in »ein großes Bordell« verwandelte, gelegentlich Prostituierte aufsuchte, stellten sie doch eines seiner »gewöhnlichen Hausmittel« gegen »körperliches Unwohlsein« und »geistiges Mißbehagen« dar. Dem Berliner Freund Moses Moser gestand er am 11. Juli 1823, »vorgestern nach Mitternacht« habe er Ablenkung von seinem »infernalen Brüten« gesucht und auf der Suche nach einer Entspannungsmöglichkeit »die bekannten Schmutzgassen Hamburgs durchwandelt«. Die meisten Huren traf man auf der anrüchigen Drehbahn, dem Vergnügungsviertel des Hamburger Bergs (später unter dem Namen St. Pauli bekannt) und vor dem Dammtor in Hamburg. Ob darunter auch »die lange Mahle« und »die falsche Marianne«, »die Braunschweiger Mummen-Friedrike« und »die rote Sophie«, »Posaunengel-Hannchen« und »Pique-As-Louise«, »Kuddelmuddel-Marie« und »Dragonerkathrine«, »die große Malvine«, »die keusche Susanne« und »Strohpuppenjette« waren, ist zumindest wissenschaftlich nicht nachzuweisen.

Die Auseinandersetzungen um *Deutschland. Ein Wintermärchen* können als Musterbeispiel für das gespannte Verhältnis zwischen dem Autor Heine und dem Verlag Hoffmann und Campe auf der einen, Polizei, Zensur und Justiz auf der anderen Seite gelten. Vom Pariser Entwurf bis zum Hamburger Druck, den Heine 1844 vor Ort selbst betreuen konnte, mußte der Text eine Zensurinstanz nach der anderen überwinden: angefangen von nachträglichen Skrupeln des Autors über Einwände aus dem Umkreis des Verlegers bis zu letzten Umarbeitungen, denen direkte Verhandlungen mit dem beauftragten Hamburger Zensor vorausgegangen waren, und bei jeder dieser Instanzen verlor der Text, wenngleich nicht entscheidend, an Brisanz und Drastik. Ein drastischer Hinweis darauf erfolgt in den Schlußversen von Caput XXVI, wo dem Ich-

Erzähler, nachdem er in Hammonias Nachttopf Deutschlands Zukunft erblickt hat, im Zuge einer grotesken Gratulationsprozession der Hamburger Honoratioren von dem Zensor Hoffmann mit der Schere »ins Fleisch« geschnitten, »die beste Stelle« entfernt, der politische Schriftsteller kastriert wird.

Weiterführende Literatur:
Walther Vontin (Hrsg.): Heinrich Heine. *Schöne Wiege meiner Leiden. Hamburgische Miniaturen,* Hamburg, 2. Auflage 1981.
Jan-Christoph Hauschild/Michael Werner: *»Der Zweck des Lebens ist das Leben selbst«. Heinrich Heine. Eine Biographie.* Erweiterte Neuausgabe, Frankfurt/Main 2005.

RUND UM DEN JUNGFERNSTIEG

Mein erster Ausflug, als ich Schnabelewops verließ, war nach Deutschland, und zwar nach Hamburg, wo ich sechs Monat blieb, statt gleich nach Leiden zu reisen und mich dort nach dem Wunsche meiner Eltern, dem Studium der Gottesgelahrtheit zu ergeben. Ich muß gestehen, daß ich während jenes Semesters mich mehr mit weltlichen Dingen abgab als mit göttlichen.

Die Stadt Hamburg ist eine gute Stadt; lauter solide Häuser. Hier herrscht nicht der schändliche Macbeth, sondern hier herrscht Banko. Der Geist Bankos herrscht überall in diesem kleinen Freistaate, dessen sichtbares Oberhaupt ein hoch- und wohlweiser Senat. In der Tat, es ist ein Freistaat, und hier findet man die größte politische Freiheit. Die Bürger können hier tun was sie wollen, und der hoch- und wohlweise Senat kann hier ebenfalls tun was er will; jeder ist hier freier Herr seiner Handlungen. Es ist eine Republik. Hätte Lafayette nicht das Glück gehabt, den Ludwig Philipp zu finden, so würde er gewiß seinen Franzosen die hamburgischen Senatoren und Oberalten empfohlen haben. Hamburg ist die beste Republik. Seine Sitten sind englisch, und sein Essen ist himmlisch. Wahrlich, es gibt Gerichte zwischen den Wandrahmen und dem Dreckwall, wovon unsere Philosophen keine Ahnung haben. Die Hamburger sind gute Leute und essen gut. Über Religion, Politik und Wissenschaft sind ihre respektiven Meinungen sehr verschieden, aber in Betreff des Essens herrscht das schönste Einverständnis. Mögen die christlichen Theologen dort noch so sehr streiten über die Bedeutung des Abendmahls; über die Bedeutung des Mittagmahls sind sie ganz einig. Mag es unter den Juden dort eine Partei geben, die das Tischgebet auf deutsch spricht, während eine andere es auf hebräisch absingt; beide Parteien essen und essen gut und wissen das Essen gleich richtig zu beurteilen. Die Advokaten, die Bratenwender der Gesetze, die so lange die Gesetze wenden und anwenden, bis ein Braten für sie dabei abfällt, diese mögen noch so sehr streiten: ob die Gerichte öffentlich sein sollen oder nicht; darüber sind sie einig, daß alle Gerichte gut sein müssen, und jeder von ihnen hat sein Leibgericht. Das Militär denkt gewiß ganz tapfer spartanisch, aber von der schwarzen Suppe will es doch nichts wissen. Die Ärzte, die in der Behandlung der Krankheiten so sehr uneinig sind und die dortige Nationalkrankheit, (nämlich Magenbeschwerden) als Brownianer durch noch größere Portionen Rauchfleisch, oder als Homöopathen durch 1/10.000 Tropfen Absinth in einer großen Kumpe Mockturtlesuppe zu kurieren pflegen, diese Ärzte sind ganz einig wenn von dem Geschmacke der Suppe und des Rauchfleisches selbst die Rede ist. Hamburg ist die Vaterstadt des letztern, des Rauchfleisches, und rühmt sich dessen, wie Mainz sich seines Johann Fausts und Eisleben sich seines Luthers zu rühmen pflegt. Aber was bedeutet die Buchdruckerei und die Reformation in Vergleichung mit Rauchfleisch? Ob beide ersteren genutzt oder geschadet, darüber streiten zwei Parteien in Deutschland; aber sogar unsere eifrigsten Jesuiten sind eingeständig, daß das Rauchfleisch eine gute, für den Menschen heilsame Erfindung ist.

Hamburg ist erbaut von Karl dem Großen und wird bewohnt von 80.000 kleinen Leuten, die alle mit Karl dem Großen, der in Aachen begraben liegt, nicht tauschen würden. Vielleicht beträgt die Bevölkerung von Hamburg gegen 100.000; ich weiß es nicht genau, obgleich ich ganze Tage lang auf den Straßen ging um mir dort die Menschen zu betrachten. Auch habe ich gewiß manchen Mann übersehen, indem die Frauen meine besondere Aufmerksamkeit in Anspruch nahmen. Letztere fand ich durchaus nicht mager, sondern meist sogar korpulent, mitunter reizend schön, und im Durchschnitt, von einer gewissen wohlhabenden Sinnlichkeit, die mir beileibe! nicht mißfiel. Wenn sie in der romantischen Liebe sich nicht allzu schwärmerisch zeigen und von der großen Leidenschaft des Herzens wenig ahnen: so ist das nicht ihre Schuld, sondern die Schuld Amors, des kleinen Gottes, der manchmal die schärfsten Liebespfeile auf seinen Bogen legt, aber aus Schalkheit oder Ungeschick viel zu tief schießt, und statt des Herzens der Hamburgerinnen nur ihren Magen zu treffen pflegt. Was die Männer betrifft, so sah ich meistens untersetzte Gestalten, verständige kalte Augen, kurze Stirn, nachlässig herabhängende, rote Wangen, die Eßwerkzeuge besonders ausgebildet, der Hut wie festgenagelt auf dem Kopfe, und die Hände in beiden Hosentaschen, wie einer der eben fragen will: was hab ich zu bezahlen?

Zu den Merkwürdigkeiten der Stadt gehören: 1) Das alte Rathaus, wo die großen Hamburger Bankiers, aus Stein gemeißelt und mit Zepter und Reichsapfel in Händen, abkonterfeit stehen. 2) Die Börse, wo sich täglich die Söhne Hammonias versammeln, wie einst die Römer auf dem Forum, und wo über ihren Häuptern eine schwarze Ehrentafel hängt mit den Namen ausgezeichneter Mitbürger. 3) Die schöne Marianne, ein außerordentlich schönes Frauenzimmer, woran der Zahn der Zeit schon seit zwanzig Jahren kaut – nebenbei gesagt, »der Zahn der Zeit« ist eine schlechte Metapher, denn sie ist so alt, daß sie gewiß keine Zähne mehr hat, nämlich die Zeit – die schöne Marianne hat vielmehr jetzt noch alle ihre Zähne und noch immer Haare darauf, nämlich auf den Zähnen. 4) Die ehemalige Zentralkassa. 5) Altona. 6) Die Originalmanuskripte von Marrs Tragödien. 7) Der Eigentümer des Rödingschen Kabinetts. 8) Die Börsenhalle. 9) Die Bacchushalle, und endlich 10) das Stadttheater. Letzteres verdient besonders gepriesen zu werden, seine Mitglieder sind lauter gute Bürger, ehrsame Hausväter, die sich nicht verstellen können und niemanden täuschen, Männer die das Theater zum Gotteshause machen, indem sie den Unglücklichen, der an der Menschheit verzweifelt, aufs wirksamste überzeugen, daß nicht alles in der Welt eitel Heuchelei und Verstellung ist.

Bei Aufzählung der Merkwürdigkeiten der Republik Hamburg kann ich nicht umhin zu erwähnen, daß zu meiner Zeit, der Apollosaal auf der Drehbahn sehr brillant war. Jetzt ist er sehr heruntergekommen, und es werden dort philharmonische Konzerte gegeben, Taschenspielerkünste gezeigt und Naturforscher gefüttert. Einst war es anders! Es schmetterten die Trompeten, es wirbelten die Pauken, es flatterten die Straußfedern, und Heloise und Minka rannten durch die Reihen der Oginskipolonäse, und alles war sehr anständig. Schöne Zeit, wo mir das Glück lächelte! Und das Glück hieß Heloise! Es war ein süßes, liebes, beglückendes Glück mit Rosenwangen, Liliennäschen, heißduftigen Nelkenlippen, Augen wie der blaue Bergsee, aber etwas Dummheit lag auf der Stirne, wie ein trüber Wolkenflor über einer prangenden Frühlingslandschaft. Sie war schlank wie eine Pappel und lebhaft wie ein Vogel, und ihre Haut war so zart, daß sie zwölf Tage geschwollen blieb durch den Stich einer Haarnadel. Ihr Schmollen, als ich sie gestochen hatte, dauerte aber nur zwölf Sekunden, und dann lächelte sie – schöne Zeit, als das Glück mir lächelte! Minka lächelte seltener, denn sie hatte keine schöne Zähne. Desto schöner aber waren ihre Tränen, wenn sie weinte, und sie weinte bei jedem fremden Unglück und sie war wohltätig über alle Begriffe. Den Armen gab sie ihren letzten Schilling; sie war sogar oft in der Lage wo sie ihr letztes Hemd weggab, wenn man es verlangte. Sie war so seelengut. Sie konnte nichts abschlagen, ausgenommen ihr Wasser. Dieser weiche, nachgiebige Charakter kontrastierte gar lieblich mit ihrer äußeren Erscheinung. Eine kühne, junonische Gestalt; weißer frecher Nacken, umringelt von wilden schwarzen Locken, wie von wollüstigen Schlangen; Augen, die unter ihren düsteren Siegesbogen so weltbeherrschend strahlten; purpurstolze, hochgewölbte Lippen; marmorne, gebietende Hände, worauf leider einige Sommersprossen; auch hatte sie, in der Form eines kleinen Dolchs, ein braunes Muttermal an der linken Hüfte.

Wenn ich dich in sogenannte schlechte Gesellschaft gebracht, lieber Leser, so tröste dich damit, daß sie dir wenigstens nicht soviel gekostet wie mir. Doch wird es später in diesem Buche nicht an idealischen Frauenspersonen fehlen, und schon jetzt will ich dir zur Erholung zwei Anstandsdamen vorführen, die ich damals kennen und verehren lernte. Es ist Madame Pieper und Madame Schnieper. Erstere war eine schöne Frau in ihren reifsten Jahren, große, schwärzliche Augen, eine große weiße Stirne, schwarze falsche Locken, eine kühne altrömische Nase, und ein Maul das eine Guillotine war für jeden guten Namen. In der Tat, für einen guten Namen gab es keine leichtere Hinrichtungsmaschine als Madame Piepers Maul; sie ließ ihn nicht lange zappeln, sie machte keine langwichtige Vorbereitungen; war der beste gute Name zwischen ihre Zähne geraten, so lächelte sie nur – aber dieses Lächeln war wie ein Fallbeil, und die Ehre war abgeschnitten und fiel in den

Sack. Sie war immer ein Muster von Anstand, Ehrsamkeit, Frömmigkeit und Tugend. Von Madame Schnieper ließ sich dasselbe rühmen. Es war eine zarte Frau, kleine ängstliche Brüste, gewöhnlich mit einem wehmütig dünnen Flor umgeben, hellblonde Haare, hellblaue Augen, die entsetzlich klug hervorstachen aus dem weißen Gesichte. Es hieß man könne ihren Tritt nie hören, und wirklich, ehe man sich dessen versah, stand sie oft neben einem, und verschwand dann wieder ebenso geräuschlos. Ihr Lächeln war ebenfalls tödlich für jeden guten Namen, aber minder wie ein Beil, als vielmehr wie jener afrikanische Giftwind, von dessen Hauch schon alle Blumen verwelken; elendiglich verwelken mußte jeder gute Namen, über den sie nur leise hinlächelte. Sie war immer ein Muster von Anstand, Ehrsamkeit, Frömmigkeit und Tugend.

Ich würde nicht ermangeln, mehre von den Söhnen Hammonias ebenfalls hervorzuloben und einige Männer, die man ganz besonders hochschätzt – namentlich diejenigen, welche man auf einige Millionen Mark Banko zu schätzen pflegt –, aufs prächtigste zu rühmen; aber ich will in diesem Augenblick meinen Enthusiasmus unterdrücken, damit er späterhin in desto helleren Flammen emporlodere. Ich habe nämlich nichts Geringeres im Sinn, als einen Ehrentempel Hamburgs herauszugeben, ganz nach demselben Plane, welchen schon vor zehn Jahren ein berühmter Schriftsteller entworfen hat, der in dieser Absicht jeden Hamburger aufforderte, ihm ein spezifiziertes Inventarium seiner speziellen Tugenden, nebst einem Speziestaler aufs schleunigste einzusenden. Ich habe nie recht erfahren können, warum dieser Ehrentempel nicht zur Ausführung kam; denn die einen sagten, der Unternehmer, der Ehrenmann, sei, als er kaum von Aaron bis Abendrot gekommen und gleichsam die ersten Klötze eingerannt, von der Last des Materials schon ganz erdrückt worden; die anderen sagten, der hoch- und wohlweise Senat habe aus allzu großer Bescheidenheit das Projekt hintertrieben, indem er dem Baumeister seines eignen Ehrentempels plötzlich die Weisung gab, binnen vierundzwanzig Stunden das hamburgische Gebiet mit allen seinen Tugenden zu verlassen. Aber gleichviel aus welchem Grunde, das Werk ist nicht zustande gekommen; und da ich ja doch einmal, aus angeborener

Neigung, etwas Großes tun wollte in dieser Welt und immer gestrebt habe das Unmögliche zu leisten: so habe ich jenes ungeheure Projekt wieder aufgefaßt und ich liefere einen Ehrentempel Hamburgs, ein unsterbliches Riesenbuch, worin ich die Herrlichkeit aller seiner Einwohner ohne Ausnahme beschreibe, worin ich edle Züge von geheimer Mildtätigkeit mitteile, die noch gar nicht in der Zeitung gestanden, worin ich Großtaten erzähle, die keiner glauben wird, und worin mein eignes Bildnis, wie ich auf dem Jungfernsteg vor dem Schweizerpavillon sitze und über Hamburgs Verherrlichung nachdenke, als Vignette paradieren soll.

Für Leser, denen die Stadt Hamburg nicht bekannt ist – und es gibt deren vielleicht in China und Oberbayern – für diese muß ich bemerken daß der schönste Spaziergang der Söhne und Töchter Hammonias den rechtmäßigen Namen Jungfernsteg führt, daß er aus einer Lindenallee besteht, die auf der einen Seite von einer Reihe Häuser, auf der anderen Seite von dem großen Alsterbassin begrenzt wird; und daß vor letzterem, ins Wasser hineingebaut, zwei zeltartige lustige Kaffeehäuslein stehen, die man Pavillons nennt. Besonders vor dem einen, dem sogenannten Schweizerpavillon, läßt sich gut sitzen wenn es Sommer ist und die Nachmittagssonne nicht zu wild glüht, sondern nur heiter lächelt und mit ihrem Glanze die Linden, die Häuser, die Menschen, die Alster und die Schwäne, die sich darauf wiegen, fast märchenhaft lieblich übergießt. Da läßt sich gut sitzen, und da saß ich gut, gar manchen Sommernachmittag und dachte, was ein junger Mensch zu denken pflegt, nämlich gar nichts, und betrachtete, was ein junger Mensch zu betrachten pflegt, nämlich die jungen Mädchen, die vorübergingen – und da flatterten sie vorüber, jene holden Wesen mit ihren geflügelten Häubchen und ihren verdeckten Körbchen, worin nichts enthalten ist – da trippelten sie dahin, die bunten Vierlanderinnen, die ganz Hamburg mit Erdbeeren und eigener Milch versehen, und deren Röcke noch immer viel zu lang sind – da stolzierten die schönen Kaufmannstöchter, mit deren Liebe man auch so viel bares Geld bekommt – da hüpft eine Amme, auf den Armen ein rosiges Knäbchen, das sie beständig küßt, während sie an ihren

Geliebten denkt – da wandeln Priesterinnen der schaumentstiegenen Göttin, hanseatische Vestalen, Dianen die auf die Jagd gehn, Najaden, Dryaden, Hamadryaden und sonstige Predigerstöchter – ach! da wandelt auch Minka und Heloisa! Wie oft saß ich vor dem Pavillon und sah sie vorüberwandeln in ihren rosagestreiften Roben – die Elle kostet 4 Mark und 3 Schilling, und Herr Seligmann hat mir versichert, die Rosastreifen würden im Waschen die Farbe behalten. – Prächtige Dirnen! riefen dann die tugendhaften Jünglinge, die neben mir saßen – Ich erinnere mich, ein großer Assekuradeur, der immer wie ein Pfingstochs geputzt ging, sagte einst: Die eine möcht ich mir mal als Frühstück und die andere als Abendbrot zu Gemüte fahren, und ich würde an solchem Tage gar nicht zu Mittag speisen – Sie ist ein Engel! sagte einst ein Seekapitän ganz laut, so daß sich beide Mädchen zu gleicher Zeit umsahen, und sich dann einander eifersüchtig anblickten – Ich selber sagte nie etwas, und ich dachte meine süßesten Garnichtsgedanken und betrachtete die Mädchen, und den heiter sanften Himmel, und den langen Petriturm mit der schlanken Taille, und die stille blaue Alster, worauf die Schwäne so stolz und so lieblich und so sicher umherschwammen. Die Schwäne! Stundenlang konnte ich sie betrachten, diese holden Geschöpfe mit ihren sanften langen Hälsen, wie sie sich üppig auf den weichen Fluten wiegten, wie sie zuweilen selig untertauchten und wieder auftauchten und übermütig plätscherten, bis der Himmel dunkelte, und die goldnen Sterne hervortraten, verlangend, verheißend, wunderbar zärtlich, verklärt. Die Sterne! Sind es goldne Blumen am bräutlichen Busen des Himmels? Sind es verliebte Engelsaugen, die sich sehnsüchtig spiegeln in den blauen Gewässern der Erde und mit den Schwänen buhlen?

– – – Ach! das ist nun lange her. Ich war damals jung und törigt. Jetzt bin ich alt und törigt. Manche Blume ist unterdessen verwelkt und manche sogar zertreten worden. Manches seidne Kleid ist unterdessen zerrissen, und sogar der rosagestreifte Kattun des Herren Seligmann hat unterdessen die Farbe verloren. Er selbst aber ist ebenfalls verblichen – die Firma ist jetzt »Seligmanns selige Witwe« – und Heloisa, das sanfte Wesen, das geschaffen schien nur auf weichbeblümte indische Teppiche zu wandeln und mit Pfauenfedern gefächelt zu werden, sie ging unter in Matrosenlärm, Punsch, Tabaksrauch und schlechter Musik. Als ich Minka wiedersah – sie nannte sich jetzt Kathinka und wohnte zwischen Hamburg und Altona – da sah sie aus wie der Tempel Salomonis als ihn Nebukadnezar zerstört hatte und roch nach assyrischem Knaster – und als sie mir Heloisas Tod erzählte, weinte sie bitterlich und riß sich verzweiflungsvoll die Haare aus, und wurde schier ohnmächtig, und mußte ein großes Glas Branntewein austrinken, um zur Besinnung zu kommen.

Und die Stadt selbst, wie war sie verändert! Und der Jungfernsteg! Der Schnee lag auf den Dächern und es schien, als hätten sogar die Häuser gealtert und weiße Haare bekommen. Die Linden des Jungfernstegs waren nur tote Bäume mit dürren Ästen, die sich gespenstisch im kalten Winde bewegten. Der Himmel war schneidend blau und dunkelte hastig. Es war Sonntag, fünf Uhr, die allgemeine Fütterungstunde, und die Wagen rollten, Herren und Damen stiegen aus, mit einem gefrorenen Lächeln auf den hungrigen Lippen – Entsetzlich! in diesem Augenblick durchschauerte mich die schreckliche Bemerkung, daß ein unergründlicher Blödsinn auf allen diesen Gesichtern lag, und daß alle Menschen die eben vorbeigingen in einem wunderbaren Wahnwitz befangen schienen. Ich hatte sie schon vor zwölf Jahren, um dieselbe Stunde, mit denselben Mienen, wie die Puppen einer Rathausuhr, in derselben Bewegung gesehen, und sie hatten seitdem ununterbrochen in derselben Weise gerechnet, die Börse besucht, sich einander eingeladen, die Kinnbacken bewegt, ihre Trinkgelder bezahlt, und wieder gerechnet: zwei mal zwei ist vier – Entsetzlich! rief ich, wenn einem von diesen Leuten, während er auf dem Kontorbock säße, plötzlich einfiele, daß zwei mal zwei eigentlich fünf sei, und daß er also sein ganzes Leben verrechnet und sein ganzes Leben in einem schauderhaften Irrtum vergeudet habe! Auf einmal aber ergriff mich selbst ein närrischer Wahnsinn, und als ich die vorüberwandlenden Menschen genauer betrachtete, kam es mir vor als seien sie selber nichts anders als Zahlen, als arabische Chiffern; und da ging eine krummfüßige Zwei neben einer fatalen Drei, ihrer schwangeren und vollbusigen Frau Gemahlin; dahinter ging Herr Vier auf

Krücken; einherwatschelnd kam eine fatale Fünf, rundbäuchig mit kleinem Köpfchen; dann kam eine wohlbekannte kleine Sechse und eine noch wohlbekanntere böse Sieben – doch als ich die unglückliche Acht, wie sie vorüberschwankte ganz genau betrachtete, erkannte ich den Assekuradeur der sonst wie ein Pfingstochs geputzt ging, jetzt aber wie die magerste von Pharaos mageren Kühen aussah – blasse hohle Wangen, wie ein leerer Suppenteller, kaltrote Nase wie eine Winterrose, abgeschabter schwarzer Rock der einen kümmerlich weißen Widerschein gab, ein Hut, worin Saturn mit der Sense einige Luftlöcher geschnitten, doch die Stiefel noch immer spiegelblank gewichst – und er schien nicht mehr daran zu denken, Heloisa und Minka als Frühstück und Abendbrot zu verzehren, er schien sich vielmehr nach einem Mittagessen von gewöhnlichem Rindfleisch zu sehnen. Unter den vorüberrollenden Nullen erkannte ich noch manchen alten Bekannten. Diese und die anderen Zahlenmenschen rollten vorüber, hastig und hungrig, während unfern, längs den Häusern des Jungfernstegs, noch grauenhafter drollig, ein Leichenzug sich hinbewegte. Ein trübsinniger Mummenschanz! hinter den Trauerwagen, einherstelzend auf ihren dünnen schwarzseidenen Beinchen, gleich Marionetten des Todes, gingen die wohlbekannten Ratsdiener, privilegierte Leidtragende in parodiert altburgundischem Kostüm; kurze, schwarze Mäntel und schwarze Pluderhosen, weiße Perücken und weiße Halsbergen, wozwischen die roten bezahlten Gesichter gar possenhaft hervorgucken, kurze Stahldegen an den Hüften, unterm Arm ein grüner Regenschirm.

Aber noch unheimlicher und verwirrender als diese Bilder, die sich, wie ein chinesisches Schattenspiel, schweigend vorbeibewegten, waren die Töne, die von einer anderen Seite in mein Ohr drangen. Es waren heisere, schnarrende, metallose Töne, ein unsinniges Kreischen, ein ängstliches Plätschern und verzweifelndes Schlürfen, ein Keichen und Schollern, ein Stöhnen und Ächzen, ein unbeschreibbar eiskalter Schmerzlaut. Das Bassin der Alster war zugefroren, nur nahe am Ufer war ein großes breites Viereck in der Eisdecke ausgehauen, und die entsetzlichen Töne, die ich eben vernommen, kamen aus den Kehlen der armen weißen Geschöpfe, die darin herumschwammen und in entsetzlicher Todesangst schrieen, und ach! es waren dieselben Schwäne, die einst so weich und heiter meine Seele bewegten. Ach! die schönen weißen Schwäne, man hatte ihnen die Flügel gebrochen, damit sie im Herbst nicht auswandern konnten, nach dem warmen Süden, und jetzt hielt der Norden sie festgebannt in seinen dunkeln Eisgruben – und der Markeur des Pavillons meinte, sie befänden sich wohl darin und die Kälte sei ihnen gesund. Das ist aber nicht wahr, es ist einem nicht wohl, wenn man ohnmächtig in einem kalten Pfuhl eingekerkert ist, fast eingefroren, und einem die Flügel gebrochen sind, und man nicht fortfliegen kann nach dem schönen Süden, wo die schönen Blumen, wo die goldnen Sonnenlichter, wo die blauen Bergseen – Ach! auch mir erging es einst nicht viel besser, und ich verstand die Qual dieser armen Schwäne; und als es gar immer dunkler wurde, und die Sterne oben hell hervortraten, dieselben Sterne, die einst, in schönen Sommernächten, so liebeheiß mit den Schwänen gebuhlt, jetzt aber so winterkalt, so frostig klar und fast verhöhnend auf sie herabblickten – wohl begriff ich jetzt, daß die Sterne keine liebende, mitfühlende Wesen sind, sondern nur glänzende Täuschungen der Nacht, ewige Trugbilder in einem erträumten Himmel, goldne Lügen im dunkelblauen Nichts – – –

Während ich das vorige Kapitel hinschrieb, dacht ich unwillkürlich an ganz etwas anders. Ein altes Lied summte mir beständig im Gedächtnis, und Bilder und Gedanken verwirrten sich aufs unleidlichste; ich mag wollen oder nicht, ich muß von jenem Liede sprechen. Vielleicht auch gehört es hierher und es drängt sich mit Recht in mein Geschreibsel hinein. Ja, ich fange jetzt sogar an es zu verstehen, und ich verstehe jetzt auch den verdüsterten Ton, womit der Claas Hinrichson es sang; er war ein Jütländer und diente bei uns als Pferdeknecht. Er sang es noch den Abend vorher ehe er sich in unserem Stall erhenkte. Bei dem Refrain »Schau dich um, Herr Vonved!« lachte er manchmal gar bitterlich; die Pferde wieherten dabei sehr angstvoll und der Hofhund bellte, als stürbe jemand. Es ist das altdänische Lied von dem Herrn Vonved, der in die Welt ausreitet und sich so lange darin herumschlägt bis man seine Fragen beantwortet, und der endlich, wenn alle seine Rätsel gelöst sind, gar verdrießlich nach Hause reitet. Die Harfe klingt von Anfang bis zu Ende. Was sang er im Anfang? was sang er am Ende? Ich hab oft drüber nachgedacht. Claas Hinrichsons Stimme war manchmal tränenweich wenn er das Lied anfing und wurde allmählig rauh und grollend wie das Meer wenn ein Sturm heranzieht. Es beginnt:

Herr Vonved sitzt im Kämmerlein,
Er schlägt die Goldharf an so rein,
Er schlägt die Goldharf unterm Kleid,
Da kommt seine Mutter gegangen herein.
Schau dich um, Herr Vonved!

Das war seine Mutter Adelin, die Königin, die spricht zu ihm: Mein junger Sohn, laß andere die Harfe spielen, gürt um das Schwert, besteige dein Roß, reit aus, versuche deinen Mut, kämpfe und ringe, schau dich um in der Welt, schau dich um, Herr Vonved. Und

Herr Vonved bindet sein Schwert an die Seite,
Ihn lüstet mit Kämpfern zu streiten
So wunderlich ist seine Fahrt:
Gar keinen Mann er drauf gewahrt.
Schau dich um, Herr Vonved!
Sein Helm war blinkend,
Sein Sporn war klingend,
Sein Roß war springend,
Selbst war der Herr so schwingend.
Schau dich um, Herr Vonved!

Ritt einen Tag, ritt drei darnach,
Doch nimmer eine Stadt er sah;
Eia, sagte der junge Mann,
Ist keine Stadt in diesem Land?
Schau dich um, Herr Vonved!

Er ritt wohl auf dem Weg dahin,
Herr Thule Vang begegnet' ihm;
Herr Thule mit seinen zwölf Söhnen zumal,
Die waren gute Ritter all.
  Schau dich um, Herr Vonved!

Mein jüngster Sohn, hör du mein Wort:
Den Harnisch tausch mit mir sofort,
Unter uns tauschen wir das Panzerkleid,
Eh wir schlagen diesen Helden frei.
  Schau dich um, Herr Vonved!

Herr Vonved reißt sein Schwert von der Seite,
Es lüstet ihn, mit Kämpfern zu streiten:
Erst schlägt er den Herren Thule selbst,
Darnach all seine Söhne zwölf.
  Schau dich um, Herr Vonved!

Herr Vonved bindet sein Schwert an die Seite, es lüstet ihn weiter auszureiten. Da kommt er zu dem Waidmann und verlangt von ihm die Hälfte seiner Jagdbeute; der aber will nicht teilen und muß mit ihm kämpfen und wird erschlagen. Und

Herr Vonved bindet sein Schwert an die Seite,
Ihn lüstet weiter auszureiten;
Zum großen Berge der Held hinreit't,
Sieht wie der Hirte das Vieh da treibt.
  Schau dich um, Herr Vonved!

Und hör du, Hirte, sag du mir:
Wes ist das Vieh, das du treibst vor dir?
Und was ist runder als ein Rad?
Wo wird getrunken fröhliche Weihnacht?
  Schau dich um, Herr Vonved!

Sag: wo steht der Fisch in der Flut?
Und wo ist der rote Vogel gut?
Wo mischet man den besten Wein?
Wo trinkt Vidrich mit den Kämpfern sein?
 Schau dich um, Herr Vonved!

Da saß der Hirt, so still sein Mund,
Davon er gar nichts sagen kunnt.
Er schlug nach ihm mit der Zunge,
Da fiel heraus Leber und Lunge.
 Schau dich um, Herr Vonved!

Und er kommt zu einer anderen Herde und da sitzt wieder ein Hirt an den er seine Fragen richtet. Dieser aber gibt ihm Bescheid und Herr Vonved nimmt einen Goldring und steckt ihn dem Hirten an den Arm. Dann reitet er weiter und kommt zu Tyge Nold und erschlägt ihn mitsamt seinen zwölf Söhnen. Und wieder

Er warf herum sein Pferd,
Herr Vonved, der junge Edelherr;
Er tät über Berg und Tale dringen,
Doch konnt er niemand zur Rede bringen.
 Schau dich um, Herr Vonved!

So kam er zu der dritten Schar.
Da saß ein Hirt mit silbernem Haar:
Hör du, guter Hirte mit deiner Herd,
Du gibst mir gewißlich Antwort wert.
 Schau dich um, Herr Vonved!

Was ist runder als ein Rad?
Wo wird getrunken die beste Weihnacht?
Wo geht die Sonne zu ihrem Sitz?
Und wo ruhn eines toten Mannes Füß?
 Schau dich um, Herr Vonved!

Was füllet aus alle Tale?
Was kleidet am besten im Königssaale?
Was ruft lauter, als der Kranich kann?
Und was ist weißer als ein Schwan?
    Schau dich um, Herr Vonved!

Wer trägt den Bart auf seinem Rück?
Wer trägt die Nas unter seinem Kinn?
Als ein Riegel, was ist schwärzer noch mehr?
Und was ist rascher als ein Reh?
    Schau dich um, Herr Vonved!

Wo ist die allerbreiteste Brück?
Was ist am meisten zuwider der Menschen Blick?
Wo wird gefunden der höchste Gang?
Wo wird getrunken der kälteste Trank?
    Schau dich um, Herr Vonved!

»Die Sonn ist runder als ein Rad,
Im Himmel begeht man die fröhliche Weihnacht,
Gen Westen geht die Sonne zu ihrem Sitz.
Gen Osten ruhn eines toten Mannes Füß.«
    Schau dich um, Herr Vonved!

»Der Schnee füllt aus alle Tale,
Am herrlichsten kleidet der Mut im Saale,
Der Donner ruft lauter, als der Kranich kann,
Und Engel sind weißer als der Schwan.«
    Schau dich um, Herr Vonved!

»Der Kiebitz trägt den Bart in dem Nacken sein,
Der Bär hat die Nas unterm Kinn allein,
Die Sünde schwärzer ist als ein Riegel noch mehr,
Und der Gedanke rascher als ein Reh.«
    Schau dich um, Herr Vonved!

»Das Eis macht die allerbreiteste Brück,
Die Kröt ist am meisten zuwider des Menschen Blick,
Zum Paradies geht der höchste Gang,
Da unten da trinkt man den kältesten Trank.«
   Schau dich um, Herr Vonved!

»Weisen Spruch und Rat hast du nun hier,
So wie ich ihn habe gegeben dir.«
Nun hab ich so gutes Vertrauen auf dich,
Viel Kämpfer zu finden bescheidest du mich.
   Schau dich um, Herr Vonved!

»Ich weis dich zu der Sonderburg,
Da trinken die Helden den Met ohne Sorg,
Dort findest du viel Kämpfer und Rittersleut,
Die können viel gut sich wehren im Streit.«
   Schau dich um, Herr Vonved!

Er zog einen Goldring von der Hand,
Der wog wohl fünfzehn goldne Pfund;
Den tät er dem alten Hirten reichen,
Weil er ihm durft die Helden anzeigen.
   Schau dich um, Herr Vonved!

Und er reitet ein in die Burg und er erschlägt zuerst den Randulf, hernach den Strandulf.

Er schlug den starken Ege Under,
Er schlug den Ege Karl seinen Bruder,
So schlug er in die Kreuz und Quer,
Er schlug die Feinde vor sich her.
   Schau dich um, Herr Vonved!

Herr Vonved steckt sein Schwert in die Scheide,
Er denkt noch weiter fort zu reiten.
Er findet da in der wilden Mark
Einen Kämpfer und der war viel stark.
  Schau dich um, Herr Vonved!

Sag mir, du edler Ritter gut,
Wo steht der Fisch in der Flut?
Wo wird geschenkt der beste Wein?
Und wo trinkt Vidrich mit den Kämpfern sein?
  Schau dich um, Herr Vonved!

»In Osten steht der Fisch in der Flut,
In Norden wird getrunken der Wein so gut,
In Halland findst du Vidrich daheim
Mit Kämpfern und vielen Gesellen sein.«
  Schau dich um, Herr Vonved!

Von der Brust Vonved einen Goldring nahm,
Den steckt er dem Kämpfer an seinen Arm:
Sag, du wärst der letzte Mann,
Der Gold vom Herrn Vonved gewann.
  Schau dich um, Herr Vonved!

Herr Vonved vor die hohe Zinne tät reiten,
Bat die Wächter, ihn hineinzuleiten;
Als aber keiner heraus zu ihm ging,
Da sprang er über die Mauer dahin.
  Schau dich um, Herr Vonved!

Sein Roß an einen Strick er band
Darauf er sich zur Burgstube gewandt;
Er setzte sich oben an die Tafel sofort,
Dazu sprach er kein einziges Wort.
  Schau dich um, Herr Vonved!

Er aß, er trank, nahm Speise sich,
Den König fragt' er darum nicht;
Gar nimmer bin ich ausgefahren,
Wo soviel verfluchte Zungen waren.
  Schau dich um, Herr Vonved!

Der König sprach zu den Kämpfern sein:
»Der tolle Gesell muß gebunden sein:
Bindet ihr den fremden Gast nicht fest,
So dienet ihr mir nicht aufs best.«
  Schau dich um, Herr Vonved!

Nimm du fünf, nimm du zwanzig auch dazu
Und komm zum Spiel du selbst herzu:
Ein Hurensohn, so nenn ich dich,
Außer, du bindest mich.
  Schau dich um, Herr Vonved!

König Esmer, mein lieber Vater,
Und stolz Adelin, meine Mutter,
Haben mir gegeben das strenge Verbot,
Mit 'nem Schalk nicht zu verzehren mein Gold.
  Schau dich um, Herr Vonved!

»War Esmer der König dein Vater,
Und Frau Adelin deine liebe Mutter,
So bist du Herr Vonved, ein Kämpfer schön,
Dazu meiner liebsten Schwester Sohn.«
  Schau dich um, Herr Vonved!

»Herr Vonved, willst du bleiben bei mir,
Beides Ruhm und Ehre soll werden dir,
Und willst du zu Land ausfahren,
Meine Ritter sollen dich bewahren.«
  Schau dich um, Herr Vonved!

»Mein Gold soll werden für dich gespart,
Wenn du willst halten deine Heimfahrt.«
Doch das zu tun lüstet ihn nicht,
Er wollt fahren zu seiner Mutter zurück.
  Schau dich um, Herr Vonved!

Herr Vonved ritt auf dem Weg dahin,
Er war so gram in seinem Sinn;
Und als er zur Burg geritten kam,
Da standen zwölf Zauberweiber daran.
  Schau dich um, Herr Vonved!

Standen mit Rocken und Spindeln vor ihm,
Schlugen ihn übers weiße Schienbein hin;
Herr Vonved mit seinem Roß herumdringt,
Die zwölf Zauberweiber schlägt er in einen Ring.
  Schau dich um, Herr Vonved!

Schlägt die Zauberweiber, die stehen da,
Sie finden bei ihm so kleinen Rat.
Seine Mutter genießt dasselbe Glück,
Er haut sie in fünftausend Stück.
  Schau dich um, Herr Vonved!

So geht er in den Saal hinein,
Er ißt, und trinkt den klaren Wein,
Dann schlägt er die Goldharfe so lang,
Daß springen entzwei alle die Strang'.
  Schau dich um, Herr Vonved!

Es war aber ein gar lieblicher Frühlingstag, als ich zum erstenmal die Stadt Hamburg verlassen. Noch sehe ich wie im Hafen die goldnen Sonnenlichter auf die beteerten Schiffsbäuche spielen, und ich höre noch das heitre langhingesungene Hoiho! der Matrosen. So ein Hafen im Frühling hat überdies die freundlichste Ähnlichkeit mit dem Gemüt eines Jünglings, der zum erstenmal in die Welt geht, sich zum erstenmal auf die hohe See des Lebens hinauswagt – noch sind alle seine Gedanken buntbewimpelt, Übermut schwellt alle Segel seiner Wünsche, Hoiho! – aber bald erheben sich die Stürme, der Horizont verdüstert sich, die Windsbraut heult, die Planken krachen, die Wellen zerbrechen das Steuer, und das arme Schiff zerschellt an romantischen Klippen oder strandet auf seicht-prosaischem Sand – oder vielleicht morsch und gebrochen, mit gekapptem Mast, ohne ein einziges Anker der Hoffnung, gelangt es wieder heim in den alten Hafen und vermodert dort, abgetakelt kläglich, als ein elendes Wrack!

Aber es gibt auch Menschen, die nicht mit gewöhnlichen Schiffen verglichen werden dürfen, sondern mit Dampfschiffen. Diese tragen ein dunkles Feuer in der Brust und sie fahren gegen Wind und Wetter – ihre Rauchflagge flattert wie der schwarze Federbusch des nächtlichen Reuters, ihre Zackenräder sind wie kolossale Pfundsporen, womit sie das Meer in die Wellenrippen stacheln, und das widerspenstisch schäumende Element muß ihrem Willen gehorchen, wie ein Roß – aber sehr oft platzt der Kessel, und der innere Brand verzehrt uns.

Doch ich will mich aus der Metapher wieder herausziehn und auf ein wirkliches Schiff setzen, welches von Hamburg nach Amsterdam fährt. Es war ein schwedisches Fahrzeug, hatte außer den Helden dieser Blätter auch Eisenbarren geladen und sollte wahrscheinlich als Rückfracht eine Ladung Stockfische nach Hamburg oder Eulen nach Athen bringen.

Die Ufergegenden der Elbe sind wunderlieblich. Besonders hinter Altona, bei Rainville. Unfern liegt Klopstock begraben. Ich kenne keine Gegend wo ein toter Dichter so gut begraben liegen kann wie dort. Als lebendiger Dichter dort zu leben, ist schon weit schwerer. Wie oft hab ich dein Grab besucht, Sänger des Messias, der du so rührend wahr die Leiden Jesu besungen! Du hast aber auch lang genug auf der Königstraße hinter dem Jungfernsteg gewohnt, um zu wissen, wie Propheten gekreuzigt werden.

Den zweiten Tag gelangten wir nach Cuxhaven, welches eine hamburgische Kolonie. Die Einwohner sind Untertanen der Republik und haben es sehr gut. Wenn sie im Winter frieren werden ihnen aus Hamburg wollene Decken geschickt, und in allzu heißen Sommertagen schickt man ihnen auch Limonade. Als Prokonsul residiert dort ein hoch- oder wohlweiser Senator. Er hat jährlich ein Einkommen von 20.000 Mark und regiert über 5000 Seelen. Es ist dort auch ein Seebad, welches vor anderen Seebädern den Vorteil bietet, daß es zu gleicher Zeit ein Elbbad ist. Ein großer Damm, worauf man spazierengehn kann, führt nach Ritzebüttel, welches ebenfalls zu Cuxhaven gehört. Das Wort kommt aus dem Phönizischen; die Worte »Ritze« und »Büttel« heißen auf phönizisch: Mündung der Elbe. Manche Historiker behaupten, Karl der Große habe Hamburg nur erweitert, die Phönizier aber hätten Hamburg und Altona gegründet, und zwar zu derselben Zeit als Sodom und Gomorrha zugrunde gingen. Vielleicht haben sich Flüchtlinge aus diesen Städten nach der Mündung der Elbe gerettet. Man hat zwischen der Fuhlentwiete und der Kaffemacherei einige alte Münzen ausgegraben, die noch unter der Regierung von Bera XVI. und Birsa X. geschlagen worden. Nach meiner Meinung ist Hamburg das alte Tharsis, woher Salomo ganze Schiffsladungen voll Gold, Silber, Elfenbein, Pfauen und Affen erhalten hat. Salomo, nämlich der König von Juda und Israel, hatte immer eine besondere Liebhaberei für Gold und Affen.

Unvergeßlich bleibt mir diese erste Seereise. Meine alte Großmuhme hatte mir so viele Wassermärchen erzählt, die jetzt alle wieder in meinem Gedächtnis aufblühten. Ich konnte ganze Stunden lang auf dem Verdecke sitzen und an die alten Geschichten denken, und wenn die Wellen murmelten, glaubte ich die Großmuhme sprechen zu hören. Wenn ich die Augen schloß, dann sah ich sie wieder leibhaftig vor mir sitzen mit dem einzigen Zahn in dem Munde, und hastig bewegte sie wieder die Lippen und erzählte die Geschichte vom Fliegenden Holländer.

Ich hätte gern die Meernixen gesehen, die auf weißen Klippen sitzen und ihr grünes Haar kämmen; aber ich konnte sie nur singen hören.

Wie angestrengt ich auch manchmal in die klare See hinabschaute, so konnte ich doch nicht die versunkenen Städte sehen, worin die Menschen, in allerlei Fischgestalten verwünscht, ein tiefes, wundertiefes Wasserleben führen. Es heißt, die Lachse und alte Rochen sitzen dort, wie Damen geputzt, am Fenster und fächern sich und gucken hinab auf die Straße, wo Schellfische in Ratsherrentracht vorbeischwimmen, wo junge Modeheringe nach ihnen hinauflorgnieren und wo Krabben, Hummer und sonstig niedriges Krebsvolk umherwimmelt. Ich habe aber nicht so tief hinabsehen können, und nur die Glocken hörte ich unten läuten.

In der Nacht sah ich mal ein großes Schiff mit ausgespannten blutroten Segeln vorbeifahren, daß es aussah wie ein dunkler Riese in einem weiten Scharlachmantel. War das der Fliegende Holländer?

Aus: *Aus den Memoiren des Herren von Schnabelewopski*, Kapitel 3–6

DAS NEUE ISRAELITISCHE HOSPITAL ZU HAMBURG

Ein Hospital für arme, kranke Juden,
Für Menschenkinder, welche dreifach elend,
Behaftet mit den bösen drei Gebresten,
Mit Armut, Körperschmerz und Judentume!

Das schlimmste von den dreien ist das letzte,
Das tausendjährige Familienübel,
Die aus dem Niltal mitgeschleppte Plage,
Der altägyptisch ungesunde Glauben.

Unheilbar tiefes Leid! Dagegen helfen
Nicht Dampfbad, Dusche, nicht die Apparate
Der Chirurgie, noch all die Arzeneien,
Die dieses Haus den siechen Gästen bietet.

Wird einst die Zeit, die ewge Göttin, tilgen
Das dunkle Weh, das sich vererbt vom Vater
Herunter auf den Sohn – wird einst der Enkel
Genesen und vernünftig sein und glücklich?

Ich weiß es nicht! Doch mittlerweile wollen
Wir preisen jenes Herz, das klug und liebreich
Zu lindern suchte, was der Lindrung fähig,
Zeitlichen Balsam träufelnd in die Wunden.

Der teure Mann! Er baute hier ein Obdach
Für Leiden, welche heilbar durch die Künste
Des Arztes (oder auch des Todes!), sorgte
Für Polster, Labetrank, Wartung und Pflege –

Ein Mann der Tat, tat er was eben tunlich;
Für gute Werke gab er hin den Taglohn
Am Abend seines Lebens, menschenfreundlich,
Durch Wohltun sich erholend von der Arbeit.

Er gab mit reicher Hand – doch reichre Spende
Entrollte manchmal seinem Aug, die Träne,
Die kostbar schöne Träne, die er weinte
Ob der unheilbar großen Brüderkrankheit.

Zeitgedichte, XI

PAGANINIS KONZERT

Das Hamburger Komödienhaus war der Schauplatz dieses Konzertes, und das kunstliebende Publikum hatte sich schon frühe und in solcher Anzahl eingefunden, daß ich kaum noch ein Plätzchen für mich am Orchester erkämpfte. Obgleich es Posttag war, erblickte ich doch, in den ersten Ranglogen, die ganze gebildete Handelswelt, einen ganzen Olymp von Bankiers und sonstigen Millionären, die Götter des Kaffees und des Zuckers, nebst deren dicken Ehegöttinnen, Junonen vom Wandrahm und Aphroditen vom Dreckwall. Auch herrschte eine religiöse Stille im ganzen Saal. Jedes Auge war nach der Bühne gerichtet. Jedes Ohr rüstete sich zum Hören. Mein Nachbar, ein alter Pelzmakler, nahm seine schmutzige Baumwolle aus den Ohren, um bald die kostbaren Töne, die zwei Taler Entreegeld kosteten, besser einsaugen zu können. Endlich aber, auf der Bühne, kam eine dunkle Gestalt zum Vorschein, die der Unterwelt entstiegen zu sein schien. Das war Paganini in seiner schwarzen Gala. Der schwarze Frack und die schwarze Weste von einem entsetzlichen Zuschnitt, wie er vielleicht am Hofe Proserpinens von der höllischen Etikette vorgeschrieben ist. Die schwarzen Hosen ängstlich schlotternd um die dünnen Beine. Die langen Arme schienen noch verlängert, indem er in der einen Hand die Violine und in der anderen den Bogen gesenkt hielt und damit fast die Erde berührte, als er vor dem Publikum seine unerhörten Verbeugungen auskramte. In den eckigen Krümmungen seines Leibes lag eine schauerliche Hölzernheit und zugleich etwas närrisch Tierisches, daß uns bei diesen Verbeugungen eine sonderbare Lachlust anwandeln mußte; aber sein Gesicht, das durch die grelle Orchesterbeleuchtung noch leichenartig weißer erschien, hatte alsdann so etwas Flehendes, so etwas blödsinnig Demütiges, daß ein grauenhaftes Mitleid unsere Lachlust niederdrückte. Hat er diese Komplimente einem Automaten abgelernt oder einem Hunde? Ist dieser bittende Blick der eines Todkranken, oder lauert dahinter der Spott eines schlauen Geizhalses? Ist das ein Lebender der im Verscheiden begriffen ist und der das Publikum in der Kunstarena, wie ein sterbender Fechter, mit seinen Zuckungen ergötzen soll? Oder ist es ein Toter, der aus dem Grabe gestiegen, ein Vampir mit der Violine, der uns, wo nicht das Blut aus dem Herzen, doch auf jeden Fall das Geld aus den Taschen saugt?

Solche Fragen kreuzten sich in unserem Kopfe, während Paganini seine unaufhörlichen Komplimente schnitt, aber alle dergleichen Gedanken mußten stracks verstummen, als der wunderbare Meister seine Violine ans Kinn setzte und zu spielen begann. Was mich betrifft, so kennen Sie ja mein musikalisches zweites Gesicht, meine Begabnis, bei jedem Tone, den ich erklingen höre, auch die adäquate Klangfigur zu sehen; und so kam es, daß mir Paganini mit jedem Striche seines Bogens auch sichtbare Gestalten und Situationen vor die Augen brachte, daß er mir in tönender Bilderschrift allerlei grelle Geschichten erzählte, daß er vor mir gleichsam ein farbiges Schattenspiel hingaukeln ließ, worin er selber immer mit seinem Violinspiel als die Hauptperson agierte. Schon bei seinem ersten Bogenstrich hatten sich die Kulissen um ihn her verändert; er stand mit seinem Musikpult plötzlich in einem heitern Zimmer, welches lustig unordentlich dekoriert, mit verschnörkelten Möbeln im Pompadurgeschmack: überall kleine Spiegel, vergoldete Amoretten, chinesisches Porzellan, ein allerliebstes Chaos von Bändern, Blumengirlanden, weißen Handschuhen, zerrissenen Blonden, falschen Perlen, Diademen von Goldblech und sonstigem Götterflitterkram, wie man dergleichen im

Studierzimmer einer Primadonna zu finden pflegt. Paganinis Äußeres hatte sich ebenfalls, und zwar aufs allervorteilhafteste, verändert: Er trug kurze Beinkleider von lilafarbigem Atlas, eine silbergestickte, weiße Weste, einen Rock von hellblauem Sammet mit goldumsponnenen Knöpfen und die sorgsam in kleinen Löckchen frisierten Haare umspielten sein Gesicht, das ganz jung und rosig blühete, und von süßer Zärtlichkeit erglänzte, wenn er nach dem hübschen Dämchen hinäugelte, das neben ihm am Notenpult stand, während er Violine spielte.

In der Tat, an seiner Seite erblickte ich ein hübsches junges Geschöpf, altmodisch gekleidet, der weiße Atlas ausgebauscht unterhalb den Hüften, die Taille um so reizender schmal, die gepuderten Haare hochauffrisiert, das hübsch runde Gesicht um so freier hervorglänzend mit seinen blitzenden Augen, mit seinen geschminkten Wänglein, Schönpflästerchen und impertinent süßem Näschen. In der Hand trug sie eine weiße Papierrolle, und sowohl nach ihren Lippenbewegungen, als nach dem kokettierenden Hin- und Herwiegen ihres Oberleibchens zu schließen, schien sie zu singen; aber vernehmlich ward mir kein einziger ihrer Triller, und nur aus dem Violinspiel womit der junge Paganini das holde Kind begleitete, erriet ich was sie sang und was er selber während ihres Singens in der Seele fühlte. O, das waren Melodieen, wie die Nachtigall sie flötet, in der Abenddämmerung, wenn der Duft der Rose ihr das ahnende Frühlingsherz mit Sehnsucht berauscht! O, das war eine schmelzende, wollüstig hinschmachtende Seligkeit! Das waren Töne die sich küßten, dann schmollend einander flohen, und endlich wieder lachend sich umschlangen, und eins wurden, und in trunkener Einheit dahinstarben. Ja, die Töne trieben ein heiteres Spiel, wie Schmetterlinge, wenn einer dem anderen nekkend ausweicht, sich hinter eine Blume verbirgt, endlich erhascht wird, und dann mit dem anderen, leichtsinnig beglückt, im goldnen Sonnenlichte hinaufflattert. Aber eine Spinne, eine Spinne kann solchen verliebten Schmetterlingen mal plötzlich ein tragisches Schicksal bereiten. Ahnte dergleichen das junge Herz? Ein wehmütig seufzender Ton, wie Vorgefühl eines heranschleichenden Unglücks, glitt leise durch die entzücktesten Melodieen, die aus Paganinis Violine hervorstrahlten … Seine Augen werden feucht … Anbetend kniet er nieder vor seiner Amata … Aber ach! indem er sich beugt, um ihre Füße zu küssen, erblickt er unter dem Bette einen kleinen Abbate! Ich weiß nicht was er gegen den armen Menschen haben mochte, aber der Genueser wurde blaß wie der Tod, er erfaßt den Kleinen mit wütenden Händen, gibt ihm diverse Ohrfeigen, so wie auch eine beträchtliche Anzahl Fußtritte, schmeißt ihn gar zur Tür hinaus, zieht alsdann ein langes Stilet aus der Tasche und stößt es in die Brust der jungen Schöne …

In diesem Augenblick aber erscholl von allen Seiten: Bravo! Bravo! Hamburgs begeisterte Männer und Frauen zollten ihren rauschendsten Beifall dem großen Künstler, welcher eben die erste Abteilung seines Konzertes beendigt hatte und sich mit noch mehr Ecken und Krümmungen als vorher verbeugte. Auf seinem Gesichte, wollte mich bedünken, winselte ebenfalls eine noch flehsamere Demut als vorher. In seinen Augen starrte eine grauenhafte Ängstlichkeit, wie die eines armen Sünders.

Göttlich! rief mein Nachbar, der Pelzmakler, indem er sich in den Ohren kratzte, dieses Stück war allein schon zwei Taler wert.

Als Paganini aufs neue zu spielen begann, ward es mir düster vor den Augen. Die Töne verwandelten sich nicht in helle Formen und Farben; die Gestalt des Meisters umhüllte sich vielmehr in finstere Schatten, aus deren Dunkel seine Musik mit den schneidendsten Jammertönen hervorklagte. Nur manchmal, wenn eine kleine Lampe, die über ihm hing, ihr kümmerliches Licht auf ihn warf, erblickte ich sein erbleichtes Antlitz, worauf aber die Jugend noch immer nicht erloschen war. Sonderbar war sein Anzug, gespaltet in zwei Farben, wovon die eine gelb und die andre rot. An den Füßen lasteten ihm schwere Ketten. Hinter ihm bewegte sich ein Gesicht, dessen Physiognomie auf eine lustige Bocksnatur hindeutete, und lange haarigte Hände, die, wie es schien, dazu gehörten, sah ich zuweilen hülfreich in die Saiten der Violine greifen, worauf Paganini spielte. Sie führten ihm auch manchmal die Hand womit er den Bogen hielt, und ein meckerndes Beifall-Lachen akkompagnierte dann die Töne, die immer schmerzlicher und blutender aus der Violine hervorquollen. Das waren Töne gleich dem

Gesang der gefallenen Engel, die mit den Töchtern der Erde gebuhlt hatten, und, aus dem Reiche der Seligen verwiesen, mit schamglühenden Gesichtern in die Unterwelt hinabstiegen. Das waren Töne in deren bodenloser Untiefe weder Trost noch Hoffnung glimmte. Wenn die Heiligen im Himmel solche Töne hören, erstirbt das Lob Gottes auf ihren verbleichenden Lippen und sie verhüllen weinend ihre frommen Häupter! Zuweilen, wenn in die melodischen Qualnisse dieses Spiels das obligate Bockslachen hineinmeckerte, erblickte ich auch im Hintergrunde eine Menge kleiner Weibsbilder, die boshaft lustig mit den häßlichen Köpfen nickten und mit den gekreuzten Fingern, in neckender Schadenfreude, ihre Rübchen schabten. Aus der Violine drangen alsdann Angstlaute und ein entsetzliches Seufzen und ein Schluchzen, wie man es noch nie gehört auf Erden, und wie man es vielleicht nie wieder auf Erden hören wird, es seie denn im Tale Josaphat, wenn die kolossalen Posaunen des Gerichts erklingen und die nackten Leichen aus ihren Gräbern hervorkriechen und ihres Schicksals harren … Aber der gequälte Violinist tat plötzlich einen Strich, einen so wahnsinnig verzweifelten Strich, daß seine Ketten rasselnd entzweisprangen und sein unheimlicher Gehülfe, mitsamt den verhöhnenden Unholden, verschwanden.

In diesem Augenblick sagte mein Nachbar, der Pelzmakler: Schade, schade, eine Saite ist ihm gesprungen, das kommt von dem beständigen Pizzikati!

War wirklich die Saite auf der Violine gesprungen? Ich weiß nicht. Ich bemerkte nur die Transfiguration der Töne, und da schien mir Paganini und seine Umgebung plötzlich wieder ganz verändert. Jenen konnte ich kaum wiedererkennen in der braunen Mönchstracht, die ihn mehr versteckte als bekleidete. Das verwilderte Antlitz halb verhüllt von der Kapuze, einen Strick um die Hüfte, barfüßig, eine einsam trotzige Gestalt, stand Paganini auf einem felsigen Vorsprung am Meere und spielte Violine. Es war, wie mich dünkte, die Zeit der Dämmerung, das Abendrot überfloß die weiten Meeresfluten, die immer röter sich färbten und immer feierlicher rauschten, im geheimnisvollsten Einklang mit den Tönen der Violine. Je röter aber das Meer wurde, desto fahler erbleichte der Himmel, und als endlich die wogenden Wasser wie lauter scharlachgrelles Blut aussahen, da ward droben der Himmel ganz gespenstisch hell, ganz leichenweiß, und groß und drohend traten daraus hervor die Sterne ... und diese Sterne waren schwarz, schwarz wie glänzende Steinkohlen. Aber die Töne der Violine wurden immer stürmischer und kecker, in den Augen des entsetzlichen Spielmanns funkelte eine so spöttische Zerstörungslust, und seine dünnen Lippen bewegten sich so grauenhaft hastig, daß es aussah als murmelte er uralt verruchte Zaubersprüche, womit man den Sturm beschwört und jene bösen Geister entfesselt, die in den Abgründen des Meeres gefangen liegen. Manchmal, wenn er, den nackten Arm aus dem weiten Mönchsärmel lang mager hervorstreckend, mit dem Fiedelbogen in den Lüften fegte: dann erschien er erst recht wie ein Hexenmeister, der mit dem Zauberstab den Elementen gebietet, und es heulte dann wie wahnsinnig in der Meerestiefe und die entsetzten Blutwellen sprangen dann so gewaltig in die Höhe, daß sie fast die bleiche Himmelsdecke und die schwarzen Sterne dort mit ihrem roten Schaume bespritzten. Das heulte, das kreischte, das krachte, als ob die Welt in Trümmer zusammenbrechen wollte, und der Mönch strich immer hartnäckiger seine Violine. Er wollte durch die Gewalt seines rasenden Willens die sieben Siegel brechen, womit Salomon die eisernen Töpfe versiegelt, nachdem er darin die überwundenen Dämonen verschlossen. Jene Töpfe hat der weise König ins Meer versenkt, und eben die Stimmen der darin verschlossenen Geister glaubte ich zu vernehmen, während Paganinis Violine ihre zornigsten Baßtöne grollte. Aber endlich glaubte ich gar wie Jubel der Befreiung zu vernehmen, und aus den roten Blutwellen sah ich hervortauchen die Häupter der entfesselten Dämonen: Ungetüme von fabelhafter Häßlichkeit, Krokodylle mit Fledermausflügeln, Schlangen mit Hirschgeweihen, Affen bemützt mit Trichtermuscheln, Seehunde mit patriarchalisch langen Bärten, Weibergesichter mit Brüsten an die Stellen der Wangen, grüne Kamelsköpfe, Zwittergeschöpfe von unbegreiflicher Zusammensetzung, alle mit kalt klugen Augen hinglotzend und mit langen Floßtatzen hingreifend nach dem fiedelnden Mönche ... Diesem aber, in dem rasenden Beschwörungseifer, fiel die Kapuze zurück, und die lockigen Haare, im Winde dahinflatternd, umringelten sein Haupt wie schwarze Schlangen.

Diese Erscheinung war so sinneverwirrend, daß ich, um nicht wahnsinnig zu werden, die Ohren mir zuhielt und die Augen schloß. Da war nun der Spuk verschwunden, und als ich wieder aufblickte sah ich den armen Genueser, in seiner gewöhnlichen Gestalt, seine gewöhnlichen Komplimente schneiden, während das Publikum aufs entzückteste applaudierte.

Das ist also das berühmte Spiel auf der G-Saite, bemerkte mein Nachbar; ich spiele selber die Violine und weiß was es heißt dieses Instrument so zu bemeistern! Zum Glück war die Pause nicht groß, sonst hätte mich der musikalische Pelzkenner gewiß in ein langes Kunstgespräch eingemufft. Paganini setzte wieder ruhig seine Violine ans Kinn und mit dem ersten Strich seines Bogens begann auch wieder die wunderbare Transfiguration der Töne. Nur gestaltete sie sich nicht mehr so grellfarbig und leiblich bestimmt. Diese Töne entfalteten sich ruhig, majestätisch wogend und anschwellend, wie die eines Orgelchorals in einem Dome; und alles umher hatte sich immer weiter und höher ausgedehnt zu einem kolossalen Raume, wie nicht das körperliche Auge, sondern nur das Auge des Geistes ihn fassen kann. In der Mitte dieses Raumes schwebte eine leuchtende Kugel, worauf riesengroß und stolzerhaben ein Mann stand, der die Violine spielte. Diese Kugel war sie die Sonne? Ich weiß nicht. Aber in den Zügen des Mannes erkannte ich Paganini, nur idealisch verschönert, himmlisch verklärt, versöhnungsvoll lächelnd. Sein Leib blühte in kräftigster Männlichkeit, ein hellblaues Gewand umschloß die veredelten Glieder, um seine Schulter wallte, in glänzenden Locken, das schwarze Haar; und wie er da fest und sicher stand, ein erhabenes Götterbild, und die Violine strich: da war es als ob die ganze Schöpfung seinen Tönen gehorchte. Er war der Mensch-Planet um den sich das Weltall bewegte, mit gemessener Feierlichkeit und in seligen Rhythmen erklingend. Diese großen Lichter, die, so ruhig glänzend um ihn her schwebten, waren es die Sterne des Himmels, und jene tönende Harmonie, die aus ihren Bewegungen entstand, war es da Sphärengesang, wovon Poeten und Seher so viel Verzückendes berichtet haben? Zuweilen, wenn ich angestrengt weit hinausschaute in die dämmernde Ferne, da glaubte ich lauter weiße wallende Gewänder zu sehen, worin kolossale Pilgrime vermummt einherwandelten, mit weißen Stäben in den Händen, und sonderbar! die goldnen Knöpfe jener Stäbe waren eben jene großen Lichter, die ich für Sterne gehalten hatte. Diese Pilgrime zogen, in weiter Kreisbahn, um den großen Spielmann umher, von den Tönen seiner Violine erglänzten immer heller die goldnen Knöpfe ihrer Stäbe, und die Choräle, die von ihren Lippen erschollen und die ich für Sphärengesang halten konnte, waren eigentlich nur das verhallende Echo jener Violinentöne. Eine unnennbare heilige Inbrunst wohnte in diesen Klängen, die manchmal kaum hörbar erzitterten, wie geheimnisvolles Flüstern auf dem Wasser, dann wieder süßschauerlich anschwollen, wie Waldhorntöne im Mondschein, und dann endlich mit ungezügeltem Jubel dahinbrausten, als griffen tausend Barden in die Saiten ihrer Harfen und erhüben ihre Stimmen zu einem Siegeslied. Das waren Klänge, die nie das Ohr hört, sondern nur das Herz träumen kann, wenn es des Nachts am Herzen der Geliebten ruht. Vielleicht auch begreift sie das Herz am hellen lichten Tage, wenn es sich jauchzend versenkt in die Schönheitslinien und Ovalen eines griechischen Kunstwerks …

Aus: *Florentinische Nächte. Erste Nacht*

ZWEI HAMBURGER JUDEN IN ITALIEN

Als ich zu Mathilden ins Zimmer trat, hatte sie den letzten Knopf des grünen Reitkleides zugeknöpft, und wollte eben einen Hut mit weißen Federn aufsetzen. Sie warf ihn rasch von sich, sobald sie mich erblickte, mit ihren wallend goldnen Locken stürzte sie mir entgegen – Doktor des Himmels und der Erde! rief sie, und nach alter Gewohnheit ergriff sie meine beiden Ohrlappen und küßte mich mit der drolligsten Herzlichkeit.

Wie gehts, Wahnsinnigster der Sterblichen! Wie glücklich bin ich Sie wiederzusehen! Denn ich werde nirgends auf dieser weiten

Welt einen verrückteren Menschen finden. Narren und Dummköpfe gibt es genug, und man erzeigt ihnen oft die Ehre, sie für verrückt zu halten; aber die wahre Verrücktheit ist so selten wie die wahre Weisheit, sie ist vielleicht gar nichts anderes als Weisheit, die sich geärgert hat, daß sie alles weiß, alle Schändlichkeiten dieser Welt, und die deshalb den weisen Entschluß gefaßt hat, verrückt zu werden. Die Orientalen sind ein gescheutes Volk, sie verehren einen Verrückten wie einen Propheten, wir aber halten jeden Propheten für verrückt.

Aber, Mylady, warum haben Sie mir nicht geschrieben?

Gewiß, Doktor, ich schrieb Ihnen einen langen Brief, und bemerkte auf der Adresse: abzugeben in Neu-Bedlam. Da Sie aber, gegen alle Vermutung nicht dort waren, so schickte man den Brief nach St. Luke, und da Sie auch hier nicht waren, so ging er weiter nach einer ähnlichen Anstalt, und so machte er die Ronde durch alle Tollhäuser Englands, Schottlands und Irlands, bis man ihn mir zurückschickte mit der Bemerkung, daß der Gentleman, den die Adresse bezeichne, noch nicht eingefangen sei. Und in der Tat, wie haben Sie es angefangen, daß sie immer noch auf freien Füßen sind?

Habs pfiffig angefangen, Mylady. Überall, wohin ich kam, wußt ich mich um die Tollhäuser herumzuschleichen, und ich denke, es wird mir auch in Italien gelingen.

O, Freund, hier sind Sie ganz sicher; denn erstens ist gar kein Tollhaus in der Nähe, und zweitens haben wir hier die Oberhand.

Wir? Mylady! Sie zählen sich also zu den Unseren? Erlauben Sie, daß ich Ihnen den Bruderkuß auf die Stirne drücke.

Ach! ich meine wir Badegäste, worunter ich wahrlich noch die Vernünftigste bin – Und nun machen Sie sich leicht einen Begriff von der Verrücktesten, nämlich von Julie Maxfield, die beständig behauptet, grüne Augen bedeuten den Frühling der Seele; dann haben wir noch zwei junge Schönheiten –

Gewiß englische Schönheiten, Mylady –

Doktor, was bedeutet dieser spöttische Ton? Die gelbfettigen Makkaronigesichter in Italien müssen Ihnen so gut schmecken, daß Sie keinen Sinn mehr haben für britische –

Plumpuddings mit Rosinenaugen, Roastbeefbusen festoniert mit weißen Meerrettichstreifen, stolze Pasteten –

Es gab eine Zeit, Doktor, wo Sie jedesmal in Verzückung gerieten, wenn Sie eine schöne Engländerin sahen –

Ja, das war damals! Ich bin noch immer nicht abgeneigt Ihren Landsmänninnen zu huldigen; sie sind schön wie Sonnen, aber Sonnen von Eis, sie sind weiß wie Marmor, aber auch marmorkalt – auf ihren kalten Herzen erfrieren die armen Flöhe –

Oho! ich kenne einen Floh, der dort nicht erfroren ist, und frisch und gesund übers Meer gesprungen, und es war ein großer, deutscher, impertinenter Floh –

Er hat sich wenigstens an den britisch frostigen Herzen so stark erkältet, daß er noch jetzt davon den Schnupfen hat.

Mylady schien pikiert über diese Antwort, sie ergriff die Reitgerte, die zwischen den Blättern eines Romans, als Lesezeichen, lag, schwang sie um die Ohren ihres weißen Jagdhundes, der leise knurrte, hob hastig ihren Hut von der Erde, setzte ihn keck aufs Lockenhaupt, sah ein paarmal wohlgefällig in den Spiegel, und sprach stolz: Ich bin noch schön! Aber plötzlich, wie von einem dunkeln Schmerzgefühl durchschauert, blieb sie sinnend stehen, streifte langsam ihren weißen Handschuh von der Hand, reichte sie mir, und meine Gedanken pfeilschnell ertappend, sprach sie: Nicht wahr, diese Hand ist nicht mehr so schön, wie in Ramsgate? Mathilde hat unterdessen viel gelitten!

Lieber Leser, man kann es den Glocken selten ansehen, wo sie einen Riß haben, und nur an ihrem Tone merkt man ihn. Hättest du nun den Klang der Stimme gehört, womit obige Worte gesprochen wurden, so wüßtest du gleich, Myladys Herz ist eine Glocke vom besten Metall, aber ein verborgener Riß dämpft wunderbar ihre heitersten Töne, und umschleiert sie gleichsam mit heimlicher Trauer. Doch ich liebe solche Glocken, sie finden immer ein gutes Echo in meiner eignen Brust; und ich küßte Myladys Hand fast inniger als ehemals, obgleich sie minder vollblühend war und einige Adern, etwas allzu blau hervortretend, mir ebenfalls zu sagen schienen: Mathilde hat unterdessen viel gelitten.

Ihr Auge sah mich an wie ein wehmütig einsamer Stern am herbstlichen Himmel, und weich und innig sprach sie: Sie scheinen mich wenig mehr zu lieben, Doktor! Denn nur mitleidig fiel eben Ihre Träne auf meine Hand, fast wie ein Almosen.

Wer heißt Sie die stumme Sprache meiner Tränen so dürftig ausdeuten? Ich wette, der weiße Jagdhund, der sich jetzt an Sie schmiegt, versteht mich besser; er schaut mich an, und dann wieder Sie, und scheint sich zu wundern, daß die Menschen, die stolzen Herren der Schöpfung, innerlich so tief elend sind. Ach, Mylady, nur der verwandte Schmerz entlockt uns die Träne, und jeder weint eigentlich für sich selbst.

Genug, genug, Doktor. Es ist wenigstens gut, daß wir Zeitgenossen sind und in demselben Erdwinkel uns gefunden mit unseren närrischen Tränen. Ach des Unglücks! wenn Sie vielleicht zweihundert Jahre früher gelebt hätten, wie es mir mit meinem Freunde Michael de Cervantes Saavedra begegnet, oder gar wenn Sie hundert Jahre später auf die Welt gekommen wären als ich, wie ein anderer intimer Freund von mir, dessen Namen ich nicht einmal weiß, eben weil er ihn erst bei seiner Geburt, Anno 1900, erhalten wird! Aber, erzählen Sie doch, wie haben Sie gelebt seit wir uns nicht gesehen?

Ich trieb mein gewöhnliches Geschäft, Mylady; ich rollte wieder den großen Stein. Wenn ich ihn bis zur Hälfte des Berges gebracht, dann rollte er plötzlich hinunter, und ich mußte wieder suchen ihn hinaufzurollen, – und dieses Bergauf- und Bergabrollen wird sich so lange wiederholen, bis ich selbst unter dem großen Steine liegen bleibe, und Meister Steinmetz mit großen Buchstaben darauf schreibt: Hier ruht in Gott –

Beileibe, Doktor, ich lasse Ihnen noch keine Ruhe – Sein Sie nur nicht melancholisch! Lachen Sie, oder ich –

Nein, kitzeln Sie nicht; ich will lieber von selbst lachen.

So recht. Sie gefallen mir noch, ebensogut wie in Ramsgate, wo wir uns zuerst nahekamen –

Und endlich noch näher als nah. Ja, ich will lustig sein. Es ist gut, daß wir uns wiedergefunden, und der große deutsche Floh wird sich wieder ein Vergnügen daraus machen, sein Leben bei Ihnen zu wagen.

Myladys Augen lachten wie Sonnenschein nach leisem Regenschauer, und ihre gute Laune brach wieder leuchtend hervor, als John hereintrat, und mit dem steifsten Lakaienpathos Seine Exzellenz den Marchese Christoforo di Gumpelino anmeldete.

Er sei willkommen! Und Sie, Doktor, werden einen Pair unseres Narrenreichs kennenlernen. Stoßen Sie sich nicht an sein Äußeres, besonders nicht an seine Nase. Der Mann besitzt vortreffliche Eigenschaften, z. B. viel Geld, gesunden Verstand, und die Sucht alle Narrheiten der Zeit in sich aufzunehmen; dazu ist er in meine grünäugige Freundin Julie Maxfield verliebt und nennt sie seine Julia und sich ihren Romeo, und deklamiert und seufzt – und Lord Maxfield, der Schwager, dem die treue Julia von ihrem Manne anvertraut worden, ist ein Argus –

Schon wollte ich bemerken, daß Argus eine Kuh bewachte, als die Türe sich weit öffnete und, zu meinem höchsten Erstaunen, mein alter Freund, der Bankier Christian Gumpel, mit seinem wohlhabenden Lächeln und gottgefälligem Bauche, hereinwatschelte. Nachdem seine glänzenden breiten Lippen sich an Myladys Hand genugsam gescheuert und übliche Gesundheitsfragen hervorgebrockt hatten, erkannte er auch mich – und in die Arme sanken sich die Freunde.

Mathildens Warnung, daß ich mich an die Nase des Mannes nicht stoßen solle, war hinlänglich gegründet, und wenig fehlte, so hätte er mir wirklich ein Auge damit ausgestochen. Ich will nichts Schlimmes von dieser Nase sagen; im Gegenteil, sie war von der edelsten Form, und sie eben berechtigte meinen Freund sich wenigstens einen Markese-Titel beizulegen. Man konnte es ihm nämlich an der Nase ansehen, daß er von gutem Adel war, daß er von einer uralten Weltfamilie abstammte, womit sich sogar einst der liebe Gott, ohne Furcht vor Mesallianz, verschwägert hat. Seitdem ist diese Familie freilich etwas heruntergekommen, so daß sie seit Karl dem Großen, meistens durch den Handel mit alten Hosen und Hamburger Lotteriezetteln, ihre Subsistenz erwerben mußte, ohne jedoch im mindesten von ihrem Ahnenstolze abzulassen oder jemals die Hoffnung aufzugeben, einst wieder ihre alten Güter, oder wenigstens hinreichende Emigranten-Entschädigung zu erhalten, wenn ihr alter legitimer Souverän sein Restaurationsversprechen erfüllt, ein Versprechen, womit er sie schon zwei Jahrtausende an der Nase herumgeführt. Sind vielleicht ihre Nasen eben durch dieses lange an der Nase Herumgeführtwerden so lang geworden? Oder sind diese langen Nasen eine Art Uniform, woran der Gottkönig Jehovah seine alten Leibgardisten erkennt, selbst wenn sie desertiert sind? Der Marchese Gumpelino war ein solcher Deserteur, aber er trug noch immer seine Uniform, und sie war sehr brillant, besäet mit Kreuzchen und Sternchen von Rubinen, einem roten Adlerorden in Miniatur, und anderen Dekorationen.

Sehen Sie, sagte Mylady, das ist meine Lieblingsnase, und ich kenne keine schönere Blume auf dieser Erde.

Diese Blume, schmunzlächelte Gumpelino, kann ich Ihnen nicht an den schönen Busen legen, ohne daß ich mein blühendes Antlitz hinzulege, und diese Beilage würde Sie vielleicht in der heutigen Hitze etwas genieren. Aber ich bringe Ihnen eine nicht minder köstliche Blume, die hier selten ist –

Bei diesen Worten öffnete der Marchese die fließpapierne Tüte, die er mitgebracht, und mit langsamer Sorgfalt zog er daraus hervor eine wunderschöne Tulpe.

Kaum erblickte Mylady diese Blume, so schrie sie aus vollem Halse: Morden! morden! wollen Sie mich morden? Fort, fort mit dem schrecklichen Anblick! Dabei gebärdete sie sich, als wolle man sie umbringen, hielt sich die Hände vor die Augen, rannte unsinnig im Zimmer umher, verwünschte Gumpelinos Nase und Tulpe, klingelte, stampfte den Boden, schlug den Hund mit der Reitgerte, daß er laut aufbellte, und als John hereintrat, rief sie, wie Kean als König Richard:

Ein Pferd! ein Pferd!
Ein Königtum für ein Pferd!

und stürmte, wie ein Wirbelwind, von dannen.

Eine kuriose Frau! sprach Gumpelino, vor Erstaunen bewegungslos und noch immer die Tulpe in der Hand haltend, so daß er einem jener Götzenbilder glich, die mit Lotosblumen in den Händen, auf altindischen Denkmälern zu schauen sind. Ich aber kannte die Dame und ihre Idiosynkrasie weit besser, mich ergötzte dieses Schauspiel über alle Maßen, ich öffnete das Fenster und rief: Mylady, was soll ich von Ihnen denken? Ist das Vernunft, Sitte – besonders ist das Liebe?

Da lachte herauf die wilde Antwort:

> Wenn ich zu Pferde bin, so will ich schwören.
> Ich liebe dich unendlich.

Eine kuriose Frau! wiederholte Gumpelino, als wir uns auf den Weg machten seine beiden Freundinnen, Signora Lätitia und Signora Francesca, deren Bekanntschaft er mir verschaffen wollte, zu besuchen. Da die Wohnung dieser Damen auf einer etwas entfernten Anhöhe lag, so erkannte ich um so dankbarer die Güte meines wohlbeleibten Freundes, der das Bergsteigen etwas beschwerlich fand, und auf jedem Hügel atemschöpfend stehenblieb, und O Jesu! seufzte.

Die Wohnungen in den Bädern von Lucca nämlich sind entweder unten in einem Dorfe, das von hohen Bergen umschlossen ist, oder sie liegen auf einem dieser Berge selbst, unfern der Hauptquelle, wo eine pittoreske Häusergruppe in das reizende Tal hinabschaut. Einige liegen aber auch einzeln zerstreut an den Bergesabhängen, und man muß mühsam hinaufklimmen durch Weinreben, Myrtengesträuch, Geißblatt, Lorbeerbüsche, Oleander, Geranikum und andre vornehme Blumen und Pflanzen, ein wildes Paradies. Ich habe nie ein reizenderes Tal gesehen, besonders wenn man von der Terrasse des oberen Bades, wo die ernstgrünen Zypressen stehen, ins Dorf hinabschaut. Man sieht dort die Brükke, die über ein Flüßchen führt, welches Lima heißt, und das Dorf in zwei Teile durchschneidend, an beiden Enden in mäßigen Wasserfällen, über Felsenstücke dahinstürzt, und ein Geräusch hervorbringt, als wolle es die angenehmsten Dinge sagen und könne vor dem allseitig plaudernden Echo nicht zu Worten kommen.

Der Hauptzauber dieses Tals liegt aber gewiß in dem Umstand, daß es nicht zu groß ist und nicht zu klein, daß die Seele des Beschauers nicht gewaltsam erweitert wird, vielmehr sich ebenmäßig mit dem herrlichen Anblick füllt, daß die Häupter der Berge selbst, wie die Apenninen überall, nicht abenteuerlich gotisch erhaben mißgestaltet sind, gleich den Bergkarikaturen, die wir ebensowohl wie die Menschenkarikaturen, in germanischen Ländern finden: sondern, daß ihre edelgeründeten, heiter grünen Formen fast eine Kunstzivilisation aussprechen, und gar melodisch mit dem blaßblauen Himmel zusammenklingen.

O Jesu! ächzte Gumpelino, als wir, mühsamen Steigens und von der Morgensonne schon etwas stark gewärmt, oberwähnte Zypressenhöhe erreichten, und, ins Dorf hinabschauend, unsere englische Freundin, hoch zu Roß, wie ein romantisches Märchenbild, über die Brücke jagen, und ebenso traumschnell wieder verschwinden sahen. O Jesu! welch eine kuriose Frau, wiederholte einigemal der Marchese. In meinem gemeinen Leben ist mir noch keine solche Frau vorgekommen. Nur in Komödien findet man dergleichen, und ich glaube z. B. die Holzbecher würde die Rolle gut spielen. Sie hat etwas von einer Nixe. Was denken Sie?

Ich denke, Sie haben recht, Gumpelino. Als ich mit ihr von London nach Rotterdam fuhr, sagte der Schiffskapitän, sie gliche einer mit Pfeffer bestreuten Rose. Zum Dank, für diese pikante Vergleichung, schüttete sie eine ganze Pfefferbüchse auf seinen Kopf aus, als sie ihn einmal in der Kajüte eingeschlummert fand, und man konnte sich dem Manne nicht mehr nähern ohne zu niesen.

Eine kuriose Frau! sprach wieder Gumpelino. So zart wie weiße Seide und ebenso stark, und sitzt zu Pferde ebenso gut wie ich. Wenn sie nur nicht ihre Gesundheit zugrunde reitet. Sahen Sie nicht eben den langen, magern Engländer, der auf seinem magern Gaul, hinter ihr herjagte, wie die galoppierende Schwindsucht? Das Volk reitet zu leidenschaftlich, gibt alles Geld in der Welt für Pferde aus. Lady Maxfields Schimmel kostet dreihundert goldne, lebendige Louisdore – ach! und die Louisdore stehen so hoch und steigen noch täglich.

Ja, die Louisdor werden noch so hoch steigen, daß ein armer Gelehrter, wie unsereiner, sie gar nicht mehr wird erreichen können.

Sie haben keinen Begriff davon, Herr Doktor, wieviel Geld ich ausgeben muß, und dabei behelfe ich mich mit einem einzigen Bedienten, und nur wenn ich in Rom bin, halte ich mir einen Kapellan für meine Hauskapelle. Sehen Sie, da kommt mein Hyazinth.

Die kleine Gestalt, die in diesem Augenblick bei der Windung eines Hügels zum Vorschein kam, hätte vielmehr den Namen einer Feuerlilje verdient. Es war ein schlotternd weiter Scharlachrock, überladen mit Goldtressen, die im Sonnenglanze strahlten, und aus dieser roten Pracht schwitzte ein Köpfchen hervor, das mir sehr wohlbekannt zunickte. Und wirklich, als ich das bläßlich besorgliche Gesichtchen und die geschäftig zwinkenden Äuglein näher betrachtete, erkannte ich jemanden, den ich eher auf dem Berg Sinai als auf den Apenninen erwartet hätte, und das war kein anderer als Herr Hirsch, Schutzbürger in Hamburg, ein Mann, der nicht bloß immer ein sehr ehrlicher Lotteriekollekteur gewesen, sondern sich auch auf Hühneraugen und Juwelen versteht, dergestalt, daß er erstere von letzteren nicht bloß zu unterscheiden weiß, sondern auch die Hühneraugen ganz geschickt auszuschneiden und die Juwelen ganz genau zu taxieren weiß.

Ich bin guter Hoffnung – sprach er, als er mir näher kam – daß Sie mich noch kennen, obgleich ich nicht mehr Hirsch heiße. Ich heiße jetzt Hyazinth und bin der Kammerdiener des Herrn Gumpel.

Hyazinth! rief dieser, in staunender Aufwallung über die Indiskretion des Dieners.

Sein Sie nur ruhig, Herr Gumpel, oder Herr Gumpelino, oder Herr Marchese, oder Eure Exzellenza, wir brauchen uns gar nicht vor diesem Herrn zu genieren, der kennt mich, hat manches Los bei mir gespielt, und ich möcht sogar drauf schwören, er ist mir von der letzten Renovierung noch sieben Mark neun Schilling schuldig – Ich freue mich wirklich, Herr Doktor, Sie hier wiederzusehen. Haben Sie hier ebenfalls Vergnügungs-Geschäfte? Was sollte man sonst hier tun, in dieser Hitze, und wo man noch dazu bergauf und bergab steigen muß. Ich bin hier des Abends so müde, als wäre ich zwanzigmal vom Altonaer Tore nach dem Steintor gelaufen, ohne was dabei verdient zu haben.

O Jesu! – rief der Marchese – schweig, schweig! Ich schaffe mir einen andern Bedienten an.

Warum schweigen? – versetzte Hirsch Hyazinthos – Ist es mir doch lieb, wenn ich mal wieder gutes Deutsch sprechen kann mit einem Gesichte, das ich schon einmal in Hamburg gesehen, und denke ich an Hamburg –

Hier, bei der Erinnerung an sein kleines Stiefvaterländchen, wurden des Mannes Äuglein flimmernd feucht, und seufzend sprach er: Was ist der Mensch! Man geht vergnügt vor dem Altonaer Tore, auf dem Hamburger Berg, spazieren und besieht dort die Merkwürdigkeiten, die Löwen, die Gevögel, die Papagoyim, die Affen, die ausgezeichneten Menschen, und man läßt sich Karussell fahren oder elektrisieren, und man denkt was würde ich erst für Vergnügen haben an einem Orte, der noch zweihundert Meilen von Hamburg weiter entfernt ist, in dem Lande wo die Zitronen und Orangen wachsen, in Italien! Was ist der Mensch! Ist er vor dem Altonaer Tore, so möchte er gern in Italien sein, und ist er in Italien, so möchte er wieder vor dem Altonaer Tore sein! Ach stände ich dort wieder und sähe wieder den Michaelisturm, und oben daran die Uhr mit den großen goldnen Zahlen auf dem Zifferblatt, die großen goldnen Zahlen, die ich so oft des Nachmittags betrachtete, wenn sie so freundlich in der Sonne glänzten – ich hätte sie oft küssen mögen. Ach, ich bin jetzt in Italien, wo die Zitronen und Orangen wachsen; wenn ich aber die Zitronen und Orangen wachsen sehe, so denk ich an den Steinweg zu Hamburg, wo sie, ganzer Karren voll, gemächlich aufgestapelt liegen, und wo man sie ruhig genießen kann, ohne daß man nötig hat so viele Gefahr-Berge zu besteigen und so viel Hitzwärme auszustehen. So wahr mir Gott helfe, Herr Marchese, wenn ich es nicht der Ehre wegen getan hätte und wegen der Bildung, so wäre ich Ihnen nicht hierher gefolgt. Aber das muß man Ihnen nachsagen, man hat Ehre bei Ihnen und bildet sich.

Hyazinth! – sprach jetzt Gumpelino, der durch diese Schmeichelei etwas besänftigt worden –, Hyazinth geh jetzt zu –

Ich weiß schon –

Du weißt nicht, sage ich dir, Hyazinth –

Ich sag Ihnen, Herr Gumpel, ich weiß. Ew. Exzellenz schicken mich jetzt zu der Lady Maxfield – Mir braucht man gar nichts zu sagen. Ich weiß Ihre Gedanken, die Sie noch gar nicht gedacht, und vielleicht Ihr Lebtag gar nicht denken werden. Einen Bedienten wie mich, bekommen Sie nicht so leicht – und ich tu es der Ehre wegen, und der Bildung wegen, und wirklich, man hat Ehre bei Ihnen und bildet sich – Bei diesem Worte putzte er sich die Nase mit einem sehr weißen Taschentuche.

Hyazinth, sprach der Marchese, du gehst jetzt zu der Lady Julie Maxfield, zu meiner Julia, und bringst ihr diese Tulpe – nimm sie in acht, denn sie kostet fünf Paoli – und sagst ihr –

Ich weiß schon –

Du weißt nichts. Sag ihr: Die Tulpe ist unter den Blumen –

Ich weiß schon, Sie wollen ihr etwas durch die Blume sagen. Ich habe für so manches Lotterielos in meiner Kollekte selbst eine Devise gemacht –

Ich sage dir, Hyazinth, ich will keine Devise von dir. Bringe diese Blume an Lady Maxfield, und sage ihr:

Die Tulpe ist unter den Blumen
Was unter den Käsen der Stracchino;
Doch mehr als Blumen und Käse
Verehrt Dich Gumpelino!

So wahr mir Gott alles Guts gebe, das ist gut! – rief Hyazinth – Winken Sie mir nicht, Herr Marchese, was Sie wissen, das weiß ich, und was ich weiß, das wissen Sie. Und Sie, Herr Doktor, leben Sie wohl! Um die Kleinigkeit mahne ich Sie nicht. – Bei diesen Worten stieg er den Hügel wieder hinab, und murmelte beständig: Gumpelino Stracchino – Stracchino Gumpelino –

Es ist ein treuer Mensch – sagte der Marchese – sonst hätte ich ihn längst abgeschafft, wegen seines Mangels an Etikette. Vor Ihnen hat das nichts zu bedeuten. Sie verstehen mich. Wie gefällt Ihnen seine Livree? Es sind noch für vierzig Taler mehr Tressen dran als an der Livree von Rothschilds Bedienten. Ich habe innerlich mein Vergnügen, wie sich der Mensch bei mir perfektioniert. Dann und wann gebe ich ihm selbst Unterricht in der Bildung. Ich sage ihm oft: Was ist Geld? Geld ist rund und rollt weg, aber Bildung bleibt. Ja, Herr Doktor, wenn ich, was Gott verhüte, mein Geld verliere, so bin ich doch noch immer ein großer Kunstkenner, ein Kenner von Malerei, Musik und Poesie. Sie sollen mir die Augen zubinden und mich in der Galerie zu Florenz herumführen, und bei jedem Gemälde, vor welches Sie mich hinstellen, will ich Ihnen den Maler nennen, der es gemalt hat, oder wenigstens die Schule, wozu dieser Maler gehört. Musik? Verstopfen Sie mir die Ohren und ich höre doch jede falsche Note. Poesie? Ich kenne alle Schauspielerinnen Deutschlands und die Dichter weiß ich auswendig. Und gar Natur! Ich bin zweihundert Meilen gereist, Tag und Nacht durch, um in Schottland einen einzigen Berg zu sehen. Italien aber geht über alles. Wie gefällt Ihnen hier diese Naturgegend? Welche Schöpfung! Sehen Sie mal die Bäume, die Berge, den Himmel, da unten das Wasser – ist nicht alles wie gemalt? Haben Sie es je im Theater schöner gesehen? Man wird sozusagen ein Dichter! Verse kommen einem in den Sinn und man weiß nicht woher: –

> Schweigend, in der Abenddämmrung Schleier
> Ruht die Flur, das Lied der Haine stirbt;
> Nur daß hier, im alternden Gemäuer
> Melancholisch noch ein Heimchen zirpt.

Diese erhabenen Worte deklamierte der Marchese mit überschwellender Rührung, indem er, wie verklärt, in das lachende, morgenhelle Tal hinabschaute.

Auf einem Rasenvorsprung, unter einem breiten Lorbeerbaume, saß Hyazinthos, der Diener des Marchese, und neben ihm Apollo, dessen Hund. Letzterer stand vielmehr, indem er die Vorderpfoten auf die Scharlachkniee des kleinen Mannes gelegt hatte, und neugierig zusah, wie dieser, eine Schreibtafel in den Händen haltend, dann und wann etwas hineinschrieb, wehmütig vor sich hinlächelte, das Köpfchen schüttelte, tief seufzte und sich dann vergnügt die Nase putzte.

Was Henker, rief ich ihm entgegen, Hirsch Hyazinthos! machst du Gedichte? Nun, die Zeichen sind günstig, Apollo steht dir zur Seite und der Lorbeer hängt schon über deinem Haupte!

Aber ich tat dem armen Schelme Unrecht. Liebreich antwortete er: Gedichte? Nein, ich bin ein Freund von Gedichten, aber ich schreibe doch keine. Was sollte ich schreiben? Ich hatte eben nichts zu tun, und zu meinem Vergnügen machte ich mir eine Liste von den Namen derjenigen Freunde, die einst in meiner Kollekte gespielt haben. Einige davon sind mir sogar noch etwas schuldig – Glauben Sie nur nicht, Herr Doktor, ich wollte Sie mahnen – das hat Zeit, Sie sind mir gut. Hätten Sie nur zuletzt 1365 statt 1364 gespielt, so wären Sie jetzt ein Mann von hunderttausend Mark Banko, und brauchten nicht hier herumzulaufen, und könnten ruhig in Hamburg sitzen, ruhig und vergnügt, und könnten sich auf dem Sofa erzählen lassen, wie es in Italien aussieht. So wahr mir Gott helfe! ich wäre nicht hergereist, hätte ich es nicht Herrn Gumpel zuliebe getan. Ach, wieviel Hitz und Gefahr und Müdigkeit muß ich ausstehen, und wo nur eine Überspannung ist oder eine Schwärmerei, ist auch Herr Gumpel dabei, und ich muß alles mitmachen. Ich wäre schon längst von ihm gegangen, wenn er mich missen könnte. Denn wer soll nachher zu Hause erzählen, wieviel Ehre und Bildung er in der Fremde genossen? Und soll ich die Wahrheit sagen, ich selbst fang an, viel auf Bildung zu geben. In Hamburg hab ich sie gottlob nicht nötig; aber man kann nicht wissen, man kommt einmal nach einem anderen Ort. Es ist eine ganz andere Welt jetzt. Und man hat recht; so ein bißchen Bildung ziert den ganzen Menschen. Und welche Ehre hat man davon! Lady Maxfield zum Beispiel, wie hat sie mich diesen Morgen aufgenommen und honoriert! Ganz parallel wie ihresgleichen. Und sie gab mir einen Francesconi Trinkgeld, obschon die Blume nur fünf Paoli gekostet hatte. Außerdem ist es auch ein Vergnügen, wenn man den kleinen, weißen Fuß von schönen Damenpersonen in Händen hat.

Ich war nicht wenig betreten über diese letzte Bemerkung, und dachte gleich: Ist das Stichelei? Wie konnte aber der Lump schon Kenntnis haben von dem Glücke, das mir erst denselben Tag begegnet, zu derselben Zeit, als er auf der entgegengesetzten Seite des Bergs war? Gabs dort etwa eine ähnliche Szene und offenbarte sich darin die Ironie des großen Weltbühnendichters da droben, daß er vielleicht noch tausend solcher Szenen, die gleichzeitig eine die andere parodieren, zum Vergnügen der himmlischen Heerscharen aufführen ließ? Indessen beide Vermutungen waren ungegründet, denn nach langen wiederholten Fragen, und nachdem ich das Versprechen geleistet, dem Marchese nichts zu verraten, gestand mir der arme Mensch: Lady Maxfield habe noch zu Bette gelegen, als er ihr die Tulpe überreicht, in dem Augenblick, wo er seine schöne Anrede halten wollen, sei einer ihrer Füße nackt zum Vorschein gekommen, und da er Hühneraugen daran bemerkt, habe er gleich um die Erlaubnis gebeten, sie ausschneiden zu dürfen, welches auch gestattet und nachher, zugleich für die Überreichung der Tulpe, mit einem Francesconi belohnt worden sei.

Es ist mir aber immer nur um die Ehre zu tun – setzte Hyazinth hinzu –, und das habe ich auch dem Baron Rothschild gesagt, als ich die Ehre hatte, ihm die Hühneraugen zu schneiden. Es geschah in seinem Kabinett; er saß dabei auf seinem grünen Sessel, wie auf einem Thron, sprach wie ein König, um ihn herum standen seine Courtiers, und er gab seine Ordres, und schickte Stafetten an alle Könige; und wie ich ihm währenddessen die Hühneraugen schnitt, dacht ich im Herzen: Du hast jetzt in Händen den Fuß des Mannes, der selbst jetzt die ganze Welt in Händen hat, du bist jetzt ebenfalls ein wichtiger Mensch, schneidest du ihn unten ein bißchen zu scharf, so wird er verdrießlich, und schneidet oben die größten Könige noch ärger – Es war der glücklichste Moment meines Lebens!

Ich kann mir dieses schöne Gefühl vorstellen, Herr Hyazinth. Welchen aber von der Rothschildschen Dynastie haben Sie solchermaßen amputiert? War es etwa der hochherzige Brite, der Mann in Lombardstreet, der ein Leihhaus für Kaiser und Könige errichtet hat?

Versteht sich, Herr Doktor, ich meine den großen Rothschild, den großen Nathan Rothschild, Nathan den Weisen, bei dem der Kaiser von Brasilien seine diamantene Krone versetzt hat. Aber ich habe auch die Ehre gehabt, den Baron Salomon Rothschild in Frankfurt kennenzulernen, und wenn ich mich auch nicht seines intimen Fußes zu erfreuen hatte, so wußte er mich doch zu schätzen. Als der Herr Marchese zu ihm sagte, ich sei einmal Lotteriekollekteur gewesen, sagte der Baron sehr witzig: Ich bin ja selbst so etwas, ich bin ja der Oberkollekteur der Rothschildschen Lose, und mein Kollege darf beileibe nicht mit den Bedienten essen, er soll neben mir bei Tische sitzen – Und so wahr wie mir Gott alles Guts geben soll, Herr Doktor, ich saß neben Salomon Rothschild, und er behandelte mich ganz wie seinesgleichen, ganz famillionär. Ich war auch bei ihm auf dem berühmten Kinderball, der in der Zeitung gestanden. So viel Pracht bekomme ich mein Lebtag nicht mehr zu sehen. Ich bin doch auch in Hamburg auf einem Ball gewesen, der 1500 Mark und 8 Schilling kostete, aber das war doch nur wie ein Hühnerdreckchen gegen einen Misthaufen. Wieviel Gold und Silber und Diamanten habe ich dort gesehen! Wieviel Sterne und Orden! Den Falkenorden, das Goldne Vlies, den Löwenorden, den Adlerorden – sogar ein ganz klein Kind, ich sage Ihnen, ein ganz klein Kind trug einen Elefantenorden. Die Kinder waren gar schön maskiert und spielten Anleihe, und waren angezogen wie die Könige, mit Kronen auf den Köpfen, ein großer Junge aber war angezogen präzise wie der alte Nathan Rothschild. Er machte seine Sache sehr gut, hatte beide Hände in der Hosentasche, klimperte mit Geld, schüttelte sich verdrießlich, wenn einer von den kleinen Königen was geborgt haben wollte, und nur dem kleinen mit dem weißen Rock und den roten Hosen streichelte er freundlich die Bakken, und lobte ihn: Du bist mein Pläsier, mein Liebling, mein' Pracht, aber dein Vetter Michel soll mir vom Leib bleiben, ich werde diesem Narrn nichts borgen, der täglich mehr Menschen ausgibt, als er jährlich zu verzehren hat, es kommt durch ihn noch ein Unglück in die Welt, und mein Geschäft wird darunter leiden. So wahr mir Gott alles Guts gebe, der Junge machte seine Sache sehr gut, besonders wenn er das dicke Kind, das in weißen Atlas mit echten silbernen Liljen gewickelt war, im Gehen unterstützte und bisweilen zu ihm sagte: Na, na, du, du, führ dich nur gut auf, ernähr dich redlich, sorg daß du nicht wieder weggejagt wirst, damit ich nicht mein Geld verliere. Ich versichere Sie, Herr Doktor, es war ein Vergnügen, den Jungen zu hören; und auch die anderen Kinder, lauter liebe Kinder, machten ihre Sache sehr gut – bis ihnen Kuchen gebracht wurde, und sie sich um das beste Stück stritten, und sich die Kronen vom Kopf rissen, und schrieen und weinten, und einige sich sogar – –

Es gibt nichts Langweiligeres auf dieser Erde, als die Lektüre einer italienischen Reisebeschreibung – außer etwa das Schreiben derselben – und nur dadurch kann der Verfasser sie einigermaßen erträglich machen, daß er von Italien selbst so wenig als möglich darin redet. Trotzdem, daß ich diesen Kunstkniff vollauf anwende, kann ich dir, lieber Leser, in den nächsten Kapiteln nicht viel Unterhaltung versprechen. Wenn du dich bei dem ennuyanten Zeug, das darin vorkommen wird, langweilst, so tröste dich mit mir, der all dieses Zeug sogar schreiben mußte. Ich rate dir, überschlage dann und wann einige Seiten, dann kömmst du mit dem Buche schneller zu Ende – ach, ich wollt, ich könnt es ebenso machen! Glaub nur nicht, ich scherze; wenn ich dir ganz ernsthaft meine Herzensmeinung über dieses Buch gestehen soll, so rate ich dir, es jetzt zuzuschlagen, und gar nicht weiter darin zu lesen. Ich will dir nächstens etwas Besseres schreiben, und wenn wir in einem folgenden Buche, in der Stadt Lucca, wieder mit Mathilden und Francesca zusammentreffen, so sollen dich die lieben Bilder viel anmutiger ergötzen, als gegenwärtiges Kapitel und gar die folgenden.

Gottlob, vor meinem Fenster erklingt ein Leierkasten mit lustigen Melodien! Mein trüber Kopf bedarf solcher Aufheiterung, besonders da ich jetzt meinen Besuch bei Seiner Exzellenz dem Marchese Christoforo di Gumpelino zu beschreiben habe. Ich will diese rührende Geschichte, ganz genau, wörtlich treu, in ihrer schmutzigsten Reinheit, mitteilen.

Es war schon spät, als ich die Wohnung des Marchese erreichte. Als ich ins Zimmer trat, stand Hyazinth allein und putzte die goldenen Sporen seines Herrn, welcher, wie ich durch die halbgeöffnete Türe seines Schlafkabinetts sehen konnte, vor einer Madonna und einem großen Kruzifixe, auf den Knieen lag.

Du mußt nämlich wissen, lieber Leser, daß der Marchese, dieser vornehme Mann, jetzt ein guter Katholik ist, daß er die Zeremonien der alleinseligmachenden Kirche streng ausübt, und sich, wenn er in Rom ist, sogar einen eignen Kapellan hält, aus demselben Grunde, weshalb er in England die besten Wettrenner und in Paris die schönste Tänzerin unterhielt.

Herr Gumpel verrichtet jetzt sein Gebet – flüsterte Hyazinth mit einem wichtigen Lächeln, und indem er nach dem Kabinette seines Herrn deutete, fügte er noch leiser hinzu: So liegt er alle Abend zwei Stunden auf den Knieen vor der Primadonna mit dem Jesuskind. Es ist ein prächtiges Kunstbild, und es kostet ihm sechshundert Francesconis.

Und Sie, Herr Hyazinth, warum knieen Sie nicht hinter ihm? Oder sind Sie etwa kein Freund von der katholischen Religion?

Ich bin ein Freund davon, und bin auch wieder kein Freund davon, antwortete jener mit bedenklichem Kopfwiegen. Es ist eine gute Religion für einen vornehmen Baron, der den ganzen Tag müßig gehen kann, und für einen Kunstkenner; aber es ist keine Religion für einen Hamburger, für einen Mann, der sein Geschäft hat, und durchaus keine Religion für einen Lotteriekollekteur. Ich muß jede Nummer, die gezogen wird, ganz exakt aufschreiben, und denke ich dann zufällig an Bum! Bum! Bum! an eine katholische Glock, oder schwebelt es mir vor den Augen, wie katholischer Weihrauch, und ich verschreib mich, und ich schreibe eine unrechte Zahl, so kann das größte Unglück daraus entstehen. Ich habe oft zu Herren Gumpel gesagt: Ew. Ex. sind ein reicher Mann und können katholisch sein soviel Sie wollen, und können sich den Verstand ganz katholisch einräuchern lassen, und können so dumm werden, wie eine katholische Glock, und Sie haben doch zu essen; ich aber bin ein Geschäftsmann, und muß meine sieben Sinne zusammenhalten, um was zu verdienen. Herr Gumpel meint freilich, es sei nötig für die Bildung, und wenn ich nicht katholisch würde, verstände ich nicht die Bilder, die zur Bildung gehören, nicht den

Johann v. Viehesel, den Corretschio, den Carratschio, den Carravatschio – aber ich habe immer gedacht, der Corretschio und Carratschio und Carravatschio können mir alle nichts helfen, wenn niemand mehr bei mir spielt, und ich komme dann in die Patschio. Dabei muß ich Ihnen auch gestehen, Herr Doktor, daß mir die katholische Religion nicht einmal Vergnügen macht, und als ein vernünftiger Mann müssen Sie mir recht geben. Ich sehe das Pläsier nicht ein, es ist eine Religion als wenn der liebe Gott, Gott bewahre, eben gestorben wäre, und es riecht dabei nach Weihrauch, wie bei einem Leichenbegängnis, und dabei brummt eine so traurige Begräbnismusik, daß man die Melancholik bekömmt – ich sage Ihnen, es ist keine Religion für einen Hamburger.

Aber, Herr Hyazinth, wie gefällt Ihnen denn die protestantische Religion?

Die ist mir wieder zu vernünftig, Herr Doktor, und gäbe es in der protestantischen Kirche keine Orgel, so wäre sie gar keine Religion. Unter uns gesagt, diese Religion schadet nichts und ist so rein wie ein Glas Wasser, aber, sie hilft auch nichts. Ich habe sie probiert und diese Probe kostet mich vier Mark vierzehn Schilling –

Wieso, mein lieber Herr Hyazinth?

Sehen Sie, Herr Doktor, ich habe gedacht: das ist freilich eine sehr aufgeklärte Religion, und es fehlt ihr an Schwärmerei und Wunder; indessen, ein bißchen Schwärmerei muß sie doch haben, ein ganz klein Wunderchen muß sie doch tun können, wenn sie sich für eine honette Religion ausgeben will. Aber wer soll da Wunder tun, dacht ich, als ich mal in Hamburg eine protestantische Kirche besah, die zu der ganz kahlen Sorte gehörte, wo nichts als braune Bänke und weiße Wände sind, und an der Wand nichts als ein schwarz Täfelchen hängt, worauf ein halb Dutzend weiße Zahlen stehen. Du tust dieser Religion vielleicht Unrecht, dacht ich wieder, vielleicht können diese Zahlen ebensogut ein Wunder tun wie ein Bild von der Mutter Gottes oder wie ein Knochen von ihrem Mann, dem heiligen Joseph, und um der Sache auf den Grund zu kommen, ging ich gleich nach Altona, und besetzte eben diese Zahlen in der Altonaer Lotterie, die Ambe besetzte ich mit acht Schilling, die Terne mit sechs, die Quaterne mit vier, und die

Quinterne mit zwei Schilling – Aber, ich versichere Sie auf meine Ehre, keine einzige von den protestantischen Nummern ist herausgekommen. Jetzt wußte ich was ich zu denken hatte, jetzt dacht ich, bleibt mir weg mit einer Religion die gar nichts kann, bei der nicht einmal eine Ambe herauskommt – werde ich so ein Narr sein, auf diese Religion, worauf ich schon vier Mark und vierzehn Schilling gesetzt und verloren habe, noch meine ganze Glückseligkeit zu setzen?

Die altjüdische Religion scheint Ihnen gewiß viel zweckmäßiger, mein Lieber?

Herr Doktor, bleiben Sie mir weg mit der altjüdischen Religion; die wünsche ich nicht meinem ärgsten Feind. Man hat nichts als Schimpf und Schande davon. Ich sage Ihnen, es ist gar keine Religion, sondern ein Unglück. Ich vermeide alles, was mich daran erinnern könnte, und weil Hirsch ein jüdisches Wort ist und auf deutsch Hyazinth heißt, so habe ich sogar den alten Hirsch laufen lassen, und unterschreibe mich jetzt: Hyazinth, Kollekteur, Operateur und Taxator. Dazu habe ich noch den Vorteil, daß schon ein H. auf meinem Petschaft steht und ich mir kein neues stechen zu lassen brauche. Ich versichere Ihnen, es kommt auf dieser Welt viel darauf an wie man heißt; der Name tut viel. Wenn ich mich unterschreibe: Hyazinth, Kollekteur, Operateur und Taxator, so klingt das ganz anders als schriebe ich Hirsch schlechtweg, und man kann mich dann nicht wie einen gewöhnlichen Lump behandeln.

Mein lieber Herr Hyazinth! Wer könnte Sie so behandeln! Sie scheinen schon so viel für Ihre Bildung getan zu haben, daß man in Ihnen den gebildeten Mann schon erkennt, ehe Sie den Mund auftun, um zu sprechen.

Sie haben recht, Herr Doktor, ich habe in der Bildung Fortschritte gemacht wie eine Riesin. Ich weiß wirklich nicht, wenn ich nach Hamburg zurückkehre, mit wem ich dort umgehn soll; und was die Religion anbelangt, so weiß ich was ich tue. Vorderhand aber kann ich mich mit dem neuen israelitischen Tempel noch behelfen; ich meine den reinen Mosaik-Gottesdienst, mit orthographischen deutschen Gesängen und gerührten Predigten, und einigen Schwärmereichen, die eine Religion durchaus nötig hat. So wahr mir Gott alles Guts gebe, für mich verlange ich jetzt keine bessere Religion, und sie verdient, daß man sie unterstützt. Ich will das Meinige tun, und bin ich wieder in Hamburg, so will ich alle Sonnabend, wenn kein Ziehungstag ist, in den neuen Religion-Tempel gehen. Es gibt leider Menschen, die diesem neuen israelitischen Gottesdienst einen schlechten Namen machen, und behaupten, er gäbe, mit Respekt zu sagen, Gelegenheit zu einem Schisma – aber ich kann Ihnen versichern, es ist eine gute reinliche Religion, noch etwas zu gut für den gemeinen Mann, für den die altjüdische Religion vielleicht noch immer sehr nützlich ist. Der gemeine Mann muß eine Dummheit haben, worin er sich glücklich fühlt, und er fühlt sich glücklich in seiner Dummheit. So ein alter Jude mit einem langen Bart und zerrissenem Rock, und der kein orthographisch Wort sprechen kann und sogar ein bißchen grindig ist, fühlt sich vielleicht innerlich glücklicher als ich mich mit all meiner Bildung. Da wohnt in Hamburg, im Bäckerbreitengang, auf einem Sahl, ein Mann, der heißt Moses Lump, man nennt ihn auch Moses Lümpchen, oder kurzweg Lümpchen; der läuft die ganze Woche herum, in Wind und Wetter, mit seinem Packen auf dem Rükken, um seine paar Mark zu verdienen; wenn der nun Freitags abends nach Hause kommt, findet er die Lampe mit sieben Lichtern angezündet, den Tisch weiß gedeckt, und er legt seinen Pakken und seine Sorgen von sich, und setzt sich zu Tisch mit seiner schiefen Frau und noch schieferen Tochter, ißt mit ihnen Fische, die gekocht sind in angenehm weißer Knoblauchsoße, singt dabei die prächtigsten Lieder vom König David, freut sich von ganzem Herzen über den Auszug der Kinder Israel aus Ägypten, freut sich auch, daß alle Bösewichter, die ihnen Böses getan, am Ende gestorben sind, daß König Pharao, Nebukadnezar, Haman, Antiochus, Titus und all solche Leute tot sind, daß Lümpchen aber noch lebt und mit Frau und Kind Fisch ißt – Und ich sage Ihnen, Herr Doktor, die Fische sind delikat und der Mann ist glücklich, er braucht sich mit keiner Bildung abzuquälen, er sitzt vergnügt in seiner Religion und seinem grünen Schlafrock, wie Diogenes in seiner Tonne, er betrachtet vergnügt seine Lichter, die er nicht einmal selbst putzt – Und ich sage Ihnen, wenn die Lichter etwas matt brennen, und die Schabbesfrau, die sie zu putzen hat, nicht bei der Hand ist, und Rothschild der Große käme jetzt herein, mit all seinen Maklern, Diskonteuren, Spediteuren und Chefs de Comptoir, womit er die Welt erobert, und er spräche: Moses Lump, bitte dir eine Gnade aus, was du haben willst, soll geschehen – Herr Doktor, ich bin überzeugt, Moses Lump würde ruhig antworten: Putz mir die Lichter! und Rothschild der Große würde mit Verwunderung sagen: Wär ich nicht Rothschild, so möchte ich so ein Lümpchen sein!

Während Hyazinth solchermaßen, episch breit, nach seiner Gewohnheit, seine Ansichten entwickelte, erhob sich der Marchese von seinem Betkissen, und trat zu uns, noch immer einige Paternoster durch die Nase schnurrend. Hyazinth zog jetzt den grünen Flor über das Madonnenbild, das oberhalb des Betpultes hing, löschte die beiden Wachskerzen aus, die davor brannten, nahm das kupferne Kruzifix herab, kam damit zu uns zurück, und putzte es mit demselben Lappen und mit derselben spuckenden Gewissenhaftigkeit, womit er eben auch die Sporen seines Herrn geputzt hatte. Dieser aber war wie aufgelöst in Hitze und weicher Stimmung; statt eines Oberkleides trug er einen weiten, blauseidenen Domino mit silbernen Frangen, und seine Nase schimmerte wehmütig, wie ein verliebter Louisdor. O Jesus! – seufzte er, als er sich in die Kissen des Sofas sinken ließ – finden Sie nicht, Herr Doktor, daß ich heute abend sehr schwärmerisch aussehe? Ich bin sehr bewegt, mein Gemüt ist aufgelöst, ich ahne eine höhere Welt,

Das Auge sieht den Himmel offen,
Es schwelgt das Herz in Seligkeit!

Herr Gumpel, Sie müssen einnehmen – unterbrach Hyazinth die pathetische Deklamation – das Blut in Ihren Eingeweiden ist wieder schwindelig, ich weiß was Ihnen fehlt –

Du weißt nicht – seufzte der Herr.

Ich sage Ihnen, ich weiß – erwiderte der Diener, und nickte mit seinem gutmütig betätigenden Gesichtchen – ich kenne Sie ganz durch und durch, ich weiß, Sie sind ganz das Gegenteil von mir, wenn Sie Durst haben, habe ich Hunger, wenn Sie Hunger haben, habe ich Durst; Sie sind zu korpulent und ich bin zu mager, Sie haben viel Einbildung und ich habe desto mehr Geschäftssinn, ich bin ein Praktikus und Sie sind ein Diarrhetikus, kurz und gut, Sie sind ganz mein Antipodex.

Ach Julia! – seufzte Gumpelino – wär ich der gelblederne Handschuh doch auf deiner Hand und küßte deine Wange! Haben Sie, Herr Doktor, jemals die Crelinger in Romeo und Julia gesehen?

Freilich, und meine ganze Seele ist noch davon entzückt –

Nun dann – rief der Marchese begeistert, und Feuer schoß aus seinen Augen und beleuchtete die Nase – dann verstehen Sie mich, dann wissen Sie was es heißt, wenn ich Ihnen sage: ich liebe! Ich will mich Ihnen ganz dekuvrieren. Hyazinth, geh mal hinaus –

Ich brauche gar nicht hinauszugehen – sprach dieser verdrießlich – Sie brauchen sich vor mir nicht zu genieren, ich kenne auch die Liebe, und ich weiß schon –

Du weißt nicht! rief Gumpelino.

Zum Beweise, Herr Marchese, daß ich weiß, brauche ich nur den Namen Julia Maxfield zu nennen. Beruhigen Sie sich, Sie werden wiedergeliebt – aber es kann Ihnen alles nichts helfen. Der Schwager Ihrer Geliebten läßt sie nicht aus den Augen, und bewacht sie Tag und Nacht wie einen Diamant.

O ich Unglücklicher – jammerte Gumpelino – ich liebe und bin wiedergeliebt, wir drücken uns heimlich die Hände, wir treten uns unterm Tisch auf die Füße, wir winken uns mit den Augen, und wir haben keine Gelegenheit! Wie oft stehe ich im Mondschein auf dem Balkon, und bilde mir ein ich wäre selbst die Julia, und mein Romeo oder mein Gumpelino habe mir ein Rendezvous gegeben, und ich deklamiere, ganz wie die Crelinger:

> Komm Nacht! Komm Gumpelino, Tag in Nacht!
> Denn du wirst ruhn auf Fittichen der Nacht,
> Wie frischer Schnee auf eines Raben Rücken.
> Komm milde, liebevolle Nacht! Komm, gib
> Mir meinen Romeo, oder Gumpelino –

Aber ach! Lord Maxfield bewacht uns beständig, und wir sterben beide vor Sehnsuchtsgefühl! Ich werde den Tag nicht erleben, daß eine solche Nacht kommt, wo jedes reiner Jugend Blüte zum Pfande setzt, gewinnend zu verlieren! Ach! so eine Nacht wäre mir lieber, als wenn ich das große Los in der Hamburger Lotterie gewönne –

Welche Schwärmerei! – rief Hyazinth – das große Los, 100 000 Mark!

Ja, lieber als das große Los – fuhr Gumpelino fort – wär mir so eine Nacht, und ach! sie hat mir schon oft eine solche Nacht versprochen, bei der ersten Gelegenheit, und ich hab mir schon gedacht, daß sie dann des Morgens deklamieren wird, ganz wie die Crelinger:

> Willst du schon gehn? Der Tag ist ja noch fern.
> Es war die Nachtigall und nicht die Lerche,
> Die eben jetzt dein banges Ohr durchdrang.
> Sie singt des Nachts auf dem Granatbaum dort.
> Glaub, Lieber, mir, es war die Nachtigall.

Das große Los für eine einzige Nacht! – wiederholte unterdessen mehrmals Hyazinth, und konnte sich nicht zufriedengeben – Ich habe eine große Meinung, Herr Marchese, von Ihrer Bildung, aber daß Sie es in der Schwärmerei so weit gebracht, hätte ich nicht geglaubt. Die Liebe sollte einem lieber sein als das große Los! Wirklich, Herr Marchese, seit ich mit Ihnen Umgang habe, als Bedienter, habe ich mir schon viel Bildung angewöhnt; aber soviel weiß ich, nicht einmal ein Achtelchen vom großen Los gäbe ich für die Liebe! Gott soll mich davor bewahren! Wenn ich auch rechne fünfhundert Mark Abzugsdekort, so bleiben doch noch immer zwölftausend Mark! – Die Liebe! Wenn ich alles zusammenrechne was mich die Liebe gekostet hat, kommen nur zwölf Mark und dreizehn Schilling heraus. Die Liebe! Ich habe auch viel Umsonstglück in der Liebe gehabt, was mich gar nichts gekostet hat; nur dann und wann habe ich mal meiner Geliebten par Complaisanz die

Hühneraugen geschnitten. Ein wahres, gefühlvoll leidenschaftliches Attachement hatte ich nur ein einziges Mal, und das war die dicke Gudel vom Dreckwall. Die Frau spielte bei mir, und wenn ich kam, ihr das Los zu renovieren, drückte sie mir immer ein Stück Kuchen in die Hand, ein Stück sehr guten Kuchen; – auch hat sie mir manchmal etwas Eingemachtes gegeben, und ein Likörchen dabei, und als ich ihr einmal klagte, daß ich mit Gemütsbeschwerden behaftet sei, gab sie mir das Rezept zu den Pulvern, die ihr eigner Mann braucht. Ich brauche die Pulver noch bis zur heutigen Stunde, sie tun immer ihre Wirkung – weitere Folgen hat unsere Liebe nicht gehabt. Ich dächte, Herr Marchese, Sie brauchten mal eins von diesen Pulvern. Es war mein erstes, als ich nach Italien kam, daß ich in Mailand nach der Apotheke ging, und mir die Pulver machen ließ, und ich trage sie beständig bei mir. Warten Sie nur, ich will sie suchen, und wenn ich suche so finde ich sie, und wenn ich sie finde so müssen sie Ew. Exzellenz einnehmen.

Es wäre zu weitläuftig, wenn ich den Kommentar wiederholen wollte, womit der geschäftige Sucher jedes Stück begleitete, das er aus seiner Tasche kramte. Da kam zum Vorschein: 1. ein halbes Wachslicht, 2. ein silbernes Etui, worin die Instrumente zum Schneiden der Hühneraugen, 3. eine Zitrone, 4. eine Pistole, die obgleich nicht geladen, dennoch mit Papier umwickelt war, vielleicht damit ihr Anblick keine gefährliche Träume verursache, 5. eine gedruckte Liste von der letzten Ziehung der großen Hamburger Lotterie, 6. ein schwarzledernes Büchlein, worin die Psalmen Davids und die ausstehenden Schulden, 7. ein dürres Weidensträußchen, wie zu einem Knoten verschlungen, 8. ein Päckchen, das mit verblichenem Rosataffet überzogen war und die Quittung eines Lotterieloses enthielt, das einst fünfzigtausend Mark gewonnen, 9. ein plattes Stück Brot, wie weißgebackner Schiffszwieback, mit einem kleinen Loch in der Mitte, und endlich 10. die oben erwähnten Pulver, die der kleine Mann mit einer gewissen Rührung und mit seinem verwundert wehmütigen Kopfschütteln betrachtete.

Wenn ich bedenke – seufzte er – daß mir vor zehn Jahren die dicke Gudel dies Rezept gegeben, und daß ich jetzt in Italien bin und dasselbe Rezept in Händen habe, und wieder die Worte lese:

sal mirabile Glauberi, das heißt auf deutsch extra feines Glaubensalz von der besten Sorte – ach, da ist mir zumut, als hätte ich das Glaubensalz selbst schon eingenommen und als fühlte ich die Wirkung. Was ist der Mensch! Ich bin in Italien und denke an die dicke Gudel vom Dreckwall! Wer hätte das gedacht! Ich kann mir vorstellen, sie ist jetzt auf dem Lande, in ihrem Garten, wo der Mond scheint, und gewiß auch eine Nachtigall singt oder eine Lerche –

Es ist die Nachtigall und nicht die Lerche! seufzte Gumpelino dazwischen, und deklamierte vor sich hin:

> Sie singt des Nachts auf dem Granatbaum dort;
> Glaub, Lieber, mir, es war die Nachtigall.

Das ist ganz einerlei – fuhr Hyazinth fort – meinethalben ein Kanarienvogel, die Vögel die man im Garten hält, kosten am wenigsten. Die Hauptsache ist das Treibhaus, und die Tapeten im Pavillon und die Staatsfiguren, die davorstehen, und da stehen, zum Beispiel, ein nackter General von den Göttern und die Venus Urinia, die beide dreihundert Mark kosten. Mitten im Garten hat sich die Gudel auch eine Fontenelle anlegen lassen – Und da steht sie vielleicht jetzt und puhlt sich die Nase, und macht sich ein Schwärmereivergnügen und denkt an mich – Ach!

Nach diesem Seufzer erfolgte eine sehnsüchtige Stille, die der Marchese endlich unterbrach, mit der schmachtenden Frage: Sage mir auf deine Ehre, Hyazinth, glaubst du wirklich, daß dein Pulver wirken wird?

Es wird auf meine Ehre wirken, erwiderte jener. Warum soll es nicht wirken? Wirkt es doch bei mir! Und bin ich denn nicht ein lebendiger Mensch so gut wie Sie? Glaubensalz macht alle Menschen gleich; und wenn Rothschild Glaubensalz einnimmt, fühlt er dieselbe Wirkung wie das kleinste Maklerchen. Ich will Ihnen alles voraussagen: Ich schütte das Pulver in ein Glas, gieße Wasser dazu, rühre es, und sowie Sie das hinuntergeschluckt haben, ziehen Sie ein saures Gesicht und sagen Prr! Prr! Hernach hören Sie selbst wie es in Ihnen herumkullert, und es ist Ihnen etwas kurios zumut und Sie legen sich zu Bett, und ich gebe Ihnen mein Ehrenwort, Sie stehen wieder auf, und Sie legen sich wieder, und stehen wieder auf, und so fort, und den andern Morgen fühlen Sie sich leicht wie ein Engel mit weißen Flügeln, und Sie tanzen vor Gesundeswohlheit, nur ein bißchen blaß sehen Sie dann aus; aber ich weiß, Sie sehen gern schmachtend blaß aus, und wenn Sie schmachtend blaß aussehen, sieht man Sie gern.

Obgleich Hyazinth solchermaßen zuredete, und schon das Pulver bereitete, hätte das doch wenig gefruchtet, wenn nicht dem Marchese plötzlich die Stelle, wo Julia den verhängnisvollen Trank einnimmt, in den Sinn gekommen wäre. Was halten Sie Doktor – rief er – von der Müller in Wien? Ich habe sie als Julia gesehen, und Gott! Gott! wie spielt sie! Ich bin doch der größte Enthusiast für die Crelinger, aber die Müller, als sie den Becher austrank, hat mich hingerissen. Sehen Sie – sprach er, indem er mit tragischer Gebärde das Glas, worin Hyazinth das Pulver geschüttet, zur Hand nahm – sehen Sie, so hielt sie den Becher und schauderte, daß man alles mitfühlte wenn sie sagte:

Kalt rieselt matter Schaur durch meine Adern,
Der fast die Lebenswärm erstarren macht!

Und so stand sie, wie ich jetzt stehe, und hielt den Becher an die Lippen, und bei den Worten:

Weile, Tybalt!
Ich komme Romeo! Dies trink ich dir.

Da leerte sie den Becher –

Wohl bekomme es Ihnen, Herr Gumpel! sprach Hyazinth mit feierlichem Tone; denn der Marchese hatte in nachahmender Begeisterung das Glas ausgetrunken, und sich, erschöpft von der Deklamation, auf das Sofa hingeworfen.

Er verharrte jedoch nicht lange in dieser Lage; denn es klopfte plötzlich jemand an die Türe, und herein trat Lady Maxfields kleiner Jockey, der dem Marchese, mit lächelnder Verbeugung, ein Billett überreichte und sich gleich wieder empfahl. Hastig erbrach jener das Billett; während er las, leuchteten Nase und Augen vor Entzücken, jedoch plötzlich überflog eine Geisterblässe sein ganzes Gesicht, Bestürzung zuckte in jeder Muskel, mit Verzweiflungsgebärden sprang er auf, lachte grimmig, rannte im Zimmer umher, und schrie:

Weh mir, ich Narr des Glücks!

Was ist? Was ist? frug Hyazinth mit zitternder Stimme, und indem er krampfhaft das Kruzifix, woran er wieder putzte, in zitternden Händen hielt – Werden wir diese Nacht überfallen?

Was ist Ihnen, Herr Marchese, frug ich, ebenfalls nicht wenig erstaunt.

Lest! lest! – rief Gumpelino, indem er uns das empfangene Billett hinwarf, und immer noch verzweiflungsvoll im Zimmer umherrannte, wobei sein blauer Domino ihn wie eine Sturmwolke umflatterte – Weh mir, ich Narr des Glücks!

In dem Billette aber lasen wir folgende Worte:

Süßer Gumpelino! Sobald es tagt, muß ich nach England abreisen. Mein Schwager ist indessen schon vorangeeilt und erwartet mich in Florenz. Ich bin jetzt unbeobachtet, aber leider nur diese einzige Nacht – Laß uns diese benutzen, laß uns den Nektarkelch, den uns die Liebe kredenzt, bis auf den letzten Tropfen leeren. Ich harre, ich zittere –

Julia Maxfield.

Weh mir, ich Narr des Glücks! jammerte Gumpelino – die Liebe will mir ihren Nektarkelch kredenzen, und ich, ach! ich Hansnarr des Glücks, ich habe schon den Becher des Glaubensalzes geleert! Wer bringt mir den schrecklichen Trank wieder aus dem Magen? Hülfe! Hülfe!

Hier kann kein irdischer Lebensmensch mehr helfen, seufzte Hyazinth.

Ich bedauere Sie von ganzem Herzen, kondolierte ich ebenfalls. Statt eines Kelchs mit Nektar ein Glas mit Glaubersalz zu genießen, das ist bitter! Statt des Thrones der Liebe harrt Ihrer jetzt der Stuhl der Nacht!

O Jesus! O Jesus! – schrie der Marchese noch immer – Ich fühle, wie es durch alle meine Adern rinnt – O wackerer Apotheker! dein Trank wirkt schnell – aber ich lasse mich doch nicht dadurch abhalten, ich will zu ihr eilen, zu ihren Füßen will ich niedersinken, und da verbluten!

Von Blut ist gar nicht die Rede – begütigte Hyazinth – Sie haben ja keine Homeriden. Sein Sie nur nicht leidenschaftlich –

Nein, nein! ich will zu ihr hin, in ihren Armen – o Nacht! o Nacht –

Ich sage Ihnen – fuhr Hyazinth fort mit philosophischer Gelassenheit – Sie werden in ihren Armen keine Ruhe haben, Sie werden zwanzigmal aufstehen müssen. Sein Sie nur nicht leidenschaftlich. Je mehr Sie im Zimmer auf und ab springen und je mehr Sie sich alterieren, desto schneller wirkt das Glaubensalz. Ihr Gemüt spielt der Natur in die Hände. Sie müssen wie ein Mann tragen, was das Schicksal über Sie beschlossen hat. Daß es so gekommen ist, ist vielleicht gut, und es ist vielleicht gut, daß es so gekommen ist. Der Mensch ist ein irdisches Wesen und begreift nicht die Fügung der Göttlichkeit. Der Mensch meint oft, er ginge seinem Glück entgegen, und auf seinem Wege steht vielleicht das Unglück mit einem Stock, und wenn ein bürgerlicher Stock auf einen adeligen Rücken kommt, so fühlts der Mensch, Herr Marchese.

Weh mir, ich Narr des Glücks! tobte noch immer Gumpelino, sein Diener aber sprach ruhig weiter:

Der Mensch erwartet oft einen Kelch mit Nektar, und er kriegt eine Prügelsuppe, und ist auch Nektar süß, so sind doch Prügel desto bitterer; und es ist noch ein wahres Glück, daß der Mensch, der den andern prügelt, am Ende müde wird, sonst könnte es der andere wahrhaftig nicht aushalten. Gefährlicher ist aber noch, wenn das Unglück mit Dolch und Gift, auf dem Wege der Liebe, dem Menschen auflauert, so daß er seines Lebens nicht sicher ist. Vielleicht, Herr Marchese, ist es wirklich gut, daß es so gekommen ist, denn vielleicht wären Sie in der Hitze der Liebe zu der Geliebten hingelaufen, und auf dem Wege wäre ein kleiner Italiener mit einem Dolch, der sechs Brabanter Ellen lang ist, auf Sie losgerannt, und hätte Sie – ich will meinen Mund nicht zum Bösen auftun – bloß in die Wade gestochen. Denn hier kann man nicht, wie in Hamburg, gleich die Wache rufen, und in den Apenninen gibt es keine Nachtwächter. Oder vielleicht gar – fuhr der unerbittliche Tröster fort, ohne durch die Verzweiflung des Marchese sich im mindesten stören zu lassen – vielleicht gar, wenn Sie bei Lady Maxfield ganz wohl und warm säßen, käme plötzlich der Schwager von der Reise zurück und setzte Ihnen die geladene Pistole auf die Brust, und ließe Sie einen Wechsel unterschreiben von hunderttausend Mark. Ich will meinen Mund nicht zum Bösen auftun, aber ich setze den Fall: Sie wären ein schöner Mensch, und Lady Maxfield wäre in Verzweiflung, daß sie den schönen Menschen verlieren soll, und eifersüchtig, wie die Weiber sind, wollte sie nicht, daß eine andre sich nachher an Ihnen beglücke – Was tut sie? Sie nimmt eine Zitrone oder eine Orange, und schüttet ein klein weiß Pülverchen hinein, und sagt: Kühle dich, Geliebter, du hast dich heiß gelaufen – und den andern Morgen sind Sie wirklich ein kühler Mensch. Da war ein Mann, der hieß Pieper und der hatte eine Leidenschaftsliebe mit einer Mädchenperson, die das Posaunenengelhannchen hieß, und die wohnte auf der Kaffeemacherei und der Mann wohnte in der Fuhlentwiete –

Ich wollte, Hirsch – schrie wütend der Marchese, dessen Unruhe den höchsten Grad erreicht hatte – ich wollt, dein Pieper von der Fuhlentwiete, und sein Posaunenengel von der Kaffeemacherei, und du und die Gudel, Ihr hättet mein Glaubensalz im Leibe!

Was wollen Sie von mir, Herr Gumpel? – versetzte Hyazinth, nicht ohne Anflug von Hitze – Was kann ich dafür, daß Lady Maxfield just heut nacht abreisen will und Sie just heute invitiert? Konnt ich das vorauswissen? Bin ich Aristotcles? Bin ich bei der Vorsehung angestellt? Ich habe bloß versprochen, daß das Pulver wirken soll, und es wirkt so sicher, wie ich einst selig werde, und wenn Sie so disparat und leidenschaftlich mit solcher Raserei hin und her laufen, so wird es noch schneller wirken –

So will ich mich ruhig hinsetzen! ächzte Gumpelino, stampfte den Boden, warf sich ingrimmig aufs Sofa, unterdrückte gewaltsam seine Wut und Herr und Diener sahen sich lange schweigend an, bis jener endlich nach einem tiefen Seufzer und fast kleinlaut ihn anredete:

Aber Hirsch, was soll die Frau von mir denken, wenn ich nicht komme? Sie wartet jetzt auf mich, sie harrt sogar, sie zittert, sie glüht vor Liebe –

Sie hat einen schönen Fuß – sprach Hyazinth in sich hinein und schüttelte wehmütig sein Köpflein. In seiner Brust aber schien es sich gewaltig zu bewegen, unter seinem roten Rocke arbeitete sichtbar ein kühner Gedanke –

Herr Gumpel – sprach es endlich aus ihm hervor – Schicken Sie mich!

Bei diesen Worten zog eine hohe Röte über das bläßliche Geschäftsgesicht.

Als Candide nach Eldorado kam, sah er auf der Straße mehrere Buben, die mit großen Goldklumpen statt mit Steinen spielten. Dieser Luxus machte ihn glauben, es seien das Kinder des Königs, und er war nicht wenig verwundert, als er vernahm, daß in Eldorado die Goldklumpen ebenso wertlos sind, wie bei uns die Kieselsteine, und daß die Schulknaben damit spielen. Einem meiner Freunde, einem Ausländer, ist etwas Ähnliches begegnet, als er nach Deutschland kam und zuerst deutsche Bücher las, und über den Gedankenreichtum, welchen er darin fand, sehr erstaunte; bald aber merkte er, daß Gedanken in Deutschland so häufig sind, wie Goldklumpen in Eldorado, und daß jene Schriftsteller, die er für Geistesprinzen gehalten, nur gewöhnliche Schulknaben waren.

Diese Geschichte kommt mir immer in den Sinn, wenn ich im Begriff stehe, die schönsten Reflexionen über Kunst und Leben niederzuschreiben, und dann lache ich, und behalte lieber meine Gedanken in der Feder, oder kritzele statt dieser irgendein Bild oder Figürchen auf das Papier, und überrede mich, solche Tapeten seien in Deutschland, dem geistigen Eldorado, weit brauchbarer als die goldigsten Gedanken.

Auf der Tapete, die ich dir jetzt zeige, lieber Leser, siehst du wieder die wohlbekannten Gesichter Gumpelinos und seines Hirsch-Hyazinthos, und wenn auch jener mit minder bestimmten Zügen dargestellt ist, so hoffe ich doch, du wirst scharfsinnig genug sein, einen Negationscharakter ohne allzu positive Bezeichnungen zu begreifen. Letztere könnten mir einen Injurienprozeß zuwege bringen, oder gar noch bedenklichere Dinge. Denn der Marchese ist mächtig durch Geld und Verbindungen. Dabei ist er der natürliche Alliierte meiner Feinde, er unterstützt sie mit Subsidien, er ist Aristokrat, Ultra-Papist, nur etwas fehlte ihm noch – je nun, auch das wird er sich schon anlehren lassen – er hat das Lehrbuch dazu in den Händen, wie du auf der Tapete sehen wirst.

Es ist wieder Abend, auf dem Tische stehen zwei Armleuchter mit brennenden Wachskerzen, ihr Schimmer spielt über die goldenen Rahmen der Heiligenbilder, die, an der Wand hängend, durch das flackernde Licht und die beweglichen Schatten zu leben scheinen. Draußen, vor dem Fenster, stehen im silbernen Mondschein, unheimlich bewegungslos, die düstern Zypressen, und in der Ferne ertönt ein trübes Marienliedchen, in abgebrochenen Lauten und wie von einer kranken Kinderstimme. Es herrscht eine eigene Schwüle im Zimmer, der Marchese Christoforo di Gumpelino sitzt, oder vielmehr liegt wieder, nachlässig vornehm, auf den Kissen des Sofas, der edle schwitzende Leib ist wieder mit dem dünnen, blauseidenen Domino bekleidet, in den Händen hält er ein Buch, das in rotes Saffianpapier mit Goldschnitt gebunden ist, und deklamiert daraus laut und schmachtend. Sein Auge hat dabei einen gewissen klebrigten Lustre, wie er verliebten Katern eigen zu sein pflegt, und seine Wangen, sogar die beiden Seitenflügel der Nase, sind etwas leidend blaß. Jedoch, lieber Leser, die Blässe ließe sich wohl philosophisch anthropologisch erklären, wenn man bedenkt, daß der Marchese den Abend vorher ein ganzes Glas Glaubersalz verschluckt hat.

Hirsch-Hyazinthos aber kauert am Boden des Zimmers, und mit einem großen Stück weißer Kreide zeichnet er auf das braune Estrich, in großem Maßstabe ungefähr folgende Charaktere:

◡◡ — ◡◡ — ◡◡ — ◡◡
◡◡ — ◡◡ — ◡◡ — ◡◡
◡◡ — ◡◡ — ◡◡ — ◡◡
◡◡ — ◡◡ — ◡◡
◡◡

Dieses Geschäft scheint dem kleinen Manne ziemlich sauer zu werden; keuchend, bei dem jedesmaligen Bücken, murmelt er verdrießlich: Spondeus, Trochäus, Jambus, Antispaß, Anapäst und die Pest! Dazu hat er, um der bequemeren Bewegung willen, den roten Oberrock abgelegt, und zum Vorschein kommen zwei kurze, demütige Beinchen in engen Scharlachhosen, und zwei etwas längere abgemagerte Arme in weißen, schlotternden Hemdärmeln.

Was sind das für sonderbare Figuren, frug ich ihn, als ich diesem Treiben eine Weile zugesehen.

Das sind Füße in Lebensgröße – ächzte er zur Antwort – und ich geplagter Mann muß diese Füße im Kopf behalten, und meine Hände tun mir schon weh von all den Füßen, die ich jetzt aufschreiben muß. Es sind die wahren, echten Füße von der Poesie. Wenn ich es nicht meiner Bildung wegen täte, so ließe ich die Poesie laufen mit allen ihren Füßen. Ich habe jetzt bei dem Herrn Marchese Privatunterricht in der Poesiekunst. Der Herr Marchese liest mir die Gedichte vor, und expliziert mir, aus wieviel Füßen sie bestehen, und ich muß sie notieren und dann nachrechnen, ob das Gedicht richtig ist.

Sie treffen uns – sprach der Marchese, didaktisch pathetischen Tones – wirklich in einer poetischen Beschäftigung. Ich weiß wohl, Doktor, Sie gehören zu den Dichtern, die einen eigensinnigen Kopf haben, und nicht einsehen, daß die Füße in der Dichtkunst die Hauptsache sind. Ein gebildetes Gemüt wird aber nur durch die gebildete Form angesprochen, diese können wir nur von den Griechen lernen und von neueren Dichtern, die griechisch streben, griechisch denken, griechisch fühlen, und in solcher Weise ihre Gefühle an den Mann bringen.

Versteht sich an den Mann, nicht an die Frau, wie ein unklassischer romantischer Dichter zu tun pflegt – bemerkte meine Wenigkeit.

Herr Gumpel spricht zuweilen wie ein Buch, flüsterte mir Hyazinth von der Seite zu, preßte die schmalen Lippen zusammen, blinzelte mit stolz vergnügten Äuglein, und schüttelte das wunderstaunende Häuptlein. Ich sage Ihnen – setzte er etwas lauter hinzu – wie ein Buch spricht er zuweilen, er ist dann sozusagen kein

Mensch mehr, sondern ein höheres Wesen, und ich werde dann wie dumm, je mehr ich ihn anhöre.

Und was haben Sie denn jetzt in den Händen? frug ich den Marchese.

Brillanten! antwortete er und überreichte mir das Buch.

Bei dem Wort »Brillanten« sprang Hyazinth in die Höhe; doch als er nur ein Buch sah, lächelte er mitleidigen Blicks. Dieses brillante Buch aber hatte auf dem Vorderblatte folgenden Titel:

Gedichte von August Grafen von Platen; Stuttgart und Tübingen. Verlag der J. G. Cotta'schen Buchhandlung. 1828.

Auf dem Hinterblatte stand zierlich geschrieben: »Geschenk warmer brüderlicher Freundschaft«. Dabei roch das Buch nach jenem seltsamen Parfüm, der mit Eau de Cologne nicht die mindeste Verwandtschaft hat, und vielleicht auch dem Umstande beizumessen war, daß der Marchese die ganze Nacht darin gelesen hatte.

Ich habe die ganze Nacht kein Auge zutun können – klagte er mir – ich war so sehr bewegt, ich mußte eilfmal aus dem Bette steigen, und zum Glück hatte ich dabei diese vortreffliche Lektüre, woraus ich nicht bloß Belehrung für die Poesie, sondern auch Trost für das Leben geschöpft habe. Sie sehen, wie sehr ich das Buch geehrt, es fehlt kein einziges Blatt, und doch, wenn ich so saß wie ich saß, kam ich manchmal in Versuchung –

Das wird mehreren passiert sein, Herr Marchese.

Ich schwöre Ihnen bei Unserer Lieben Frau von Loretto und so wahr ich ein ehrlicher Mann bin – fuhr jener fort – diese Gedichte haben nicht ihresgleichen. Ich war, wie Sie wissen, gestern abend in Verzweiflung, sozusagen, au désespoir, als das Fatum mir nicht vergönnte, meine Julia zu besitzen – da las ich diese Gedichte, jedesmal ein Gedicht wenn ich aufstehen mußte, und eine solche Gleichgültigkeit gegen die Weiber war die Folge, daß mir mein eigener Liebesschmerz zuwider wurde. Das ist eben das Schöne an diesem Dichter, daß er nur für Männer glüht, in warmer Freundschaft; er gibt uns den Vorzug vor dem weiblichen Geschlechte, und schon für diese Ehre sollten wir ihm dankbar sein. Er ist darin größer als alle andern Dichter, er schmeichelt nicht dem gewöhnlichen Geschmack des großen Haufens, er heilt uns von unserer Passion für die Weiber, die uns so viel Unglück zuzieht – O Weiber! Weiber! wer uns von Euren Fesseln befreit, der ist ein Wohltäter der Menschheit. Es ist ewig schade, daß Shakespeare sein eminentes theatralisches Talent nicht dazu benutzt hat, denn er soll, wie ich hier zuerst lese, nicht minder großherzig gefühlt haben als der große Graf Platen, der in seinen Sonetten von Shakespeare sagt:

Nicht Mädchenlaunen störten deinen Schlummer,
Doch stets um Freundschaft sehn wir warm dich ringen:
Dein Freund errettet dich aus Weiberschlingen,
Und seine Schönheit ist dein Ruhm und Kummer.

Während der Marchese diese Worte mit warmem Gefühl deklamierte, und der glatte Mist ihm gleichsam auf der Zunge schmolz, schnitt Hyazinth die widersprechendsten Gesichter, zugleich verdrießlich und beifällig, und endlich sprach er:

Herr Marchese, Sie sprechen wie ein Buch, auch die Verse gehen Ihnen wieder so leicht ab wie diese Nacht, aber ihr Inhalt will mir nicht gefallen. Als Mann fühle ich mich geschmeichelt, daß der Graf Platen uns den Vorzug gibt vor den Weibern, und als Freund von den Weibern bin ich wieder ein Gegner von solch einem Manne. So ist der Mensch! Der eine ißt gern Zwiebeln, der andere hat mehr Gefühl für warme Freundschaft, und ich, als ehrlicher Mann, muß aufrichtig gestehen, ich esse gern Zwiebeln, und eine schiefe Köchin ist mir lieber als der schönste Schönheitsfreund. Ja, ich muß gestehen, ich sehe nicht so viel Schönes am männlichen Geschlecht, daß man sich darin verlieben sollte.

Diese letzteren Worte sprach Hyazinth, während er sich musternd im Spiegel betrachtete, der Marchese aber ließ sich nicht stören und deklamierte weiter:

»Der Hoffnung Schaumgebäude bricht zusammen,
Wir mühn uns, ach! und kommen nicht zusammen:
Mein Name klingt aus deinem Mund melodisch,
Doch reihst du selten dies Gedicht zusammen;

Wie Sonn und Mond uns stets getrennt zu halten,
Verschworen Sitte sich und Pflicht zusammen,
Laß Haupt an Haupt uns lehnen, denn es taugen
Dein dunkles Haar, mein hell Gesicht zusammen!
Doch ach! ich träume, denn du ziehst von hinnen,
Eh noch das Glück uns brachte dicht zusammen:
Die Seelen bluten, da getrennt die Leiber,
O wärens Blumen, die man flicht zusammen!«

Eine komische Poesie! – rief Hyazinth, der die Reime nachmurmelte – Sitte sich und Pflicht zusammen, Gesicht zusammen, dicht zusammen, flicht zusammen! komische Poesie! Mein Schwager, wenn er Gedichte liest, macht oft den Spaß, daß er am Ende jeder Zeile die Worte »von vorn« und »von hinten« abwechselnd hinzusetzt; und ich habe nie gewußt, daß die Poesiegedichte, die dadurch entstehen, Ghaselen heißen. Ich muß einmal die Probe machen, ob das Gedicht, das der Herr Marchese deklamiert hat, nicht noch schöner wird, wenn man nach dem Wort zusammen jedesmal, mit Abwechslung »von vorn« und »von hinten« setzt; die Poesie davon wird gewiß zwanzig Prozent stärker.

Ohne auf dieses Geschwätz zu achten, fuhr der Marchese fort im Deklamieren von Ghaselen und Sonetten, worin der Liebende seinen Schönheitsfreund besingt, ihn preist, sich über ihn beklagt, ihn des Kaltsinns beschuldigt, Pläne schmiedet, um zu ihm zu gelangen, mit ihm äugelt, eifersüchtelt, schmächtelt, eine ganze Skala von Zärtlichkeiten durchliebelt, und zwar so warmselig, betastungssüchtig und anlockend, daß man glauben sollte, der Verfasser sei ein manntolles Mägdlein – Nur müßte es dann einigermaßen befremden, daß dieses Mägdlein beständig jammert, ihre Liebe sei gegen die »Sitte« daß sie gegen »diese trennende Sitte« so bitter gestimmt ist, wie ein Taschendieb gegen die Polizei, daß sie liebend »die Lende« des Freundes umschlingen möchte, daß sie sich über »Neider« beklagt, »die sich schlau vereinen, um uns zu hindern und getrennt zu halten«, daß sie über verletzende Kränkungen klagt von seiten des Freundes, daß sie ihm versichert, sie wolle ihn nur flüchtig erblicken, ihm beteuert »Nicht eine Silbe soll dein Ohr erschrecken!« und endlich gesteht.

»Mein Wunsch bei andern zeugte Widerstreben,
Du hast ihn nicht erhört, doch abgeschlagen
Hast du ihn auch nicht, o mein süßes Leben!«

Ich muß dem Marchese das Zeugnis erteilen, daß er diese Gedichte gut vortrug, hinlänglich dabei seufzte, ächzte und auf dem Sofa hin und her rutschend gleichsam mit dem Gesäße kokettierte. Hyazinth versäumte keineswegs, immer die Reime nachzuplappern, wenn er auch ungehörige Bemerkungen dazwischenschwätzte. Den Oden schenkte er die meiste Aufmerksamkeit. Man kann bei dieser Sorte, sagte er, weit mehr lernen als bei Saunetten und Ghaselen; da bei den Oden die Füße oben ganz besonders abgedruckt sind, kann man jedes Gedicht mit Bequemlichkeit nachrechnen. Jeder Dichter sollte, wie der Graf Platen, bei seinen schwierigsten Poesiegedichten, die Füße oben drucken und zu den Leuten sagen: Seht ich bin ein ehrlicher Mann, ich will Euch nicht betrügen, diese krummen und geraden Striche, die ich vor jedes Gedicht setze, sind sozusagen ein Conto finto von jedem Gedicht, und Ihr könnt nachrechnen, wieviel Mühe es mich gekostet, sie sind, sozusagen, das Ellenmaß von jedem Gedichte, und Ihr könnt nachmessen, und fehlt daran eine einzige Silbe, so sollt Ihr mich einen Spitzbuben nennen, so wahr ich ein ehrlicher Mann bin. Aber eben durch diese ehrliche Miene, kann das Publikum betrogen werden. Eben wenn die Füße vor dem Gedichte angegeben sind, denkt man: Ich will kein mißtrauischer Mensch sein, wozu soll ich dem Manne nachzählen, er ist gewiß ein ehrlicher Mann und man zählt nicht nach und wird betrogen. Und kann man immer nachrechnen? Wir sind jetzt in Italien und da habe ich Zeit, die Füße mit Kreide auf die Erde zu schreiben und jede Ode zu kollationieren. Aber in Hamburg, wo ich mein Geschäft habe, fehlt mir die Zeit dazu, und ich müßte dem Grafen Platen ungezählt trauen, wie man traut bei den Geldbeuteln von der Kurantkasse, worauf geschrieben steht, wieviel Hundert Taler darin enthalten – sie gehen versiegelt von

Hand zu Hand, jeder traut dem andern, daß so viel darin enthalten ist, wie darauf steht, und es gibt doch Beispiele, daß ein Müßiggänger, der nicht viel zu tun hatte, so einen Beutel geöffnet und nachgezählt und ein paar Taler zuwenig darin gefunden hat. So kann auch in der Poesie viel Spitzbüberei vorfallen. Besonders wenn ich an Geldbeutel denke, werde ich mißtrauisch. Denn mein Schwager hat mir erzählt: im Zuchthaus zu Odensee sitzt – ein gewisser jemand, der bei der Post angestellt war, und die Geldbeutel, die durch seine Hände gingen, unehrlich geöffnet und unehrlich Geld herausgenommen, und sie wieder künstlich zugenäht und weitergeschickt hat. Hört man von solcher Geschicklichkeit, so verliert man das menschliche Zutrauen und wird ein mißtrauischer Mensch. Es gibt jetzt viel Spitzbüberei in der Welt, und es ist gewiß in der Poesie wie in jedem anderen Geschäft.

Die Ehrlichkeit – fuhr Hyazinth fort, während der Marchese weiter deklamierte, ohne unserer zu achten, ganz versunken in Gefühl – die Ehrlichkeit, Herr Doktor ist die Hauptsache, und wer kein ehrlicher Mann ist, den betrachte ich wie einen Spitzbuben, und wen ich wie einen Spitzbuben betrachte, von dem kaufe ich nichts, von dem lese ich nichts, kurz ich mache kein Geschäft mit ihm. Ich bin ein Mann, Herr Doktor, der sich auf nichts etwas einbildet, wenn ich mir aber etwas einbilden wollte auf etwas, so würde ich mir etwas darauf einbilden, daß ich ein ehrlicher Mann bin. Ich will Ihnen einen edlen Zug von mir erzählen, und Sie werden staunen – ich sag Ihnen, Sie werden staunen, so wahr ich ein ehrlicher Mann bin. Da wohnt ein Mann in Hamburg auf dem Speersort, und der ist ein Krautkrämer, und heißt Klötzchen, das heißt, ich heiße den Mann Klötzchen, weil wir gute Freunde sind, sonst heißt der Mann Herr Klotz. Auch seine Frau muß man Madame Klotz nennen, und sie hat nie leiden können, daß ihr Mann bei mir spielte, und wenn ihr Mann bei mir spielen wollte, so durfte ich mit dem Lotterielos nicht zu ihm ins Haus kommen, und er sagte mir immer auf der Straße: die und die Nummer will ich bei dir spielen und hier hast du das Geld, Hirsch! Und ich sagte dann: gut, Klötzchen! Und kam ich nach Hause, so legte ich die Nummer kuvertiert für ihn aparte, und schrieb auf das Kuvert mit deutschen Buchstaben: für Rechnung des Herrn Christian Hinrich Klotz. Und nun hören Sie und staunen Sie: Es war ein schöner Frühlingstag, und die Bäume an der Börse waren grün, und die Zephirlüfte waren angenehm, und die Sonne glänzte am Himmel, und ich stand an der Hamburger Bank. Da kommt Klötzchen, mein Klötzchen, und hat am Arm seine dicke Madam Klotz, und grüßt mich zuerst, und spricht von der Frühlingspracht Gottes, macht auch einige patriotische Bemerkungen über das Bürgermilitär, und er fragt mich wie die Geschäfte gehen, und ich erzähle ihm, daß vor einigen Stunden wieder einer am Pranger gestanden, und so im Gespräch sagt er mir: gestern nacht habe ich geträumt, Nummero 1538 wird als das große Los herauskommen – und in demselben Moment, während Madame Klotz die Kaiserstatisten vor dem Rathaus betrachtet, drückt er mir dreizehn vollwichtige Stück Louisdor in die Hand – ich meine ich fühle sie noch jetzt – und ehe Madam Klotz sich wieder herumdreht, sag ich: gut, Klötzchen! und gehe weg. Und ich gehe direktement, ohne mich umzusehen, nach der Hauptkollekte und hole mir Nummero 1538, und kuvertiere sie sobald ich nach Hause komme, und schreibe auf das Kuvert: für Rechnung des Herrn Christian Hinrich Klotz. Und was tut Gott? Vierzehn Tage nachher, um meine Ehrlichkeit auf die Probe zu stellen, läßt er Numero 1538 herauskommen mit einem Gewinn von 50.000 Mark. Was tut aber Hirsch, derselbe Hirsch, der jetzt vor Ihnen steht? Dieser Hirsch zieht ein reines weißes Oberhemdchen und ein reines weißes Halstuch an, und nimmt sich eine Droschke, und holt sich bei der Hauptkollekte seine 50.000 Mark und fährt damit nach dem Speersort – Und wie mich Klötzchen sieht, fragt er: Hirsch warum bist du heut so geputzt? Ich aber antworte kein Wort, und setze einen großen Überraschungsbeutel mit Gold auf den Tisch, und rede ganz feierlich: Herr Christian Hinrich Klotz! die Nummero 1538, die Sie so gütig waren bei mir zu bestellen, hat das Glück gehabt, 50.000 Mark zu gewinnen, in diesem Beutel habe ich die Ehre Ihnen das Geld zu präsentieren, und ich bin so frei, mir eine Quittung auszubitten! Wie Klötzchen das hört, fängt er an zu weinen, wie Madam Klotz die Geschichte hört, fängt sie an zu weinen, die rote Magd weint, der krumme Ladendiener weint, die Kinder weinen, und ich? ein Rührungsmensch, wie ich bin, konnte ich doch nicht weinen, und fiel erst in Ohnmacht, und erst nachher kamen mir die Tränen aus den Augen wie ein Wasserbach, und ich weinte drei Stunden.

Die Stimme des kleinen Menschen bebte als er dieses erzählte, und feierlich zog er ein schon erwähntes Päckchen aus der Tasche, wickelte davon den schon verbliebenen Rosataffet, und zeigte mir den Schein, worin Christian Hinrich Klotz den richtigen Empfang der 50.000 Mark quittierte. Wenn ich sterbe – sprach Hyazinth, eine Träne im Auge – soll man mir diese Quittung mit ins Grab legen, und wenn ich einst dort oben, am Tage des Gerichts, Rechenschaft geben muß von meinen Taten, dann werde ich mit dieser Quittung in der Hand vor den Stuhl der Allmacht treten, und wenn mein böser Engel die bösen Handlungen, die ich auf dieser Welt begangen habe, vorgelesen, und mein guter Engel auch die Liste von meinen guten Handlungen ablesen will, dann sag ich ruhig: Schweig! – ich will nur wissen, ist diese Quittung richtig? ist das die Handschrift von Christian Hinrich Klotz? Dann kommt ein ganz kleiner Engel herangeflogen, und sagt, er kenne ganz genau Klötzchens Handschrift, und er erzählt zugleich die merkwürdige Geschichte von der Ehrlichkeit, die ich mal begangen habe. Der Schöpfer der Ewigkeit aber, der Allwissende der alles weiß, erinnert sich an diese Geschichte, und er lobt mich in Gegenwart von Sonne, Mond und Sternen, und berechnet gleich im Kopf, daß wenn meine bösen Handlungen von 50.000 Mark Ehrlichkeit abgezogen werden, mir noch ein Saldo zugut kommt, und er sagt dann: Hirsch! ich ernenne dich zum Engel erster Klasse, und du darfst Flügel tragen mit rot und weißen Federn.

Aus: *Die Bäder von Lucca*, Kapitel 1–10

DER BRAND

In diesem Augenblick freilich sind die meisten Völker noch darauf hingewiesen ihr Nationalgefühl auszubilden oder vielmehr auszubeuten, um zur innern Einheit, zur Zentralisation ihrer Kräfte zu gelangen und somit auch nach außen den bedrohlichen Nachbarn gegenüber zu erstarken. Aber das Nationalgefühl ist nur Mittel zum Zweck, es wird wieder erlöschen, sobald dieser erreicht ist, und es hat keine so große Zukunft wie jenes Bewußtsein des Weltbürgertums, das von den edelsten Geistern des 18ten Jahrhunderts proklamiert worden und früh oder spät, aber auf immer, auf ewig zur Herrschaft gelangen muß. Wie tief dieser Kosmopolitismus in den Herzen der Franzosen wurzelt, das beurkundete sich recht sichtbar bei Gelegenheit des Hamburger Brandes. Die Partei der Menschheit hat da einen großen Triumph gefeiert. Es übersteigt alle Begriffe, wie gewaltig das Mitgefühl hier alle Volksklassen erfaßte, als sie von dem Unglück hörten, das jene ferne deutsche Stadt betroffen, deren geographische Lage vielleicht den wenigsten bekannt war. Ja, bei solchen Anlässen zeigt es sich, daß die Völker dieser Erde inniger verbunden sind, als man da und dort ahnen oder wünschen mag, und daß bei aller Verschiedenheit der Interessen dennoch eine glühende Bruderliebe in Europa auflodern kann, wenn die rechte Stunde kommt. Hatte aber die Nachricht von jenem furchtbaren Brande bei den Franzosen, die gleichzeitig im eignen Hause ein schmerzliches Schrecknis erlebten, die rührendste Sympathie hervorgerufen, so mußte die Teilnahme in noch stärkerem Grade stattfinden bei den hier wohnenden Deutschen, die ihre Freunde und Verwandten in Hamburg besitzen. Unter den Landsleuten, die sich bei dieser Gelegenheit durch mildtätigen Eifer auszeichneten, muß Hr. James v. Rothschild ganz besonders genannt werden, wie denn überhaupt der Name dieses Hauses immer hervortritt, wo ein Werk der Menschenliebe zu verrichten ist.

Und mein armes Hamburg liegt in Trümmern, und die Orte, die mir so wohl bekannt, mit welchen alle Erinnerungen meiner Jugend so innig verwachsen, sie sind ein rauchender Schutthaufen! Am meisten beklage ich den Verlust jenes Petriturmes – er war über die Kleinlichkeit seiner Umgebung so erhaben! Die Stadt wird bald wieder aufgebaut sein mit neuen gradlinigen Häusern und nach der Schnur gezogenen Straßen, aber es wird doch nicht mehr mein altes Hamburg sein, mein altes, schiefwinklichtes, schlabbriges Hamburg! Der Breitengiebel, wo mein Schuster wohnte und wo ich Austern aß, bei Unbescheiden – ein Raub der Flammen! Der Hamburger Correspondent meldet zwar, daß der Dreckwall sich bald wie ein Phönix aus der Asche erheben werde – aber ach! es wird doch der alte Dreckwall nicht mehr sein! Und das Rathaus – wie oft ergötzte ich mich an den Kaiserbildern, die, aus Hamburger Rauchfleisch gemeißelt, die Fassade zierten! Sind die hoch- und wohlgepuderten Perücken gerettet, die dort den Häuptern der Republik ihr majestätisches Ansehen gaben? Der Himmel bewahre mich in einem Momente wie der jetzige an diesen alten Perücken ein weniges zu zupfen. Im Gegenteil, ich möchte bei dieser Gelegenheit vielmehr bezeugen, daß die Regierung zu Hamburg immer die Regierten übertraf an gutem Willen für gesellschaftlichen Fortschritt. Das Volk stand hier immer tiefer als seine Stellvertreter, worunter Männer von der bedeutendsten Bildung und Vernünftigkeit. Aber es steht zu hoffen, daß der große Brand auch die unteren Intelligenzen ein bißchen erleuchtet haben wird und die ganze hamburgische Bevölkerung jetzt einsieht, daß der Zeitgeist, der ihr im Unglück seine Wohltat angedeihen ließ, späterhin nicht mehr durch kleinlichen Krämersinn beleidigt werden darf. Namentlich die bürgerliche Gleichstellung der verschiedenen Konfessionen wird gewiß jetzt nicht mehr in Hamburg vertagt werden können. – Wir wollen das Beste von der Zukunft erwarten; der Himmel schickt nicht umsonst die großen Prüfungen.

Korrespondenzartikel aus Paris vom 20. Mai 1842

DREIZEHN JAHRE SPÄTER

CAPUT XIX

Oh, Danton, du hast dich sehr geirrt
Und mußtest den Irrtum büßen!
Mitnehmen kann man das Vaterland
An den Sohlen, an den Füßen.

Das halbe Fürstentum Bückeburg
Blieb mir an den Stiefeln kleben;
So lehmichte Wege habe ich wohl
Noch nie gesehen im Leben.

Zu Bückeburg stieg ich ab in der Stadt,
Um dort zu betrachten die Stammburg,
Wo mein Großvater geboren ward;
Die Großmutter war aus Hamburg.

Ich kam nach Hannover um Mittagzeit,
Und ließ mir die Stiefel putzen.
Ich ging sogleich, die Stadt zu besehn,
Ich reise gern mit Nutzen.

Mein Gott! da sieht es sauber aus!
Der Kot liegt nicht auf den Gassen.
Viel Prachtgebäude sah ich dort,
Sehr imponierende Massen.

Besonders gefiel mir ein großer Platz,
Umgeben von stattlichen Häusern;
Dort wohnt der König, dort steht sein Palast,
Er ist von schönem Äußern

(Nämlich der Palast). Vor dem Portal
Zu jeder Seite ein Schildhaus.
Rotröcke mit Flinten halten dort Wacht,
Sie sehen drohend und wild aus.

Mein Cicerone sprach: »Hier wohnt
Der Ernst Augustus, ein alter,
Hochtoryscher Lord, ein Edelmann,
Sehr rüstig für sein Alter.

Idyllisch sicher haust er hier,
Denn besser als alle Trabanten
Beschützet ihn der manglende Mut
Von unseren lieben Bekannten.

Ich seh ihn zuweilen, er klagt alsdann,
Wie gar langweilig das Amt sei,
Das Königsamt, wozu er jetzt
Hier in Hannover verdammt sei.

An großbritannisches Leben gewöhnt,
Sei es ihm hier zu enge,
Ihn plage der Spleen, er fürchte schier,
Er halt es nicht aus auf die Länge.

Vorgestern fand ich ihn traurig gebückt
Am Kamin, in der Morgenstunde;
Er kochte höchstselbst ein Lavement
Für seine kranken Hunde.«

CAPUT XX

Von Harburg fuhr ich in einer Stund
Nach Hamburg. Es war schon Abend.
Die Sterne am Himmel grüßten mich,
Die Luft war lind und labend.

Und als ich zu meiner Frau Mutter kam,
Erschrak sie fast vor Freude;
Sie rief: »mein liebes Kind!« und schlug
Zusammen die Hände beide.

»Mein liebes Kind, wohl dreizehn Jahr
Verflossen unterdessen!
Du wirst gewiß sehr hungrig sein –
Sag an, was willst du essen?

Ich habe Fisch und Gänsefleisch
Und schöne Apfelsinen.«
So gib mir Fisch und Gänsefleisch
Und schöne Apfelsinen.

Und als ich aß mit großem Apptit,
Die Mutter ward glücklich und munter,
Sie frug wohl dies, sie frug wohl das,
Verfängliche Fragen mitunter.

»Mein liebes Kind! und wirst du auch
Recht sorgsam gepflegt in der Fremde?
Versteht deine Frau die Haushaltung,
Und flickt sie dir Strümpfe und Hemde?«

Der Fisch ist gut, lieb Mütterlein,
Doch muß man ihn schweigend verzehren;
Man kriegt so leicht eine Grät in den Hals,
Du darfst mich jetzt nicht stören.

Und als ich den braven Fisch verzehrt,
Die Gans ward aufgetragen.
Die Mutter frug wieder wohl dies, wohl das,
Mitunter verfängliche Fragen.

»Mein liebes Kind! in welchem Land
Läßt sich am besten leben?
Hier oder in Frankreich? und welchem Volk
Wirst du den Vorzug geben?«

Die deutsche Gans, lieb Mütterlein,
Ist gut, jedoch die Franzosen,
Sie stopfen die Gänse besser als wir,
Auch haben sie bessere Saucen. –

Und als die Gans sich wieder empfahl,
Da machten ihre Aufwartung
Die Apfelsinen, sie schmeckten so süß,
Ganz über alle Erwartung.

Die Mutter aber fing wieder an
Zu fragen sehr vergnüglich,
Nach tausend Dingen, mitunter sogar
Nach Dingen die sehr anzüglich.

»Mein liebes Kind! wie denkst du jetzt?
Treibst du noch immer aus Neigung
Die Politik? Zu welcher Partei
Gehörst du mit Überzeugung?«

Die Apfelsinen, lieb Mütterlein,
Sind gut, und mit wahrem Vergnügen
Verschlucke ich den süßen Saft
Und ich lasse die Schalen liegen.

CAPUT XXI

Die Stadt, zur Hälfte abgebrannt,
Wird aufgebaut allmählich;
Wie'n Pudel, der halb geschoren ist,
Sieht Hamburg aus, trübselig.

Gar manche Gassen fehlen mir,
Die ich nur ungern vermisse –
Wo ist das Haus, wo ich geküßt
Der Liebe erste Küsse?

Wo ist die Druckerei, wo ich
Die Reisebilder druckte?
Wo ist der Austerkeller, wo ich
Die ersten Austern schluckte?

Und der Dreckwall, wo ist der Dreckwall hin?
Ich kann ihn vergeblich suchen!
Wo ist der Pavillon, wo ich
Gegessen so manchen Kuchen?

Wo ist das Rathaus, worin der Senat
Und die Bürgerschaft gethronet?
Ein Raub der Flammen! Die Flamme hat
Das Heiligste nicht verschonet.

Die Leute seufzten noch vor Angst,
Und mit wehmütgem Gesichte
Erzählten sie mir vom großen Brand
Die schreckliche Geschichte:

»Es brannte an allen Ecken zugleich,
Man sah nur Rauch und Flammen!
Die Kirchentürme loderten auf
Und stürzten krachend zusammen.

Die alte Börse ist verbrannt,
Wo unsere Väter gewandelt,
Und mit einander Jahrhunderte lang
So redlich als möglich gehandelt.

Die Bank, die silberne Seele der Stadt,
Und die Bücher wo eingeschrieben
Jedweden Mannes Banko-Wert,
Gottlob! sie sind uns geblieben!

Gottlob! man kollektierte für uns
Selbst bei den fernsten Nationen –
Ein gutes Geschäft – die Kollekte betrug
Wohl an die acht Millionen.

Aus allen Ländern floß das Geld
In unsre offnen Hände,
Auch Viktualien nahmen wir an,
Verschmähten keine Spende.

Man schickte uns Kleider und Betten genug,
Auch Brot und Fleisch und Suppen!
Der König von Preußen wollte sogar
Uns schicken seine Truppen.

Der materielle Schaden ward
Vergütet, das ließ sich schätzen –
Jedoch den Schrecken, unseren Schreck,
Den kann uns niemand ersetzen!«

Aufmunternd sprach ich: Ihr lieben Leut,
Ihr müßt nicht jammern und flennen;
Troja war eine bessere Stadt,
Und mußte doch verbrennen.

Baut eure Häuser wieder auf
Und trocknet eure Pfützen,
Und schafft euch beßre Gesetze an
Und beßre Feuerspritzen.

Gießt nicht zuviel Cayenne-Piment
In eure Mockturtlesuppen,
Auch eure Karpfen sind euch nicht gesund,
Ihr kocht sie so fett mit den Schuppen.

Kalkuten schaden euch nicht viel,
Doch hütet euch vor der Tücke
Des Vogels, der sein Ei gelegt
In des Bürgermeisters Perücke. – –

Wer dieser fatale Vogel ist,
Ich brauch es euch nicht zu sagen –
Denk ich an ihn, so dreht sich herum
Das Essen in meinem Magen.

CAPUT XXII

Noch mehr verändert als die Stadt
Sind mir die Menschen erschienen,
Sie gehn so betrübt und gebrochen herum,
Wie wandlende Ruinen.

Die Mageren sind noch dünner jetzt,
Noch fetter sind die Feisten,
Die Kinder sind alt, die Alten sind
Kindisch geworden, die meisten.

Gar manche, die ich als Kälber verließ,
Fand ich als Ochsen wieder;
Gar manches kleine Gänschen ward
Zur Gans mit stolzem Gefieder.

Die alte Gudel fand ich geschminkt
Und geputzt wie eine Sirene;
Hat schwarze Locken sich angeschafft
Und blendend weiße Zähne.

Am besten hat sich konserviert
Mein Freund, der Papierverkäufer;
Sein Haar ward gelb und umwallt sein Haupt,
Sieht aus wie Johannes der Täufer.

Den **** den sah ich nur von fern,
Er huschte mir rasch vorüber;
Ich höre, sein Geist ist abgebrannt
Und war versichert bei Biber.

Auch meinen alten Zensor sah
Ich wieder. Im Nebel, gebücket,
Begegnet er mir auf dem Gänsemarkt,
Schien sehr darnieder gedrücket.

Wir schüttelten uns die Hände, es schwamm
Im Auge des Manns eine Träne.
Wie freute er sich, mich wieder zu sehn!
Es war eine rührende Szene. –

Nicht alle fand ich. Mancher hat
Das Zeitliche gesegnet.
Ach! meinem Gumpelino sogar
Bin ich nicht mehr begegnet.

Der Edle hatte ausgehaucht
Die große Seele soeben,
Und wird als verklärter Seraph jetzt
Am Throne Jehovahs schweben.

Vergebens suchte ich überall
Den krummen Adonis, der Tassen
Und Nachtgeschirr von Porzellan
Feil bot in Hamburgs Gassen.

Sarras, der treue Pudel, ist tot.
Ein großer Verlust! Ich wette,
Daß Campe lieber ein ganzes Schock
Schriftsteller verloren hätte. – –

Die Population des Hamburger Staats
Besteht, seit Menschengedenken,
Aus Juden und Christen; es pflegen auch
Die letztren nicht viel zu verschenken.

Die Christen sind alle ziemlich gut,
Auch essen sie gut zu Mittag,
Und ihre Wechsel bezahlen sie prompt,
Noch vor dem letzten Respittag.

Die Juden teilen sich wieder ein
In zwei verschiedne Parteien;
Die Alten gehn in die Synagog,
Und in den Tempel die Neuen.

Die Neuen essen Schweinefleisch,
Zeigen sich widersetzig,
Sind Demokraten; die Alten sind
Vielmehr aristokrätzig.

Ich liebe die Alten, ich liebe die Neun –
Doch schwör ich, beim ewigen Gotte,
Ich liebe gewisse Fischchen noch mehr,
Man heißt sie geräucherte Sprotte.

CAPUT XXIII

Als Republik war Hamburg nie
So groß wie Venedig und Florenz,
Doch Hamburg hat bessere Austern; man speist
Die besten im Keller von Lorenz.

Es war ein schöner Abend, als ich
Mich hinbegab mit Campen;
Wir wollten mit einander dort
In Rheinwein und Austern schlampampen.

Auch gute Gesellschaft fand ich dort,
Mit Freude sah ich wieder
Manch alten Genossen, zum Beispiel Chaufepié,
Auch manche neue Brüder.

Da war der Wille, dessen Gesicht
Ein Stammbuch, worin mit Hieben
Die akademischen Feinde sich
Recht leserlich eingeschrieben.

Da war der Fucks, ein blinder Heid
Und persönlicher Feind des Jehovah,
Glaubt nur an Hegel und etwa noch
An die Venus des Canova.

Mein Campe war Amphitryo
Und lächelte vor Wonne;
Sein Auge strahlte Seligkeit,
Wie eine verklärte Madonne.

Ich aß und trank, mit gutem Apptit,
Und dachte in meinem Gemüte:
»Der Campe ist wirklich ein großer Mann,
Ist aller Verleger Blüte.

Ein andrer Verleger hätte mich
Vielleicht verhungern lassen,
Der aber gibt mir zu trinken sogar;
Werde ihn niemals verlassen.

Ich danke dem Schöpfer in der Höh,
Der diesen Saft der Reben
Erschuf, und zum Verleger mir
Den Julius Campe gegeben!

Ich danke dem Schöpfer in der Höh,
Der, durch sein großes Werde,
Die Austern erschaffen in der See
Und den Rheinwein auf der Erde!

Der auch Zitronen wachsen ließ,
Die Austern zu betauen –
Nun laß mich, Vater, diese Nacht
Das Essen gut verdauen!«

Der Rheinwein stimmt mich immer weich,
Und löst jedwedes Zerwürfnis
In meiner Brust, entzündet darin
Der Menschenliebe Bedürfnis.

Es treibt mich aus dem Zimmer hinaus,
Ich muß in den Straßen schlendern;
Die Seele sucht eine Seele und späht
Nach zärtlich weißen Gewändern.

In solchen Momenten zerfließe ich fast
Vor Wehmut und vor Sehnen;
Die Katzen scheinen mir alle grau,
Die Weiber alle Helenen. – – –

Und als ich auf die Drehbahn kam,
Da sah ich im Mondenschimmer
Ein hehres Weib, ein wunderbar
Hochbusiges Frauenzimmer.

Ihr Antlitz war rund und kerngesund,
Die Augen wie blaue Turkoasen,
Die Wangen wie Rosen, wie Kirschen der Mund
Auch etwas rötlich die Nase.

Ihr Haupt bedeckte eine Mütz
Von weißem gesteiftem Linnen,
Gefältelt wie eine Mauerkron,
Mit Türmchen und zackigen Zinnen.

Sie trug eine weiße Tunika,
Bis an die Waden reichend.
Und welche Waden! Das Fußgestell
Zwei dorischen Säulen gleichend.

Die weltlichste Natürlichkeit
Konnt man in den Zügen lesen;
Doch das übermenschliche Hinterteil
Verriet ein höheres Wesen.

Sie trat zu mir heran und sprach:
»Willkommen an der Elbe,
Nach dreizehnjährger Abwesenheit –
Ich sehe du bist noch derselbe!

Du suchst die schönen Seelen vielleicht,
Die dir so oft begegent
Und mit dir geschwärmt, die Nacht hindurch,
In dieser schönen Gegend.

Das Leben verschlang sie, das Ungetüm,
Die hundertköpfige Hyder;
Du findest nicht die alte Zeit
Und die Zeitgenössinnen wieder!

Du findest die holden Blumen nicht mehr,
Die das junge Herz vergöttert;
Hier blühten sie – jetzt sind sie verwelkt,
Und der Sturm hat sie entblättert.

Verwelkt, entblättert, zertreten sogar
Von rohen Schicksalsfüßen –
Mein Freund, das ist auf Erden das Los
Von allem Schönen und Süßen!«

Wer bist du? – rief ich – du schaust mich an
Wie'n Traum aus alten Zeiten –
Wo wohnst du, großes Frauenbild?
Und darf ich dich begleiten?

Da lächelte das Weib und sprach:
»Du irrst dich, ich bin eine feine,
Anständge, moralische Person;
Du irrst dich, ich bin nicht so Eine.

Ich bin nicht so eine kleine Mamsell,
So eine welsche Lorettin –
Denn wisse: ich bin Hammonia,
Hamburgs beschützende Göttin!

Du stutzest und erschreckst sogar,
Du sonst so mutiger Sänger!
Willst du mich noch begleiten jetzt?
Wohlan, so zögre nicht länger.«

Ich aber lachte laut und rief:
Ich folge auf der Stelle –
Schreit du voran, ich folge dir,
Und ging es in die Hölle!

CAPUT XXIV

Wie ich die enge Sahltrepp hinauf
Gekommen, ich kann es nicht sagen;
Es haben unsichtbare Geister mich
Vielleicht hinaufgetragen.

Hier, in Hammonias Kämmerlein,
Verflossen mir schnell die Stunden.
Die Göttin gestand die Sympathie,
Die sie immer für mich empfunden.

»Siehst du« – sprach sie – »in früherer Zeit
War mir am meisten teuer
Der Sänger, der den Messias besang,
Auf seiner frommen Leier.

Dort auf der Kommode steht noch jetzt
Die Büste von meinem Klopstock,
Jedoch seit Jahren dient sie mir
Nur noch als Haubenkopfstock.

Du bist mein Liebling jetzt, es hängt
Dein Bildnis zu Häupten des Bettes;
Und siehst du, ein frischer Lorbeer umkränzt
Den Rahmen des holden Porträtes.

Nur daß du meine Söhne so oft
Genergelt, ich muß es gestehen,
Hat mich zuweilen tief verletzt;
Das darf nicht mehr geschehen.

Es hat die Zeit dich hoffentlich
Von solcher Unart geheilet,
Und dir eine größere Toleranz
Sogar für Narren erteilet.

Doch sprich, wie kam der Gedanke dir,
Zu reisen nach dem Norden
In solcher Jahrzeit? Das Wetter ist
Schon winterlich geworden!«

Oh, meine Göttin! – erwiderte ich –
Es schlafen tief im Grunde
Des Menschenherzens Gedanken, die oft
Erwachen zur unrechten Stunde.

Es ging mir äußerlich ziemlich gut,
Doch innerlich war ich beklommen,
Und die Beklemmnis täglich wuchs –
Ich hatte das Heimweh bekommen.

Die sonst so leichte französische Luft
Sie fing mich an zu drücken;
Ich mußte Atem schöpfen hier
In Deutschland, um nicht zu ersticken.

Ich sehnte mich nach Torfgeruch,
Nach deutschem Tabaksdampfe;
Es bebte mein Fuß vor Ungeduld,
Daß er deutschen Boden stampfe.

Ich seufzte des Nachts, und sehnte mich,
Daß ich sie wiedersähe,
Die alte Frau, die am Dammtor wohnt;
Das Lottchen wohnt in der Nähe.

Auch jenem edlen alten Herrn,
Der immer mich ausgescholten
Und immer großmütig beschützt, auch ihm
Hat mancher Seufzer gegolten.

Ich wollte wieder aus seinem Mund
Vernehmen den »dummen Jungen!«
Das hat mir immer wie Musik
Im Herzen nachgeklungen.

Ich sehnte mich nach dem blauen Rauch,
Der aufsteigt aus deutschen Schornsteinen,
Nach niedersächsischen Nachtigalln,
Nach stillen Buchenhainen.

Ich sehnte mich nach den Plätzen sogar,
Nach jenen Leidensstationen,
Wo ich geschleppt das Jugendkreuz
Und meine Dornenkronen –

Ich wollte weinen wo ich einst
Geweint die bittersten Tränen –
Ich glaube Vaterlandsliebe nennt
Man dieses törigte Sehnen.

Ich spreche nicht gern davon; es ist
Nur eine Krankheit im Grunde.
Verschämten Gemütes, verberge ich stets
Dem Publiko meine Wunde.

Fatal ist mir das Lumpenpack,
Das, um die Herzen zu rühren,
Den Patriotismus trägt zur Schau
Mit allen seinen Geschwüren.

Schamlose schäbbige Bettler sinds,
Almosen wollen sie haben –
Ein'n Pfennig Popularität
Für Menzel und seine Schwaben!

O meine Göttin, du hast mich heut
In weicher Stimmung gefunden;
Bin etwas krank, doch pfleg ich mich,
Und ich werde bald gesunden.

Ja ich bin krank, und du könntest mir
Die Seele sehr erfrischen
Durch eine gute Tasse Tee;
Du mußt ihn mit Rum vermischen.

CAPUT XXV

Die Göttin hat mir Tee gekocht
Und Rum hineingegossen;
Sie selber aber hat den Rum
Ganz ohne Tee genossen.

An meine Schulter lehnte sie
Ihr Haupt, (die Mauerkrone,
Die Mütze, ward etwas zerknittert davon)
Und sie sprach mit sanftem Tone:

»Ich dachte manchmal mit Schrecken dran,
Daß du in dem sittenlosen
Paris so ganz ohne Aufsicht lebst,
Bei jenen frivolen Franzosen.

Du schlenderst dort herum und hast
Nicht mal an deiner Seite
Einen treuen deutschen Verleger, der dich
Als Mentor warne und leite.

Und die Verführung ist dort so groß,
Dort gibt es so viele Sylphiden,
Die ungesund, und gar zu leicht
Verliert man den Seelenfrieden.

Geh nicht zurück und bleib bei uns;
Hier herrschen noch Zucht und Sitte,
Und manches stille Vergnügen blüht
Auch hier, in unserer Mitte.

Bleib bei uns in Deutschland, es wird dir hier
Jetzt besser als ehmals munden;
Wir schreiten fort, du hast gewiß
Den Fortschritt selbst gefunden.

Auch die Zensur ist nicht mehr streng,
Hoffmann wird älter und milder,
Und streicht nicht mehr mit Jugendzorn
Dir deine Reisebilder.

Du selbst bist älter und milder jetzt,
Wirst dich in manches schicken,
Und wirst sogar die Vergangenheit
In besserem Lichte erblicken.

Ja, daß es uns früher so schrecklich ging,
In Deutschland, ist Übertreibung;
Man konnte entrinnen der Knechtschaft, wie einst
In Rom, durch Selbstentleibung.

Gedankenfreiheit genoß das Volk,
Sie war für die großen Massen,
Beschränkung traf nur die gringe Zahl
Derjengen, die drucken lassen.

Gesetzlose Willkür herrschte nie,
Dem schlimmsten Demagogen
Ward niemals ohne Urteilspruch
Die Staatskokarde entzogen.

So übel war es in Deutschland nie,
Trotz aller Zeitbedrängnis –
Glaub mir, verhungert ist nie ein Mensch
In einem deutschen Gefängnis.

Es blühte in der Vergangenheit
So manche schöne Erscheinung
Des Glaubens und der Gemütlichkeit;
Jetzt herrscht nur Zweifel, Verneinung.

Die praktische äußere Freiheit wird einst
Das Ideal vertilgen,
Das wir im Busen getragen – es war
So rein wie der Traum der Lilien!

Auch unsre schöne Poesie
Erlischt, sie ist schon ein wenig
Erloschen; mit andren Königen stirbt
Auch Freiligraths Mohrenkönig.

Der Enkel wird essen und trinken genug,
Doch nicht in beschaulicher Stille;
Es poltert heran ein Spektakelstück,
Zu Ende geht die Idylle.

O, könntest du schweigen, ich würde dir
Das Buch des Schicksals entsiegeln,
Ich ließe dir spätere Zeiten sehn
In meinen Zauberspiegeln.

Was ich den sterblichen Menschen nie
Gezeigt, ich möcht es dir zeigen:
Die Zukunft deines Vaterlands –
Doch ach! du kannst nicht schweigen!«

Mein Gott, o Göttin! – rief ich entzückt –
Das wäre mein größtes Vergnügen,
Laß mich das künftige Deutschland sehn –
Ich bin ein Mann und verschwiegen.

Ich will dir schwören jeden Eid,
Den du nur magst begehren,
Mein Schweigen zu verbürgen dir –
Sag an, wie soll ich schwören?

Doch jene erwiderte: »Schwöre mir
In Vater Abrahams Weise,
Wie er Eliesern schwören ließ,
Als dieser sich gab auf die Reise.

Heb auf das Gewand und lege die Hand
Hier unten an meine Hüften,
Und schwöre mir Verschwiegenheit
In Reden und in Schriften!«

Ein feierlicher Moment! Ich war
Wie angeweht vom Hauche
Der Vorzeit, als ich schwur den Eid,
Nach uraltem Erzväterbrauche.

Ich hob das Gewand der Göttin auf
Und legte an ihre Hüften
Die Hand, gelobend Verschwiegenheit
In Reden und in Schriften.

CAPUT XXVI

Die Wangen der Göttin glühten so rot,
(Ich glaube in die Krone
Stieg ihr der Rum) und sie sprach zu mir
In sehr wehmütigem Tone:

»Ich werde alt. Geboren bin ich
Am Tage von Hamburgs Begründung.
Die Mutter war Schellfischkönigin
Hier an der Elbe Mündung.

Mein Vater war ein großer Monarch,
Carolus Magnus geheißen,
Er war noch mächtger und klüger sogar
Als Friedrich der Große von Preußen.

Der Stuhl ist zu Aachen, auf welchem er
Am Tage der Krönung ruhte;
Den Stuhl worauf er saß in der Nacht,
Den erbte die Mutter, die gute.

Die Mutter hinterließ ihn mir,
Ein Möbel von scheinlosem Äußern,
Doch böte mir Rothschild all sein Geld,
Ich würde ihn nicht veräußern.

Siehst du, dort in dem Winkel steht
Ein alter Sessel, zerrissen
Das Leder der Lehne, von Mottenfraß
Zernagt das Polsterkissen.

Doch gehe hin und hebe auf
Das Kissen von dem Sessel,
Du schaust eine runde Öffnung dann,
Darunter einen Kessel –

Das ist ein Zauberkessel worin
Die magischen Kräfte brauen,
Und steckst du in die Ründung den Kopf,
So wirst du die Zukunft schauen –

Die Zukunft Deutschlands erblickst du hier,
Gleich wogenden Phantasmen,
Doch schaudre nicht, wenn aus dem Wust
Aufsteigen die Miasmen!«

Sie sprachs und lachte sonderbar,
Ich aber ließ mich nicht schrecken,
Neugierig eilte ich den Kopf
In die furchtbare Ründung zu stecken.

Was ich gesehn, verrate ich nicht,
Ich habe zu schweigen versprochen,
Erlaubt ist mir zu sagen kaum,
O Gott! was ich gerochen! – – –

Ich denke mit Widerwillen noch
An jene schnöden, verfluchten
Vorspielgerüche, das schien ein Gemisch
Von altem Kohl und Juchten.

Entsetzlich waren die Düfte, o Gott!
Die sich nachher erhuben;
Es war, als fegte man den Mist
Aus sechsunddreißig Gruben. – – –

Ich weiß wohl was Saint-Just gesagt
Weiland im Wohlfahrtsausschuß:
Man heile die große Krankheit nicht
Mit Rosenöl und Moschus –

Doch dieser deutsche Zukunftsduft
Mocht alles überragen,
Was meine Nase je geahnt –
Ich konnt es nicht länger ertragen – – –

Mir schwanden die Sinne, und als ich aufschlug
Die Augen, saß ich an der Seite
Der Göttin noch immer, es lehnte mein Haupt
An ihre Brust, die breite.

Es blitzte ihr Blick, es glühte ihr Mund,
Es zuckten die Nüstern der Nase,
Bacchantisch umschlang sie den Dichter und sang
Mit schauerlich wilder Ekstase:

»Bleib bei mir in Hamburg, ich liebe dich,
Wir wollen trinken und essen
Den Wein und die Austern der Gegenwart,
Und die dunkle Zukunft vergessen.

Den Deckel darauf! damit uns nicht
Der Mißduft die Freude vertrübet –
Ich liebe dich, wie je ein Weib
Einen deutschen Poeten geliebet!

Ich küsse dich, und ich fühle wie mich
Dein Genius begeistert;
Es hat ein wunderbarer Rausch
Sich meiner Seele bemeistert.

Mir ist, als ob ich auf der Straß
Die Nachtwächter singen hörte –
Es sind Hymenäen, Hochzeitmusik,
Mein süßer Lustgefährte!

Jetzt kommen die reitenden Diener auch,
Mit üppig lodernden Fackeln,
Sie tanzen ehrbar den Fackeltanz,
Sie springen und hüpfen und wackeln.

Es kommt der hoch- und wohlweise Senat,
Es kommen die Oberalten;
Der Bürgermeister räuspert sich
Und will eine Rede halten.

In glänzender Uniform erscheint
Das Korps der Diplomaten;
Sie gratulieren mit Vorbehalt
Im Namen der Nachbarstaaten.

Es kommt die geistliche Deputation,
Rabbiner und Pastöre –
Doch ach! da kommt der Hoffmann auch
Mit seiner Zensorschere!

Die Schere klirrt in seiner Hand,
Es rückt der wilde Geselle
Dir auf den Leib – Er schneidet ins Fleisch –
Es war die beste Stelle.«

Aus: *Deutschland. Ein Wintermärchen*

RÜCKSCHAU

AFFRONTENBURG

Die Zeit verfließt, jedoch das Schloß,
Das alte Schloß mit Turm und Zinne
Und seinem blöden Menschenvolk,
Es kommt mir nimmer aus dem Sinne.

Ich sehe stets die Wetterfahn,
Die auf dem Dach sich rasselnd drehte.
Ein jeder blickte scheu hinauf,
Bevor er nur den Mund auftäte.

Wer sprechen wollt, erforschte erst
Den Wind, aus Furcht, es möchte plötzlich
Der alte Brummbär Boreas
Anschnauben ihn nicht sehr ergötzlich.

Die Klügsten freilich schwiegen ganz –
Denn ach, es gab an jenem Orte
Ein Echo, das im Wiederklatsch
Boshaft verfälschte alle Worte.

Inmitten im Schloßgarten stand
Ein sphinxgezierter Marmorbronnen,
Der immer trocken war, obgleich
Gar manche Träne dort geronnen.

Vermaledeiter Garten! Ach,
Da gab es nirgends eine Stätte,
Wo nicht mein Herz gekränket ward,
Wo nicht mein Aug geweinet hätte.

Da gabs wahrhaftig keinen Baum,
Worunter nicht Beleidigungen
Mir zugefüget worden sind
Von feinen und von groben Zungen.

Die Kröte, die im Gras gelauscht,
Hat alles mitgeteilt der Ratte,
Die ihrer Muhme Viper gleich
Erzählt, was sie vernommen hatte.

Die hats gesagt dem Schwager Frosch –
Und solcherweis erfahren konnte
Die ganze schmutzge Sippschaft stracks
Die mir erwiesenen Affronte.

Des Gartens Rosen waren schön,
Und lieblich lockten ihre Düfte;
Doch früh hinwelkend starben sie
An einem sonderbaren Gifte.

Zu Tod ist auch erkrankt seitdem
Die Nachtigall, der edle Sprosser,
Der jenen Rosen sang sein Lied; –
Ich glaub, vom selben Gift genoß er.

Vermaledeiter Garten! Ja,
Es war, als ob ein Fluch drauf laste;
Manchmal am hellen lichten Tag
Mich dort Gespensterfurcht erfaßte.

Mich grinste an der grüne Spuk,
Er schien mich grausam zu verhöhnen,
Und aus den Taxusbüschen drang
Alsbald ein Ächzen, Röcheln, Stöhnen.

Am Ende der Allee erhob
Sich die Terrasse, wo die Wellen
Der Nordsee, zu der Zeit der Flut,
Tief unten am Gestein zerschellen.

Dort schaut man weit hinaus ins Meer.
Dort stand ich oft in wilden Träumen.
Brandung war auch in meiner Brust –
Das war ein Tosen, Rasen, Schäumen –

Ein Schäumen, Rasen, Tosen wars,
Ohnmächtig gleichfalls wie die Wogen,
Die kläglich brach der harte Fels,
Wie stolz sie auch herangezogen.

Mit Neid sah ich die Schiffe ziehn
Vorüber nach beglückten Landen –
Doch mich hielt das verdammte Schloß
Gefesselt in verfluchten Banden.

Aus: *Gedichte. 1853 und 1854.*

II DIE NORDSEE

»HOFDICHTER DER NORDSEE«

Einleitung

Seit seiner Studentenzeit besuchte Heine, in erster Linie aus medizinisch-therapeutischen Gründen, regelmäßig Seebäder: in seiner deutschen Zeit, also vor 1831, Cuxhaven und Ritzebüttel (1823, 1826), Norderney (1825, 1826, 1827), Wangerooge (1827) und zuletzt das damals britische Helgoland (1829, 1830).

Im Sommer 1823 war er erstmals zu einer längeren Badekur an die Elbmündung gereist. Vom Meerwasserbaden und langen Strandspaziergängen versprach er sich eine heilende Wirkung auf sein schwaches Immunsystem. Nach bestandenem juristischem Examen »pro gradu doctoris iuris« durfte er sich im Sommer 1825 auf Kosten seines Hamburger Onkels Salomon Heine sechs Wochen lang auf Norderney erholen. Nachdem dort eine Spielbank errichtet worden war, entwickelte sich das ostfriesische Inselbad während der Saison zum Treffpunkt der vornehmen und extravaganten Welt. Bereits nach vier Wochen war das Geld fast ganz vertrödelt und verspielt, und Heine mußte einen Jugendfreund anpumpen. Auch »mehrere Seefahrten« hat er unternommen und die ostfriesischen Nachbarinseln besucht, wie er dem Berliner Bekannten Friedrich Wilhelm Gubitz am 23. November berichtete.

Aufgrund eines Honorarvorschusses seines Hamburger Verlegers Julius Campe auf den zweiten Band der *Reisebilder* konnte sich Heine im Sommer 1826 erneut einen sechswöchigen Urlaub an der Nordsee leisten. Diesmal wagte er das Unerhörte und lernte schwimmen. »Das Meer«, schrieb er Campe am 29. Juli, »war so wild, daß ich oft zu versaufen glaubte. Aber dies wahlverwandte Element tut mir nichts Schlimmes. Es weiß recht gut, daß ich noch toller sein kann. Und dann, bin ich nicht der Hofdichter der Nordsee?«

Noch ein weiteres Mal, nämlich im Anschluß an seinen Englandaufenthalt Ende August 1827, kehrte Heine für ein paar Tage nach Norderney zurück, ehe er nach Wangerooge wechselte. Von dort aus hat er wohl auch Abstecher zu Sielhäfen gemacht, woran sein Text über die Totenfahrt nach der weißen Insel erinnert – eine ostfriesische »Tradition«, die er, wohl nach mündlichen Quellen, »so getreu als möglich« wiederzugeben suchte.

Die Sommerferien 1829 und 1830 verbrachte Heine dann auf Helgoland. Jahre später erfuhr der Schriftsteller Adolf Stahr von Heines einstigen Quartiersleuten, daß ihnen dieser als »ein sehr sonderbarer Mensch« vorgekommen sei: »Er konnte keine Uhr tikken hören, wir mußten unsere Hausuhr anhalten, so lange er bei uns war!«

Sonst unterschieden sich Heines Beschäftigungen nicht wesentlich von denen anderer männlicher Badegäste: Er erkundete die nähere Umgebung, machte Bootsausflüge, schloß Bekanntschaften, ging in Bibliotheken, flirtete mit Damen der Hautevolee. Und er genoß den Anblick des Meeres, den Wechsel von Ebbe und Flut, die stürmische Brandung. »O wie lieb ich das Meer, ich bin mit diesem wilden Element so ganz herzinnig vertraut worden, und es ist mir wohl wenn es tobt«, schrieb er am 14. Oktober 1826 an den Dichterfreund Karl Immermann. Der Schwester Charlotte verriet er etwa zur selben Zeit: »Wenn der Wind heult und pfeift, wird mir wohl, und mir ist, als ob liebliche Stimmen mir Reime ins Ohr flüsterten... ich bewundere den Aufruhr der Natur; denn das bewegte Meer gleicht dem Leben, und nur dann schlägt mein Herz gesund, wenn die Wellen des Lebens recht hoch gehn!«

Bereits während seines ersten Cuxhaven-Aufenthalts oder unmittelbar im Anschluß verfaßte Heine sieben kleine *Seestücke*, die er später dem *Heimkehr*-Zyklus des *Buchs der Lieder* einverleibte, wo sie die Nummern 7–12 und 14 bilden. Zwei davon, *Du schönes Fischermädchen* und *Das Meer erglänzte weit hinaus*, sind insbesondere durch die Vertonungen Franz Schuberts weltweit bekannt geworden. In ihrer eher traditionellen Liedform weisen sie noch keineswegs voraus auf die *Seebilder* der beiden ersten *Nordsee*-Abteilungen in den *Reisebildern*, in denen Heine dann so überaus »neue Töne« anschlug, und womit er, auch eigenem Bekunden von 1850 nach, zum Pionier der Nordsee-Poesie wurde: »Denn wer kannte damals in Deutschland das Meer? [...] Damals schilderte man etwas der lesenden Menge völlig Unbekanntes, wenn man das Meer beschrieb, und das ist immer mißlich. Ich mußte mich, weil ich es obendrein in Versen beschrieb, an das Banalste halten. [...] Wenn ich das Alles damals hätte dichterisch behandeln wollen, hätte es Keiner verstanden, eben weil es unbekannte Dinge waren.«

Zwar hatten auch schon die Romantiker Ludwig Tieck und Wilhelm Müller das Meer besungen, doch kein bedeutender deutschsprachiger Dichter vor Heine wählte die Nordsee als poetischen Gegenstand. Mit ihren freien Rhythmen, dem Verzicht auf Reimwirkung und einer Vielzahl kühner Wortneuschöpfungen dokumentieren die beiden Abteilungen der *Nordsee* einen lyrischen Neuanfang Heines. Mal in jubelndem Lobgesang, mal im Ton bitterster Enttäuschung, ernst und ironisch, feierlich und bizarr, erhaben und humoristisch, drastisch konkret und mythologisch überhöht, aggressiv und hochpoetisch, beweist Heine seine formale und thematische Vielseitigkeit. Darüber hinaus zeugen seine *Seebilder* von den inneren Kämpfen, die er insbesondere 1825, im Jahr seiner großen, aber relativ folgenlosen konfessionellen und beruflichen Entscheidungen, mit sich austrug.

Im 2. Band der *Reisebilder* erhielt die *Nordsee* noch eine dritte, prosaische Abteilung. Es handelt sich dabei nicht um einen geschlossenen Text, sondern um eine Aneinanderreihung von oft polemischen Essays, worin der Charakter der ursprünglich von Heine geplanten Serie fingierter Nordseebriefe bewahrt ist. Es sind allein die Themen, die den Text strukturieren: Geschickt arrangiert, versammelt die dritte Abteilung eine kunterbunte Abfolge von Mitteilungen über das armselige Leben und die dumpfe Mentalität der Insulaner und die verführerischen Wirkungen des Strand- und Badelebens, über Katholizismus, Goethe, seemännische Wundersagen und den hannöverschen Adel, über Seelenwanderung, Napoleon und seine Biographen, über Walter Scott und Lord Byron. Während die beiden lyrischen Zyklen vom grandiosen Naturerlebnis geprägt waren und sich oftmals in Herzensempfindungen und mythologischen Spielereien verloren, drängte sich in der erzählenden Prosa das Meer nur noch kulissenhaft in die Reflexionen des Erzählers: Vielmehr wandte sich dessen Blick der sozialen, kulturellen und auch politischen Gegenwart im zerstückelten Deutschland mit seinen zahlreichen Kleinfürsten zu, war doch insbesondere Norderney in der Saison Tummelplatz des Adels. Diese künstliche Welt der Badegäste, zu der er selbst gehörte, konfrontierte Heine mit dem Selbstbewußtsein der »guten Bürger Ostfrieslands«, einem Volk, »flach und nüchtern [...] wie der Boden, den es bewohnt«, geadelt jedoch durch ein besonderes Talent, womit es sich »über jene windige Dienstseelen erhebt, die allein edel zu sein wähnen« – das »Talent der Freiheit« nämlich.

Während seiner Nordseeaufenthalte lernte Heine wohl auch jene ostfriesische Überfahrts- oder Totensage kennen, die er in Übereinstimmung mit seinen mündlichen Quellen auf einer »weißen Insel« spielen läßt. Sie fand Jahre später Eingang in seine *Götter im Exil*, die vom Schicksal der alten Heidengottheiten und dem Weiterleben antiker Mythologien in der Neuzeit handeln. Dabei geht es einerseits um die christliche Vereinnahmung der antiken Mythologien, andererseits um die vom Christentum betriebene Verteufelung und Verfolgung heidnischer Glaubensvorstellungen, ein altes Lieblingsthema Heines, von dem schon *Die Götter Griechenlands* zeugen (ein 1826 entstandenes Gedicht aus dem zweiten Nordsee-Zyklus).

Heines zweiter Helgoland-Aufenthalt im Juli/August 1830 stand im Zeichen der politischen Zeitereignisse: Hier erfuhr er von einer Revolution in Paris, die zum Auftakt einer Serie von nationalen Befreiungs- und sozialen Protestbewegungen wurde und das System der Restauration, das die europäischen Mächte auf dem Wiener Kongreß von 1815 beschlossen hatten, empfindlich erschütterte: Belgien erkämpfte seine Unabhängigkeit von den Niederlanden, in Polen brach ein Aufstand gegen die russische Oberherrschaft aus, Italien erhob sich gegen Österreich; Ende August erreichte die Woge des Aufruhrs auch Deutschland. Nach Jahren der politischen Restauration erging von Paris aus ein Signal an Europa, das 1789 begonnene Werk wieder aufzunehmen. An Stelle des letzten Bourbonenkönigs, der sich »von Gottes Gnaden König von Frankreich« hatte titulieren lassen, übernahm Louis-Philippe die Königswürde. Am 9. August 1830 leistete er als »König der Franzosen« seinen

Eid auf die französische Verfassung; das »Julikönigtum« war geboren.

Daß Heines Briefe aus Helgoland tatsächlich im Revolutionsjahr 1830 geschrieben wurden, gilt inzwischen als unwahrscheinlich. Möglich ist immerhin, daß er auf Tagebuchnotizen zurückgreifen konnte, in denen er die politische Resignationsstimmung unmittelbar vor Ausbruch der Julirevolution festhielt. Ihre künstlerische Gestalt dürften die Briefe erst im Zusammenhang mit Heines *Denkschrift* über Ludwig Börne erhalten haben, deren Entstehung sich über drei Jahre hinzog: Zwischen 1838 und 1840, und damit parallel zu Stabilisierungsversuchen seines Privatlebens (Konsolidierung der Finanzen, Lebensgemeinschaft mit Augustine »Mathilde« Mirat) – hielt Heine es für geraten, die Rolle des Schriftstellers in der Gesellschaft, das Verhältnis von »Dichter« und »Tribun«, die Beziehung zwischen künstlerischer und ideologischer Motivation neu zu bestimmen. In der großen Auseinandersetzung mit Ludwig Börne, seinem republikanischen Antipoden und Weggefährten des Exils, versuchte er eine politische wie literarische Standortbestimmung. Durch die Einfügung der Helgoländer Briefe, die das zweite von fünf Kapiteln der *Denkschrift* bilden, sollte die persönliche Dimension der Schrift entschärft werden.

Weiterführende Literatur:

Am Werfte zu Cuxhaven. Heinrich Heine, die Nordsee und Cuxhaven, Otterndorf 2000.

Michael Fleischer: *Heinrich Heine. Dichter der Nordsee,* Norderney 2001.

Eckhart Wallmann: *Heinrich Heine auf Helgoland,* Helgoland, 2. Aufl. 2002.

Theo Schuster (Hrsg.): *Die Überfahrt zur Weißen Insel,* Leer 2003.

SEEBILDER

ERSTER ZYKLUS

I Krönung

Ihr Lieder! Ihr meine guten Lieder!
Auf, auf! und wappnet euch!
Laßt die Trompeten klingen,
Und hebt mir auf den Schild
Dies junge Mädchen,
Das jetzt mein ganzes Herz
Beherrschen soll, als Königin.

Heil dir! du junge Königin!

Von der Sonne droben
Reiß ich das strahlend rote Gold,
Und webe draus ein Diadem
Für dein geweihtes Haupt.
Von der flatternd blauseidnen Himmelsdecke,
Worin die Nachtdiamanten blitzen,
Schneid ich ein kostbar Stück,
Und häng es dir, als Krönungsmantel,
Um deine königliche Schulter.
Ich gebe dir einen Hofstaat
Von steifgeputzten Sonetten,
Stolzen Terzinen und höflichen Stanzen;
Als Läufer diene dir mein Witz,
Als Hofnarr meine Phantasie,
Als Herold, die lachende Träne im Wappen,
Diene dir mein Humor.
Aber ich selber, Königin,
Ich kniee vor dir nieder,

Und huldgend, auf rotem Sammetkissen,
Überreiche ich dir
Das bißchen Verstand,
Das mir aus Mitleid noch gelassen hat
Deine Vorgängerin im Reich.

II Abenddämmerung

Am blassen Meeresstrande
Saß ich gedankenbekümmert und einsam.
Die Sonne neigte sich tiefer, und warf
Glührote Streifen auf das Wasser,
Und die weißen, weiten Wellen,
Von der Flut gedrängt,
Schäumten und rauschten näher und näher –
Ein seltsam Geräusch, ein Flüstern und Pfeifen,
Ein Lachen und Murmeln, Seufzen und Sausen,
Dazwischen ein wiegenliedheimliches Singen –
Mir war als hört ich verschollne Sagen,
Uralte, liebliche Märchen,
Die ich einst, als Knabe,
Von Nachbarskindern vernahm,
Wenn wir am Sommerabend,
Auf den Treppensteinen der Haustür,
Zum stillen Erzählen niederkauerten,
Mit kleinen, horchenden Herzen
Und neugierklugen Augen; –
Während die großen Mädchen,
Neben duftenden Blumentöpfen,
Gegenüber am Fenster saßen,
Rosengesichter,
Lächelnd und mondbeglänzt.

III Sonnenuntergang

Die glühend rote Sonne steigt
Hinab ins weitaufschauernde,
Silbergraue Weltenmeer;
Luftgebilde, rosig angehaucht,
Wallen ihr nach; und gegenüber,
Aus herbstlich dämmernden Wolkenschleiern,
Ein traurig todblasses Antlitz,
Bricht hervor der Mond,
Und hinter ihm, Lichtfünkchen,
Nebelweit, schimmern die Sterne.

Einst am Himmel glänzten,
Ehlich vereint,
Luna, die Göttin, und Sol, der Gott,
Und es wimmelten um sie her die Sterne,
Die kleinen, unschuldigen Kinder.

Doch böse Zungen zischelten Zwiespalt,
Und es trennte sich feindlich
Das hohe, leuchtende Ehpaar.

Jetzt am Tage, in einsamer Pracht,
Ergeht sich dort oben der Sonnengott,
Ob seiner Herrlichkeit
Angebetet und vielbesungen
Von stolzen, glückgehärteten Menschen.
Aber des Nachts,
Am Himmel, wandelt Luna,
Die arme Mutter
Mit ihren verwaisten Sternenkindern,
Und sie glänzt in stiller Wehmut,
Und liebende Mädchen und sanfte Dichter
Weihen ihr Tränen und Lieder.

Die weiche Luna! Weiblich gesinnt,
Liebt sie noch immer den schönen Gemahl.
Gegen Abend, zitternd und bleich,
Lauscht sie hervor aus leichtem Gewölk,
Und schaut nach dem Scheidenden, schmerzlich,
Und möchte ihm ängstlich rufen: »Komm!
Komm! die Kinder verlangen nach dir –«
Aber der trotzige Sonnengott,
Bei dem Anblick der Gattin erglüht er
In doppeltem Purpur,
Vor Zorn und Schmerz,
Und unerbittlich eilt er hinab
In sein flutenkaltes Witwerbett.

* * *

Böse, zischelnde Zungen
Brachten also Schmerz und Verderben
Selbst über ewige Götter.
Und die armen Götter, oben am Himmel
Wandeln sie, qualvoll,
Trostlos unendliche Bahnen,
Und können nicht sterben,
Und schleppen mit sich
Ihr strahlendes Elend.

Ich aber, der Mensch,
Der niedriggepflanzte, der Tod-beglückte,
Ich klage nicht länger.

IV Die Nacht am Strande

Sternlos und kalt ist die Nacht,
Es gärt das Meer;
Und über dem Meer, platt auf dem Bauch,
Liegt der ungestaltete Nordwind,
Und heimlich, mit ächzend gedämpfter Stimme,
Wie'n störriger Griesgram, der gutgelaunt wird,
Schwatzt er ins Wasser hinein,
Und erzählt viel tolle Geschichten,
Riesenmärchen, totschlaglaunig,
Uralte Sagen aus Norweg,
Und dazwischen, weitschallend, lacht er und heult er
Beschwörungslieder der Edda,
Auch Runensprüche,
So dunkeltrotzig und zaubergewaltig,
Daß die weißen Meerkinder
Hochaufspringen und jauchzen,
Übermutberauscht.

Derweilen, am flachen Gestade,
Über den flutbefeuchteten Sand,
Schreitet ein Fremdling, mit einem Herzen,
Das wilder noch als Wind und Wellen.
Wo er hintritt,
Sprühen Funken und knistern die Muscheln;
Und er hüllt sich fest in den grauen Mantel,
Und schreitet rasch durch die wehende Nacht; –
Sicher geleitet vom kleinen Lichte,
Das lockend und lieblich schimmert
Aus einsamer Fischerhütte.

Vater und Bruder sind auf der See,
Und mutterseelallein blieb dort
In der Hütte die Fischertochter,
Die wunderschöne Fischertochter.
Am Herde sitzt sie,
Und horcht auf des Wasserkessels
Ahnungssüßes, heimliches Summen,
Und schüttet knisterndes Reisig ins Feuer,
Und bläst hinein,
Daß die flackernd roten Lichter
Zauberlieblich widerstrahlen
Auf das blühende Antlitz,
Auf die zarte, weiße Schulter,
Die rührend hervorlauscht
Aus dem groben, grauen Hemde,
Und auf die kleine, sorgsame Hand,
Die das Unterröckchen fester bindet
Um die feine Hüfte.

Aber plötzlich, die Tür springt auf,
Und es tritt herein der nächtige Fremdling;
Liebesicher ruht sein Auge
Auf dem weißen, schlanken Mädchen,
Das schauernd vor ihm steht,
Gleich einer erschrockenen Lilje;
Und er wirft den Mantel zur Erde,
Und lacht und spricht:

Siehst du, mein Kind, ich halte Wort,
Und ich komme, und mit mir kommt
Die alte Zeit, wo die Götter des Himmels
Niederstiegen zu Töchtern der Menschen,
Und die Töchter der Menschen umarmten,
Und mit ihnen zeugten
Zeptertragende Königsgeschlechter
Und Helden, Wunder der Welt.
Doch staune, mein Kind, nicht länger
Ob meiner Göttlichkeit,
Und ich bitte dich, koche mir Tee mit Rum,
Denn draußen wars kalt,
Und bei solcher Nachtluft
Frieren auch wir, wir ewigen Götter,
Und kriegen wir leicht den göttlichsten Schnupfen,
Und einen unsterblichen Husten.

V Poseidon

Die Sonnenlichter spielten
Über das weithinrollende Meer;
Fern auf der Reede glänzte das Schiff,
Das mich zur Heimat tragen sollte;
Aber es fehlte an gutem Fahrwind,
Und ich saß noch ruhig auf weißer Düne,
Am einsamen Strand,
Und ich las das Lied vom Odysseus,
Das alte, das ewig junge Lied,
Aus dessen meerdurchrauschten Blättern
Mir freudig entgegenstieg
Der Atem der Götter,
Und der leuchtende Menschenfrühling,
Und der blühende Himmel von Hellas.

Mein edles Herz begleitete treulich
Den Sohn des Laertes, in Irrfahrt und Drangsal,
Setzte sich mit ihm, seelenbekümmert,
An gastliche Herde,
Wo Königinnen Purpur spinnen,
Und half ihm lügen und glücklich entrinnen
Aus Riesenhöhlen und Nymphenarmen,
Folgte ihm nach in kimmerische Nacht,
Und in Sturm und Schiffbruch,
Und duldete mit ihm unsägliches Elend.

Seufzend sprach ich: Du böser Poseidon,
Dein Zorn ist furchtbar,
Und mir selber bangt
Ob der eignen Heimkehr.

Kaum sprach ich die Worte,
Da schäumte das Meer,
Und aus den weißen Wellen stieg
Das schilfbekränzte Haupt des Meergotts,
Und höhnisch rief er:

Fürchte dich nicht, Poetlein!
Ich will nicht im gringsten gefährden
Dein armes Schiffchen,
Und nicht dein liebes Leben beängstgen
Mit allzubedenklichem Schaukeln.
Denn du, Poetlein, hast nie mich erzürnt,
Du hast kein einziges Türmchen verletzt
An Priamos' heiliger Feste,
Kein einziges Härchen hast du versengt
Am Aug meines Sohns Polyphemos,
Und dich hat niemals ratend beschützt
Die Göttin der Klugheit, Pallas Athene.

Also rief Poseidon
Und tauchte zurück ins Meer;
Und über den groben Seemannswitz,
Lachten unter dem Wasser
Amphitrite, das plumpe Fischweib,
Und die dummen Töchter des Nereus.

VI Erklärung

Herangedämmert kam der Abend,
Wilder toste die Flut,
Und ich saß am Strand, und schaute zu
Dem weißen Tanz der Wellen,
Und meine Brust schwoll auf wie das Meer,
Und sehnend ergriff mich ein tiefes Heimweh
Nach dir, du holdes Bild,
Das überall mich umschwebt,
Und überall mich ruft,
Überall, überall,
Im Sausen des Windes, im Brausen des Meers,
Und im Seufzen der eigenen Brust.

Mit leichtem Rohr schrieb ich in den Sand:
»Agnes, ich liebe Dich!«
Doch böse Wellen ergossen sich
Über das süße Bekenntnis,
Und löschten es aus.

Zerbrechliches Rohr, zerstiebender Sand,
Zerfließende Wellen, Euch trau ich nicht mehr!
Der Himmel wird dunkler, mein Herz wird wilder,
Und mit starker Hand, aus Norwegs Wäldern,
Reiß ich die höchste Tanne,
Und tauche sie ein
In des Ätnas glühenden Schlund, und mit solcher
Feuergetränkten Riesenfeder
Schreib ich an die dunkle Himmelsdecke:
»Agnes, ich liebe Dich!«

Jedwede Nacht lodert alsdann
Dort oben die ewige Flammenschrift,
Und alle nachwachsende Enkelgeschlechter
Lesen jauchzend die Himmelsworte:
»Agnes, ich liebe Dich!«

VII Nachts in der Kajüte

Das Meer hat seine Perlen,
Der Himmel hat seine Sterne,
Aber mein Herz, mein Herz,
Mein Herz hat seine Liebe.

Groß ist das Meer und der Himmel,
Doch größer ist mein Herz,
Und schöner als Perlen und Sterne
Leuchtet und strahlt meine Liebe.

Du kleines, junges Mädchen,
Komm an mein großes Herz;
Mein Herz und das Meer und der Himmel
Vergehn vor lauter Liebe.

* * *

An die blaue Himmelsdecke,
Wo die schönen Sterne blinken,
Möcht ich pressen meine Lippen,
Pressen wild und stürmisch weinen.

Jene Sterne sind die Augen
Meiner Liebsten, tausendfältig
Schimmern sie und grüßen freundlich
Aus der blauen Himmelsdecke.
Nach der blauen Himmelsdecke,
Nach den Augen der Geliebten,
Heb ich andachtsvoll die Arme,
Und ich bitte und ich flehe:

Holde Augen, Gnadenlichter,
O, beseligt meine Seele,
Laßt mich sterben und erwerben
Euch und Euren ganzen Himmel!

* * *

Aus den Himmelsaugen droben,
Fallen zitternd goldne Funken
Durch die Nacht, und meine Seele
Dehnt sich liebeweit und weiter.

O, Ihr Himmelsaugen droben!
Weint Euch aus in meine Seele,
Daß von lichten Sternentränen
Überfließet meine Seele.

* * *

Eingewiegt von Meereswellen
Und von träumenden Gedanken,
Lieg ich still in der Kajüte,
In dem dunkeln Winkelbette.

Durch die offne Luke schau ich
Droben hoch die hellen Sterne,
Die geliebten, süßen Augen
Meiner süßen Vielgeliebten.

Die geliebten, süßen Augen
Wachen über meinem Haupte,
Und sie blinken und sie winken
Aus der blauen Himmelsdecke.

Nach der blauen Himmelsdecke
Schau ich selig lange Stunden,
Bis ein weißer Nebelschleier
Mir verhüllt die lieben Augen.

* * *

An die bretterne Schiffswand,
Wo mein träumendes Haupt liegt,
Branden die Wellen, die wilden Wellen.
Sie rauschen und murmeln
Mir heimlich ins Ohr:
»Betörter Geselle!

Dein Arm ist kurz, und der Himmel ist weit,
Und die Sterne droben sind festgenagelt,
Mit goldnen Nägeln, –
Vergebliches Sehnen, vergebliches Seufzen,
Das beste wäre, du schliefest ein.«

* * *

Es träumte mir von einer weiten Heide,
Weit überdeckt von stillem, weißem Schnee,
Und unterm weißen Schnee lag ich begraben
Und schlief den einsam kalten Todesschlaf.

Doch droben aus dem dunkeln Himmel schauten
Herunter auf mein Grab die Sternenaugen,
Die süßen Augen! und sie glänzten sieghaft
Und ruhig heiter, aber voller Liebe.

VIII Sturm

Es wütet der Sturm,
Und er peitscht die Wellen,
Und die Welln, wutschäumend und bäumend,
Türmen sich auf, und es wogen lebendig
Die weißen Wasserberge,
Und das Schifflein erklimmt sie,
Hastig mühsam,
Und plötzlich stürzt es hinab
In schwarze, weitgähnende Flutabgründe –

O Meer!
Mutter der Schönheit, der Schaumentstiegenen!
Großmutter der Liebe! schone meiner!
Schon flattert, leichenwitternd,
Die weiße, gespenstige Möwe,
Und wetzt an dem Mastbaum den Schnabel,
Und lechzt, voll Fraßbegier, nach dem Herzen,
Das vom Ruhm deiner Tochter ertönt,
Und das dein Enkel, der kleine Schalk,
Zum Spielzeug erwählt.

Vergebens mein Bitten und Flehn!
Mein Rufen verhallt im tosenden Sturm,
Im Schlachtlärm der Winde.
Es braust und pfeift und prasselt und heult,
Wie ein Tollhaus von Tönen!
Und zwischendurch hör ich vernehmbar
Lockende Harfenlaute,
Sehnsuchtwilden Gesang,
Seelenschmelzend und seelenzerreißend,
Und ich erkenne die Stimme.

Fern an schottischer Felsenküste,
Wo das graue Schlößlein hinausragt
Über die brandende See,
Dort, am hochgewölbten Fenster,
Steht eine schöne, kranke Frau,
Zartdurchsichtig und marmorblaß,
Und sie spielt die Harfe und singt,
Und der Wind durchwühlt ihre langen Locken,
Und trägt ihr dunkles Lied
Über das weite stürmende Meer.

IX Meeresstille

Meeresstille! Ihre Strahlen
Wirft die Sonne auf das Wasser,
Und im wogenden Geschmeide
Zieht das Schiff die grünen Furchen.

Bei dem Steuer liegt der Bootsmann
Auf dem Bauch, und schnarchet leise.
Bei dem Mastbaum, segelflickend,
Kauert der beteerte Schiffsjung.

Hinterm Schmutze seiner Wangen
Sprüht es rot, wehmütig zuckt es
Um das breite Maul, und schmerzlich
Schaun die großen, schönen Augen.

Denn der Kapitän steht vor ihm,
Tobt und flucht und schilt ihn: Spitzbub.
»Spitzbub! einen Hering hast du
Aus der Tonne mir gestohlen!«

Meeresstille! Aus den Wellen
Taucht hervor ein kluges Fischlein,
Wärmt das Köpfchen in der Sonne,
Plätschert lustig mit dem Schwänzchen.

Doch die Möwe, aus den Lüften,
Schießt herunter auf das Fischlein,
Und den raschen Raub im Schnabel,
Schwingt sie sich hinauf ins Blaue.

X Seegespenst

Ich aber lag am Rande des Schiffes,
Und schaute, träumenden Auges,
Hinab in das spiegelklare Wasser,
Und schaute tiefer und tiefer –
Bis tief, im Meeresgrunde,
Anfangs wie dämmernde Nebel,
Jedoch allmählig farbenbestimmter,
Kirchenkuppel und Türme sich zeigten,
Und endlich, sonnenklar, eine ganze Stadt,
Altertümlich niederländisch,
Und menschenbelebt.
Bedächtige Männer, schwarzbemäntelt,
Mit weißen Halskrausen und Ehrenketten
Und langen Degen und langen Gesichtern,
Schreiten über den wimmelnden Marktplatz,
Nach dem treppenhohen Rathaus,
Wo steinerne Kaiserbilder
Wacht halten mit Zepter und Schwert.

Unferne, vor langen Häuser-Reihn,
Wo spiegelblanke Fenster
Und pyramidisch beschnittene Linden,
Wandeln seidenrauschende Jungfern,
Schlanke Leibchen, die Blumengesichter
Sittsam umschlossen von schwarzen Mützchen
Und hervorquellendem Goldhaar.
Bunte Gesellen, in spanischer Tracht,
Stolzieren vorüber und nicken.
Bejahrte Frauen,
In braunen, verschollnen Gewändern,
Gesangbuch und Rosenkranz in der Hand,

Eilen, trippelnden Schritts,
Nach dem großen Dome,
Getrieben von Glockengeläute
Und rauschendem Orgelton.

Mich selbst ergreift des fernen Klangs
Geheimnisvoller Schauer!
Unendliches Sehnen, tiefe Wehmut,
Beschleicht mein Herz,
Mein kaum geheiltes Herz; –
Mir ist als würden seine Wunden
Von lieben Lippen aufgeküßt,
Und täten wieder bluten, –
Heiße, rote Tropfen,
Die lang und langsam niederfalln
Auf ein altes Haus, dort unten
In der tiefen Meerstadt,
Auf ein altes, hochgegiebeltes Haus,
Das melancholisch menschenleer ist,
Nur daß am untern Fenster
Ein Mädchen sitzt,
Den Kopf auf den Arm gestützt,
Wie ein armes, vergessenes Kind –
Und ich kenne dich armes, vergessenes Kind!

So tief, meertief also
Verstecktest du dich vor mir,
Aus kindischer Laune,
Und konntest nicht mehr herauf,
Und saßest fremd unter fremden Leuten,
Jahrhunderte lang,
Derweilen ich, die Seele voll Gram,
Auf der ganzen Erde dich suchte,
Und immer dich suchte,

Du Immergeliebte,
Du Längstverlorene,
Du Endlichgefundene –
Ich hab dich gefunden und schaue wieder
Dein süßes Gesicht,
Die klugen, treuen Augen,
Das liebe Lächeln –
Und nimmer will ich dich wieder verlassen,
Und ich komme hinab zu dir,
Und mit ausgebreiteten Armen
Stürz ich hinab an dein Herz –

Aber zur rechten Zeit noch
Ergriff mich beim Fuß der Kapitän,
Und zog mich vom Schiffsrand,
Und rief, ärgerlich lachend:
Doktor, sind Sie des Teufels?

XI Reinigung

Bleib du in deiner Meerestiefe,
Wahnsinniger Traum,
Der du einst so manche Nacht
Mein Herz mit falschem Glück gequält hast,
Und jetzt, als See-Gespenst,
Sogar am hellen Tag mich bedrohest –
Bleib du dort unten, in Ewigkeit,
Und ich werfe noch zu dir hinab
All meine Schmerzen und Sünden,
Und die Schellenkappe der Torheit,
Die so lange mein Haupt umklingelt,
Und die kalte, gleißende Schlangenhaut
Der Heuchelei,
Die mir so lang die Seele umwunden,
Die kranke Seele,
Die gottverleugnende, engelverleugnende,
Unselige Seele –
Hoiho! hoiho! Da kommt der Wind!
Die Segel auf! Sie flattern und schwelln!
Über die stillverderbliche Fläche
Eilet das Schiff,
Und es jauchzt die befreite Seele.

XII Frieden

Hoch am Himmel stand die Sonne,
Von weißen Wolken umwogt,
Das Meer war still,
Und sinnend lag ich am Steuer des Schiffes,
Träumerisch sinnend, – und halb im Wachen
Und halb im Schlummer, schaute ich Christus,
Den Heiland der Welt.
Im wallend weißen Gewande
Wandelt' er riesengroß
Über Land und Meer;
Es ragte sein Haupt in den Himmel,
Die Hände streckte er segnend
Über Land und Meer;
Und als ein Herz in der Brust
Trug er die Sonne,
Die rote, flammende Sonne,
Und das rote, flammende Sonnenherz
Goß seine Gnadenstrahlen
Und sein holdes, liebseliges Licht,
Erleuchtend und wärmend,
Über Land und Meer.

Glockenklänge zogen feierlich
Hin und her, zogen wie Schwäne,
An Rosenbändern, das gleitende Schiff,
Und zogen es spielend ans grüne Ufer,
Wo Menschen wohnen, in hochgetürmter,
Ragender Stadt.

O Friedenswunder! Wie still die Stadt!
Es ruhte das dumpfe Geräusch
Der schwatzenden, schwülen Gewerbe,
Und durch die reinen, hallenden Straßen
Wandelten Menschen, weißgekleidete,
Palmzweigtragende,
Und wo sich zwei begegneten,
Sahn sie sich an, verständnisinnig,
Und schauernd, in Liebe und süßer Entsagung,
Küßten sie sich auf die Stirne,
Und schauten hinauf
Nach des Heilands Sonnenherzen,
Das freudig versöhnend sein rotes Blut
Hinunterstrahlte,
Und dreimalselig sprachen sie:
Gelobt sei Jesu Christ!

ZWEITER ZYKLUS

I Meergruß

Thalatta! Thalatta!
Sei mir gegrüßt, du ewiges Meer!
Sei mir gegrüßt zehntausendmal,
Aus jauchzendem Herzen,
Wie einst dich begrüßten
Zehntausend Griechenherzen,
Unglückbekämpfende, heimatverlangende,
Weltberühmte Griechenherzen.

Es wogten die Fluten,
Sie wogten und brausten,
Die Sonne goß eilig herunter
Die spielenden Rosenlichter,
Die aufgescheuchten Möwenzüge
Flatterten fort, lautschreiend,
Es stampften die Rosse, es klirrten die Schilde,
Und weithin erscholl es, wie Siegesruf:
Thalatta! Thalatta!

Sei mir gegrüßt, du ewiges Meer!
Wie Sprache der Heimat rauscht mir dein Wasser,
Wie Träume der Kindheit seh ich es flimmern
Auf deinem wogenden Wellengebiet,
Und alte Erinnrung erzählt mir aufs neue
Von all dem lieben, herrlichen Spielzeug,
Von all den blinkenden Weihnachtsgaben,
Von all den roten Korallenbäumen,
Goldfischchen, Perlen und bunten Muscheln,
Die du geheimnisvoll bewahrst,
Dort unten im klaren Kristallhaus.

O! wie hab ich geschmachtet in öder Fremde!
Gleich einer welken Blume
In des Botanikers blecherner Kapsel,
Lag mir das Herz in der Brust.
Mir ist, als saß ich winterlange,
Ein Kranker, in dunkler Krankenstube,
Und nun verlaß ich sie plötzlich,
Und blendend strahlt mir entgegen
Der schmaragdene Frühling, der sonnengeweckte,
Und es rauschen die weißen Blütenbäume,
Und die jungen Blumen schauen mich an,
Mit bunten, duftenden Augen,
Und es duftet und summt, und atmet und lacht,
Und im blauen Himmel singen die Vöglein –
Thalatta! Thalatta!

Du tapferes Rückzugherz!
Wie oft, wie bitteroft
Bedrängten dich des Nordens Barbarinnen!
Aus großen, siegenden Augen
Schossen sie brennende Pfeile;
Mit krummgeschliffenen Worten
Drohten sie mir die Brust zu spalten;
Mit Keilschriftbilletts zerschlugen sie mir
Das arme, betäubte Gehirn –
Vergebens hielt ich den Schild entgegen,
Die Pfeile zischten, die Hiebe krachten,
Und von des Nordens Barbarinnen
Ward ich gedrängt bis ans Meer,
Und frei aufatmend begrüß ich das Meer,
Das liebe, rettende Meer –
Thalatta! Thalatta!

II Gewitter

Dumpf liegt auf dem Meer das Gewitter,
Und durch die schwarze Wolkenwand
Zuckt der zackige Wetterstrahl,
Rasch aufleuchtend und rasch verschwindend,
Wie ein Witz aus dem Haupte Kronions.
Über das wüste, wogende Wasser
Weithin rollen die Donner
Und springen die weißen Wellenrosse,
Die Boreas selber gezeugt
Mit des Erichthons reizenden Stuten,
Und es flattert ängstlich das Seegevögel,
Wie Schattenleichen am Styx,
Die Charon abwies vom nächtlichen Kahn.

Armes, lustiges Schifflein,
Das dort dahintanzt den schlimmsten Tanz!
Äolus schickt ihm die flinksten Gesellen,
Die wild aufspielen zum fröhlichen Reigen;
Der eine pfeift, der andre bläst,
Der dritte streicht den dumpfen Brummbaß –
Und der schwankende Seemann steht am Steuer,
Und schaut beständig nach der Bussole,
Der zitternden Seele des Schiffes,
Und hebt die Hände flehend zum Himmel:
O rette mich, Castor, reisiger Held,
Und Du, Kämpfer der Faust, Polydeukes!

III Der Schiffbrüchige

Hoffnung und Liebe! Alles zertrümmert!
Und ich selber, gleich einer Leiche,
Die grollend ausgeworfen das Meer,
Lieg ich am Strande,
Am öden, kahlen Strande.
Vor mir woget die Wasserwüste,
Hinter mir liegt nur Kummer und Elend,
Und über mich hin ziehen die Wolken,
Die formlos grauen Töchter der Luft,
Die aus dem Meer, in Nebeleimern,
Das Wasser schöpfen,
Und es mühsam schleppen und schleppen,
Und es wieder verschütten ins Meer,
Ein trübes, langweilges Geschäft,
Und nutzlos, wie mein eignes Leben.

Die Wogen murmeln, die Möwen schrillen,
Alte Erinnrungen wehen mich an,
Vergessene Träume, erloschene Bilder,
Qualvoll süße, tauchen hervor!

Es lebt ein Weib im Norden,
Ein schönes Weib, königlich schön.
Die schlanke Zypressengestalt
Umschließt ein lüstern weißes Gewand;
Die dunkle Lockenfülle,
Wie eine selige Nacht,
Von dem flechtengekrönten Haupt sich ergießend,
Ringelt sich träumerisch süß
Um das süße, blasse Antlitz;
Und aus dem süßen, blassen Antlitz,
Groß und gewaltig, strahlt ein Auge,
Wie eine schwarze Sonne.

O, du schwarze Sonne, wie oft,
Entzückend oft, trank ich aus dir
Die wilden Begeistrungsflammen,
Und stand und taumelte, feuerberauscht –
Dann schwebte ein taubenmildes Lächeln
Um die hochgeschürzten, stolzen Lippen,
Und die hochgeschürzten, stolzen Lippen
Hauchten Worte, süß wie Mondlicht,
Und zart wie der Duft der Rose –
Und meine Seele erhob sich
Und flog, wie ein Aar, hinauf in den Himmel!

Schweigt, ihr Wogen und Möwen!
Vorüber ist alles, Glück und Hoffnung,
Hoffnung und Liebe! Ich liege am Boden,
Ein öder, schiffbrüchiger Mann,
Und drücke mein glühendes Antlitz
In den feuchten Sand.

IV Untergang der Sonne

Die schöne Sonne
Ist ruhig hinabgestiegen ins Meer;
Die wogenden Wasser sind schon gefärbt
Von der dunkeln Nacht,
Nur noch die Abendröte
Überstreut sie mit goldnen Lichtern;
Und die rauschende Flutgewalt
Drängt ans Ufer die weißen Wellen,
Die lustig und hastig hüpfen,
Wie wollige Lämmerherden,
Die abends der singende Hirtenjunge
Nach Hause treibt.

Wie schön ist die Sonne!
So sprach nach langem Schweigen der Freund,
Der mit mir am Strande wandelte,
Und scherzend halb und halb wehmütig,
Versichert' er mir: die Sonne sei
Eine schöne Frau, die den alten Meergott
Aus Konvenienz geheiratet;
Des Tages über wandle sie freudig
Am hohen Himmel, purpurgeputzt,
Und diamantenblitzend,
Und allgeliebt und allbewundert
Von allen Weltkreaturen,
Und alle Weltkreaturen erfreuend
Mit ihres Blickes Licht und Wärme;
Aber des Abends, trostlos gezwungen,
Kehre sie wieder zurück
In das nasse Haus, in die öden Arme
Des greisen Gemahls.

»Glaub mirs« – setzte hinzu der Freund,
Und lachte und seufzte und lachte wieder –
»Die führen dort unten die zärtlichste Ehe!
Entweder sie schlafen oder sie zanken sich,
Daß hochaufbraust hier oben das Meer,
Und der Schiffer im Wellengeräusch es hört
Wie der Alte sein Weib ausschilt:
›Runde Metze des Weltalls!
Strahlenbuhlende!
Den ganzen Tag glühst du für andre,
Und nachts, für mich, bist du frostig und müde!‹«

Nach solcher Gardinenpredigt,
Versteht sich! bricht dann aus in Tränen
Die stolze Sonne und klagt ihr Elend,
Und klagt so jammerlang, daß der Meergott
Plötzlich verzweiflungsvoll aus dem Bett springt,
Und schnell nach der Meeresfläche herauf schwimmt,
Um Luft und Besinnung zu schöpfen.

So sah ich ihn selbst, verflossene Nacht,
Bis an die Brust dem Meer enttauchen.
Er trug eine Jacke von gelbem Flanell,
Und eine liljenweiße Schlafmütz,
Und ein abgewelktes Gesicht.

V Der Gesang der Okeaniden

Abendlich blasser wird es am Meer,
Und einsam, mit seiner einsamen Seele,
Sitzt dort ein Mann auf dem kahlen Strand,
Und schaut, todkalten Blickes, hinauf
Nach der weiten, todkalten Himmelswölbung,
Und schaut auf das weite, wogende Meer –
Und über das weite, wogende Meer,
Lüftesegler, ziehn seine Seufzer,
Und kehren zurück, trübselig,
Und hatten verschlossen gefunden das Herz,
Worin sie ankern wollten –
Und er stöhnt so laut, daß die weißen Möwen,
Aufgescheucht aus den sandigen Nestern,
Ihn herdenweis umflattern,
Und er spricht zu ihnen die lachenden Worte:

»Schwarzbeinigte Vögel,
Mit weißen Flügeln meerüberflatternde,
Mit krummen Schnäbeln seewassersaufende,
Und tranigtes Robbenfleisch fressende,
Eur Leben ist bitter wie Eure Nahrung!
Ich aber, der Glückliche, koste nur Süßes!
Ich koste den süßen Duft der Rose,
Der mondscheingefütterten Nachtigallbraut;
Ich koste noch süßeres Zuckerbackwerk,
Gefüllt mit geschlagener Sahne;
Und das Allersüßeste kost ich,
Süße Liebe und süßes Geliebtsein.

Sie liebt mich! Sie liebt mich! die holde Jungfrau!
Jetzt steht sie daheim, am Erker des Hauses,
Und schaut in die Dämmrung hinaus, auf die Landstraß,
Und horcht, und sehnt sich nach mir – wahrhaftig!
Vergebens späht sie umher und sie seufzet,
Und seufzend steigt sie hinab in den Garten,
Und wandelt in Duft und Mondschein,
Und spricht mit den Blumen, erzählet ihnen,
Wie ich, der Geliebte, so lieblich bin
Und so liebenswürdig – wahrhaftig!
Nachher im Bette, im Schlafe, im Traum,
Umgaukelt sie selig mein teures Bild,
Sogar des Morgens, beim Frühstück,
Auf dem glänzenden Butterbrote,
Sieht sie mein lächelndes Antlitz,
Und sie frißt es auf vor Liebe – wahrhaftig!«

Also prahlt er und prahlt er,
Und zwischendrein schrillen die Möwen,
Wie kaltes, ironisches Kichern.
Die Dämmrungsnebel steigen herauf;
Aus violettem Gewölk, unheimlich,
Schaut hervor der grasgelbe Mond;
Hochaufrauschen die Meereswogen,
Und tief aus hochaufrauschendem Meer,
Wehmütig wie flüsternder Windzug,
Tönt der Gesang der Okeaniden,
Der schönen, mitleidigen Wasserfraun,
Vor allen vernehmbar die liebliche Stimme
Der silberfüßigen Peleus-Gattin,
Und sie seufzen und singen:

O Tor, du Tor, du prahlender Tor!
Du kummergequälter!
Dahingemordet sind all deine Hoffnungen,
Die tändelnden Kinder des Herzens,
Und ach! dein Herz, Nioben gleich,
Versteinert vor Gram!
In deinem Haupte wirds Nacht,
Und es zucken hindurch die Blitze des Wahnsinns,
Und du prahlst vor Schmerzen!
O Tor, du Tor, du prahlender Tor!
Halsstarrig bist du wie dein Ahnherr,
Der hohe Titane, der himmlisches Feuer
Den Göttern stahl und den Menschen gab,
Und geiergequälet, felsengefesselt,
Olympauftrotzte und trotzte und stöhnte,
Daß wir es hörten im tiefen Meer
Und zu ihm kamen mit Trostgesang.
O Tor, du Tor, du prahlender Tor!
Du aber bist ohnmächtiger noch,
Und es wäre vernünftig, du ehrtest die Götter,
Und trügest geduldig die Last des Elends,
Und trügest geduldig so lange, so lange,
Bis Atlas selbst die Geduld verliert
Und die schwere Welt von den Schultern abwirft
In die ewige Nacht.

So scholl der Gesang der Okeaniden,
Der schönen mitleidigen Wasserfraun,
Bis lautere Wogen ihn überrauschten –
Hinter die Wolken zog sich der Mond,
Es gähnte die Nacht,
Und ich saß noch lange im Dunkeln und weinte.

VI Die Götter Griechenlands

Vollblühender Mond! In deinem Licht,
Wie fließendes Gold, erglänzt das Meer;
Wie Tagesklarheit, doch dämmrig verzaubert,
Liegts über der weiten Strandesfläche;
Und am hellblaun, sternlosen Himmel
Schweben die weißen Wolken,
Wie kolossale Götterbilder
Von leuchtendem Marmor.

Nein, nimmermehr, das sind keine Wolken!
Das sind sie selber, die Götter von Hellas,
Die einst so freudig die Welt beherrschten,
Doch jetzt, verdrängt und verstorben,
Als ungeheure Gespenster dahinziehn
Am mitternächtlichen Himmel.

Staunend, und seltsam geblendet, betracht ich
Das luftige Pantheon,
Die feierlich stummen, graunhaft bewegten
Riesengestalten.
Der dort ist Kronion, der Himmelskönig,
Schneeweiß sind die Locken des Haupts,
Die berühmten, olymposerschütternden Locken.
Er hält in der Hand den erloschenen Blitz,
In seinem Antlitz liegt Unglück und Gram,
Und doch noch immer der alte Stolz.
Das waren bessere Zeiten, o Zeus,
Als du dich himmlisch ergötztest
An Knaben und Nymphen und Hekatomben;
Doch auch die Götter regieren nicht ewig,
Die jungen verdrängen die alten,
Wie du einst selber den greisen Vater
Und deine Titanen-Öhme verdrängt hast,
Jupiter Parricida!

Auch dich erkenn ich, stolze Juno!
Trotz all deiner eifersüchtigen Angst,
Hat doch eine andre das Zepter gewonnen,
Und du bist nicht mehr die Himmelskongin,
Und dein großes Aug ist erstarrt,
Und deine Liljenarme sind kraftlos,
Und nimmermehr trifft deine Rache
Die gottbefruchtete Jungfrau
Und den wundertätigen Gottessohn.
Auch dich erkenn ich, Pallas Athene!
Mit Schild und Weisheit konntest du nicht
Abwehren das Götterverderben?
Auch dich erkenn ich, auch dich, Aphrodite,
Einst die goldene! jetzt die silberne!
Zwar schmückt dich noch immer des Gürtels Liebreiz,
Doch graut mir heimlich vor deiner Schönheit,
Und wollt mich beglücken dein gütiger Leib,
Wie andere Helden, ich stürbe vor Angst –
Als Leichengöttin erscheinst du mir,
Venus Libitina!

Nicht mehr mit Liebe blickt nach dir,
Dort, der schreckliche Ares.
Es schaut so traurig Phöbos Apollo,
Der Jüngling. Es schweigt seine Leir,
Die so freudig erklungen beim Göttermahl.
Noch trauriger schaut Hephaistos,
Und wahrlich, der Hinkende! nimmermehr
Fällt er Heben ins Amt,
Und schenkt geschäftig, in der Versammlung,
Den lieblichen Nektar – Und längst ist erloschen
Das unauslöschliche Göttergelächter.

Ich hab Euch niemals geliebt, Ihr Götter!
Denn widerwärtig sind mir die Griechen,
Und gar die Römer sind mir verhaßt.
Doch heilges Erbarmen und schauriges Mitleid
Durchströmt mein Herz,
Wenn ich Euch jetzt dadroben schaue,
Verlassene Götter,
Tote, nachtwandelnde Schatten,
Nebelschwache, die der Wind verscheucht –
Und wenn ich bedenke, wie feig und windig
Die Götter sind, die euch besiegten,
Die neuen, herrschenden, tristen Götter,
Die Schadenfrohen im Schafspelz der Demut –
O da faßt mich ein düsterer Groll,
Und brechen möcht ich die neuen Tempel,
Und kämpfen für Euch, Ihr alten Götter,
Für Euch und Eur gutes, ambrosisches Recht,
Und vor Euren hohen Altären,
Den wiedergebauten, den opferdampfenden,
Möcht ich selber knieen und beten,
Und flehend die Arme erheben –
Denn, immerhin, Ihr alten Götter,
Habt Ihrs auch ehmals, in Kämpfen der Menschen,
Stets mit der Partei der Sieger gehalten,
So ist doch der Mensch großmütger als Ihr,
Und in Götterkämpfen halt ich es jetzt
Mit der Partei der besiegten Götter.

* * *

Also sprach ich, und sichtbar erröteten
Droben die blassen Wolkengestalten,
Und schauten mich an wie Sterbende,
Schmerzenverklärt, und schwanden plötzlich.
Der Mond verbarg sich eben
Hinter Gewölk, das dunkler heranzog;
Hochaufrauschte das Meer,
Und siegreich traten hervor am Himmel
Die ewigen Sterne.

VII Fragen

Am Meer, am wüsten, nächtlichen Meer
Steht ein Jüngling-Mann,
Die Brust voll Wehmut, das Haupt voll Zweifel,
Und mit düstern Lippen fragt er die Wogen:

»O löst mir das Rätsel des Lebens,
Das qualvoll uralte Rätsel,
Worüber schon manche Häupter gegrübelt,
Häupter in Hieroglyphenmützen,
Häupter in Turban und schwarzem Barett,
Perückenhäupter und tausend andre
Arme, schwitzende Menschenhäupter –
Sagt mir, was bedeutet der Mensch?
Woher ist er kommen? Wo geht er hin?
Wer wohnt dort oben auf goldenen Sternen?«

Es murmeln die Wogen ihr ewges Gemurmel,
Es wehet der Wind, es fliehen die Wolken,
Es blinken die Sterne, gleichgültig und kalt,
Und ein Narr wartet auf Antwort.

VIII Der Phönix

Es kommt ein Vogel geflogen aus Westen,
Er fliegt gen Osten,
Nach der östlichen Gartenheimat,
Wo Spezereien duften und wachsen,
Und Palmen rauschen und Brunnen kühlen –
Und fliegend singt der Wundervogel:

»Sie liebt ihn! sie liebt ihn!
Sie trägt sein Bildnis im kleinen Herzen,
Und trägt es süß und heimlich verborgen,
Und weiß es selbst nicht!
Aber im Traume steht er vor ihr,
Sie bittet und weint und küßt seine Hände,
Und ruft seinen Namen,
Und rufend erwacht sie und liegt erschrocken,
Und reibt sich verwundert die schönen Augen –
Sie liebt ihn! sie liebt ihn!«

* * *

An den Mastbaum gelehnt, auf dem hohen Verdeck,
Stand ich und hört ich des Vogels Gesang.
Wie schwarzgrüne Rosse mit silbernen Mähnen,
Sprangen die weißgekräuselten Wellen;
Wie Schwänenzüge schifften vorüber,
Mit schimmernden Segeln, die Helgolander,
Die kecken Nomaden der Nordsee;
Über mir, in dem ewigen Blau,
Flatterte weißes Gewölk
Und prangte die ewige Sonne,
Die Rose des Himmels, die feuerblühende,
Die freudvoll im Meer sich bespiegelte; –
Und Himmel und Meer und mein eigenes Herz
Ertönten im Nachhall:
Sie liebt ihn! sie liebt ihn!

IX Im Hafen

Glücklich der Mann, der den Hafen erreicht hat,
Und hinter sich ließ das Meer und die Stürme,
Und jetzo warm und ruhig sitzt
Im guten Ratskeller zu Bremen.

Wie doch die Welt so traulich und lieblich
Im Römerglas sich widerspiegelt,
Und wie der wogende Mikrokosmus
Sonnig hinabfließt ins durstige Herz!
Alles erblick ich im Glas,
Alte und neue Völkergeschichte,
Türken und Griechen, Hegel und Gans,
Zitronenwälder und Wachtparaden,
Berlin und Schilda und Tunis und Hamburg,
Vor allem aber das Bild der Geliebten,
Das Engelköpfchen auf Rheinweingoldgrund.

O, wie schön! wie schön bist du, Geliebte!
Du bist wie eine Rose!
Nicht wie die Rose von Schiras,
Die hafisbesungene Nachtigallbraut;
Nicht wie die Rose von Saron,
Die heiligrote, prophetengefeierte; –
Du bist wie die Ros im Ratskeller zu Bremen!
Das ist die Rose der Rosen,
Je älter sie wird, je lieblicher blüht sie,
Und ihr himmlischer Duft, er hat mich beseligt,
Er hat mich begeistert, er hat mich berauscht,
Und hielt mich nicht fest, am Schopfe fest,
Der Ratskellermeister von Bremen,
Ich wäre gepurzelt!

Der brave Mann! wir saßen beisammen
Und tranken wie Brüder,
Wir sprachen von hohen, heimlichen Dingen,
Wir seufzten und sanken uns in die Arme,
Und er hat mich bekehrt zum Glauben der Liebe, –
Ich trank auf das Wohl meiner bittersten Feinde,
Und allen schlechten Poeten vergab ich,
Wie einst mir selber vergeben soll werden, –
Ich weinte vor Andacht, und endlich
Erschlossen sich mir die Pforten des Heils,
Wo die zwölf Apostel, die heilgen Stückfässer,
Schweigend predgen, und doch so verständlich
Für alle Völker.

Das sind Männer!
Unscheinbar von außen, in hölzernen Röcklein,
Sind sie von innen schöner und leuchtender
Denn all die stolzen Leviten des Tempels
Und des Herodes Trabanten und Höflinge,
Die goldgeschmückten, die purpurgekleideten –
Hab ich doch immer gesagt,
Nicht unter ganz gemeinen Leuten,
Nein, in der allerbesten Gesellschaft,
Lebte beständig der König des Himmels!

Hallelujah! Wie lieblich umwehen mich
Die Palmen von Beth El!
Wie duften die Myrrhen vom Hebron!
Wie rauscht der Jordan und taumelt vor Freude!
Auch meine unsterbliche Seele taumelt,
Und ich taumle mit ihr und taumelnd
Bringt mich die Treppe hinauf, ans Tagslicht,
Der brave Ratskellermeister von Bremen.
Du braver Ratskellermeister von Bremen!

Siehst du, auf den Dächern der Häuser sitzen
Die Engel und sind betrunken und singen;
Die glühende Sonne dort oben
Ist nur eine rote, betrunkene Nase,
Die Nase des Weltgeists;
Und um die rote Weltgeist-Nase
Dreht sich die ganze, betrunkene Welt.

X Epilog

Wie auf dem Felde die Weizenhalmen,
So wachsen und wogen im Menschengeist
Die Gedanken.
Aber die zarten Gedanken der Liebe
Sind wie lustig dazwischenblühende,
Rot und blaue Blumen.

Rot und blaue Blumen!
Der mürrische Schnitter verwirft Euch als nutzlos,
Hölzerne Flegel zerdreschen Euch höhnend,
Sogar der hablose Wanderer,
Den Eur Anblick ergötzt und erquickt,
Schüttelt das Haupt,
Und nennt Euch schönes Unkraut.
Aber die ländliche Jungfrau,
Die Kränzewinderin,
Verehrt Euch und pflückt Euch,
Und schmückt mit Euch die schönen Locken,
Und also geziert, eilt sie zum Tanzplatz,
Wo Pfeifen und Geigen lieblich ertönen,
Oder zur stillen Buche,
Wo die Stimme des Liebsten noch lieblicher tönt
Als Pfeifen und Geigen.

Die Nordsee. 1825–1826.

NORDERNEY

– – – Die Eingeborenen sind meistens blutarm und leben vom Fischfang, der erst im nächsten Monat, im Oktober, bei stürmischem Wetter, seinen Anfang nimmt. Viele dieser Insulaner dienen auch als Matrosen auf fremden Kauffahrteischiffen und bleiben jahrelang vom Hause entfernt, ohne ihren Angehörigen irgendeine Nachricht von sich zukommen zu lassen. Nicht selten finden sie den Tod auf dem Wasser. Ich habe einige arme Weiber auf der Insel gefunden, deren ganze männliche Familie solcherweise umgekommen; was sich leicht ereignet, da der Vater mit seinen Söhnen gewöhnlich auf demselben Schiffe zur See fährt. Das Seefahren hat für diese Menschen einen großen Reiz; und dennoch, glaube ich, daheim ist ihnen allen am wohlsten zumute. Sind sie auch auf ihren Schiffen sogar nach jenen südlichen Ländern gekommen, wo die Sonne blühender und der Mond romantischer leuchtet, so können doch alle Blumen dort nicht den Leck ihres Herzens stopfen, und mitten in der duftigen Heimat des Frühlings sehnen sie sich wieder zurück nach ihrer Sandinsel, nach ihren kleinen Hütten, nach dem flackernden Herde, wo die Ihrigen, wohlverwahrt in wollenen Jakken, herumkauern, und einen Tee trinken, der sich von gekochtem Seewasser nur durch den Namen unterscheidet, und eine Sprache schwatzen, wovon kaum begreiflich scheint, wie es ihnen selber möglich ist, sie zu verstehen.

Was diese Menschen so fest und genügsam zusammenhält, ist nicht so sehr das innig mystische Gefühl der Liebe, als vielmehr die Gewohnheit, das naturgemäße Ineinander-Hinüberleben, die gemeinschaftliche Unmittelbarkeit. Gleiche Geisteshöhe, oder, besser gesagt, Geistesniedrigkeit, daher gleiche Bedürfnisse und gleiches Streben; gleiche Erfahrungen und Gesinnungen, daher leichtes Verständnis untereinander; und sie sitzen verträglich am Feuer in den kleinen Hütten, rücken zusammen, wenn es kalt wird, an den Augen sehen sie sich ab, was sie denken, die Worte lesen sie sich von den Lippen, ehe sie gesprochen worden, alle gemeinsamen Lebensbeziehungen sind ihnen im Gedächtnisse, und durch einen einzigen Laut, eine einzige Miene, eine einzige stumme Bewegung erregen sie untereinander so viel Lachen, oder Weinen, oder Andacht, wie wir bei unseresgleichen erst durch lange Expositionen, Expektorationen und Deklamationen hervorbringen können. Denn wir leben im Grunde geistig einsam, durch eine besondere Erziehungsmethode oder zufällig gewählte, besondere Lektüre hat jeder von uns eine verschiedene Charakterrichtung empfangen, jeder von uns, geistig verlarvt, denkt, fühlt und strebt anders als die andern, und des Mißverständnisses wird so viel, und selbst in weiten Häusern wird das Zusammenleben so schwer, und wir sind überall beengt, überall fremd, und überall in der Fremde.

In jenem Zustande der Gedanken- und Gefühlsgleichheit, wie wir ihn bei unseren Insulanern sehen, lebten oft ganze Völker und haben oft ganze Zeitalter gelebt. Die römisch-christliche Kirche im Mittelalter hat vielleicht einen solchen Zustand in den Korporationen des ganzen Europa begründen wollen, und nahm deshalb alle Lebensbeziehungen, alle Kräfte und Erscheinungen, den ganzen physischen und moralischen Menschen unter ihre Vormundschaft. Es läßt sich nicht leugnen, daß viel ruhiges Glück dadurch gegründet ward und das Leben warm-inniger blühte, und die Künste, wie still hervorgewachsene Blumen, jene Herrlichkeit entfalteten, die wir noch jetzt anstaunen, und mit all unserem hastigen Wissen nicht nachahmen können. Aber der Geist hat seine ewigen Rechte, er läßt sich nicht eindämmen durch Satzungen und nicht einlullen durch Glockengeläute; er zerbrach seinen Kerker und zerriß das eiserne Gängelband, woran ihn die Mutterkirche leitete, und er jagte im Befreiungstaumel über die ganze Erde, erstieg die höchsten Gipfel der Berge, jauchzte vor Übermut, gedachte wieder uralter Zweifel, grübelte über die Wunder des Tages, und zählte die Sterne der Nacht. Wir kennen noch nicht die Zahl der Sterne, die Wunder des Tages haben wir noch nicht enträtselt, die alten Zweifel sind mächtig geworden in unserer Seele – ist jetzt mehr Glück darin, als ehemals? Wir wissen, daß diese Frage, wenn sie den großen Haufen betrifft, nicht leicht bejaht werden kann; aber wir wissen auch, daß ein Glück, das wir der Lüge verdanken, kein wahres Glück ist, und daß wir, in den einzelnen zerrissenen

Momenten eines gottgleicheren Zustandes, einer höheren Geisteswürde, mehr Glück empfinden können, als in den lang hinvegetierten Jahren eines dumpfen Köhlerglaubens.

Auf jeden Fall war jene Kirchenherrschaft eine Unterjochung der schlimmsten Art. Wer bürgte uns für die gute Absicht, wie ich sie eben ausgesprochen? Wer kann beweisen, daß sich nicht zuweilen eine schlimme Absicht beimischte? Rom wollte immer herrschen, und als seine Legionen fielen, sandte es Dogmen in die Provinzen. Wie eine Riesenspinne saß Rom im Mittelpunkte der lateinischen Welt und überzog sie mit seinem unendlichen Gewebe. Generationen der Völker lebten darunter ein beruhigtes Leben, indem sie das für einen nahen Himmel hielten, was bloß römisches Gewebe war; nur der höherstrebende Geist, der dieses Gewebe durchschaute, fühlte sich beengt und elend, und wenn er hindurchbrechen wollte, erhaschte ihn leicht die schlaue Weberin, und sog ihm das kühne Blut aus dem Herzen; – und war das Traumglück der blöden Menge nicht zu teuer erkauft für solches Blut? Die Tage der Geistesknechtschaft sind vorüber; alterschwach, zwischen den gebrochenen Pfeilern ihres Colisäums, sitzt die alte Kreuzspinne, und spinnt noch immer das alte Gewebe, aber es ist matt und morsch, und es verfangen sich darin nur Schmetterlinge und Fledermäuse, und nicht mehr die Steinadler des Nordens.

– Es ist doch wirklich belächelnswert, während ich im Begriff bin, mich so recht wohlwollend über die Absichten der römischen Kirche zu verbreiten, erfaßt mich plötzlich der angewöhnte protestantische Eifer, der ihr immer das Schlimmste zumutet; und eben dieser Meinungszwiespalt in mir selbst gibt mir wieder ein Bild von der Zerrissenheit der Denkweise unserer Zeit. Was wir gestern bewundert, hassen wir heute, und morgen vielleicht verspotten wir es mit Gleichgültigkeit.

Auf einem gewissen Standpunkte ist alles gleich groß und gleich klein, und an die großen europäischen Zeitverwandlungen werde ich erinnert, indem ich den kleinen Zustand unserer armen Insulaner betrachte. Auch diese stehen an der Grenze einer solchen neuen Zeit, und ihre alte Sinneseinheit und Einfalt wird gestört durch das Gedeihen des hiesigen Seebades, indem sie dessen Gästen täglich etwas Neues ablauschen, was sie nicht mit ihrer altherkömmlichen Lebensweise zu vereinen wissen. Stehen sie des Abends vor den erleuchteten Fenstern des Konversationshauses, und betrachten dort die Verhandlungen der Herren und Damen, die verständlichen Blicke, die begehrlichen Grimassen, das lüsterne Tanzen, das vergnügte Schmausen, das habsüchtige Spielen usw., so bleibt das für diese Menschen nicht ohne schlimme Folgen, die von dem Geldgewinn, der ihnen durch die Badeanstalt zufließt, nimmermehr aufgewogen werden. Dieses Geld reicht nicht hin für die eindringenden, neuen Bedürfnisse; daher innere Lebensstörung, schlimmer Anreiz, großer Schmerz. Als ich ein Knabe war, fühlte ich immer eine brennende Sehnsucht, wenn schöngebackene Torten, wovon ich nichts bekommen sollte, duftig-offen, bei mir vorübergetragen wurden; späterhin stachelte mich dasselbe Gefühl, wenn ich modisch entblößte, schöne Damen vorbeispazieren sah; und ich denke jetzt, die armen Insulaner, die noch in einem Kindheitszustande leben, haben hier oft Gelegenheit zu ähnlichen Empfindungen, und es wäre gut, wenn die Eigentümer der schönen Torten und Frauen solche etwas mehr verdeckten. Diese vielen unbedeckten Delikatessen, woran jene Leute nur die Augen weiden können, müssen ihren Appetit sehr stark wecken, und wenn die armen Insulanerinnen, in ihrer Schwangerschaft, allerlei süßgebackene Gelüste bekommen und am Ende sogar Kinder zur Welt bringen, die den Badegästen ähnlich sehen, so ist das leicht zu erklären. Ich will hier durchaus auf kein unsittliches Verhältnis anspielen. Die Tugend der Insulanerinnen wird durch ihre Häßlichkeit, und gar besonders durch ihren Fischgeruch, der mir wenigstens unerträglich war, vorderhand geschützt. Ich würde, wenn ihre Kinder mit badegästlichen Gesichtern zur Welt kommen, vielmehr ein psychologisches Phänomen erkennen, und mir solches durch jene materialistisch-mystischen Gesetze erklären, die Goethe in den Wahlverwandtschaften so schön entwickelt.

Wie viele rätselhafte Naturerscheinungen sich durch jene Gesetze erklären lassen, ist erstaunlich. Als ich voriges Jahr, durch Seesturm, nach einer anderen ostfriesischen Insel verschlagen wurde, sah ich dort in einer Schifferhütte einen schlechten Kupferstich hängen, *la tentation du vieillard* überschrieben, und einen Greis darstellend, der in seinen Studien gestört wird, durch die Erscheinung eines Weibes, das bis an die nackten Hüften aus einer Wolke hervortaucht; und sonderbar! die Tochter des Schiffers hatte dasselbe lüsterne Mopsgesicht, wie das Weib auf jenem Bilde. Um ein anderes Beispiel zu erwähnen: im Hause eines Geldwechslers, dessen geschäftführende Frau das Gepräge der Münzen immer am sorgfältigsten betrachtet, fand ich, daß die Kinder in ihren Gesichtern eine erstaunliche Ähnlichkeit hatten mit den größten Monarchen Europas, und wenn sie alle beisammen waren und miteinander stritten, glaubte ich einen kleinen Kongreß zu sehen.

Deshalb ist das Gepräge der Münzen kein gleichgültiger Gegenstand für den Politiker. Da die Leute das Geld so innig lieben und gewiß liebevoll betrachten, so bekommen die Kinder sehr oft die Züge des Landesfürsten, der darauf geprägt ist, und der arme Fürst kommt in den Verdacht, der Vater seiner Untertanen zu sein. Die Bourbonen haben ihre guten Gründe, die Napoleonsdor einzuschmelzen; sie wollen nicht mehr unter ihren Franzosen so viele Napoleonsköpfe sehen. Preußen hat es in der Münzpolitik am weitesten gebracht, man weiß es dort, durch eine verständige Beimischung von Kupfer, so einzurichten, daß die Wangen des Königs auf der neuen Scheidemünze gleich rot werden, und seit einiger Zeit haben daher die Kinder in Preußen ein weit gesünderes Ansehen, als früherhin, und es ist ordentlich eine Freude, wenn man ihre blühenden Silbergroschengesichtchen betrachtet.

Ich habe, indem ich das Sittenverderbnis andeutete, womit die Insulaner hier bedroht sind, die geistliche Schutzwehr, ihre Kirche, unerwähnt gelassen. Wie diese eigentlich aussieht, kann ich nicht genau berichten, da ich noch nicht darin gewesen. Gott weiß, daß ich ein guter Christ bin, und oft sogar im Begriff stehe, sein Haus zu besuchen, aber ich werde immer fatalerweise daran verhindert, es findet sich gewöhnlich ein Schwätzer, der mich auf dem Wege festhält, und gelange ich auch einmal bis an die Pforten des Tempels, so erfaßt mich unversehens eine spaßhafte Stimmung, und dann halte ich es für sündhaft, hineinzutreten. Vorigen Sonntag begegnete mir etwas der Art, indem mir vor der Kirchtür die Stelle aus Goethes Faust in den Kopf kam, wo dieser mit dem Mephistopheles bei einem Kreuze vorübergeht und ihn fragt:

Mephisto, hast du Eil?
Was schlägst vorm Kreuz die Augen nieder?

Und worauf Mephistopheles antwortet:

Ich weiß es wohl, es ist ein Vorurteil;
Allein es ist mir mal zuwider.

Diese Verse sind, soviel ich weiß, in keiner Ausgabe des »Fausts« gedruckt, und bloß der selige Hofrat Moritz, der sie aus Goethes Manuskript kannte, teilt sie mit in seinem »Philipp Reiser«, einem schon verschollenen Romane, der die Geschichte des Verfassers enthält, oder vielmehr die Geschichte einiger hundert Taler, die der Verfasser nicht hatte, und wodurch sein ganzes Leben eine Reihe von Entbehrungen und Entsagungen wurde, während doch seine Wünsche nichts weniger als unbescheiden waren, wie z.B. sein Wunsch, nach Weimar zu gehen, und bei dem Dichter des Werthers Bedienter zu werden, unter welchen Bedingungen es auch sei, um nur in der Nähe desjenigen zu leben, der von allen Menschen auf Erden den stärksten Eindruck auf sein Gemüt gemacht hatte.

Wunderbar! damals schon erregte Goethe eine solche Begeisterung, und doch ist erst »unser drittes nachwachsendes Geschlecht« imstande, seine wahre Größe zu begreifen.

Aber dieses Geschlecht hat auch Menschen hervorgebracht, in deren Herzen nur faules Wasser sintert, und die daher in den Herzen anderer alle Springquellen eines frischen Blutes verstopfen möchten, Menschen von erloschener Genußfähigkeit, die das Leben verleumden, und anderen alle Herrlichkeit dieser Welt verleiden wollen, indem sie solche als die Lockspeisen schildern, die der Böse bloß zu unserer Versuchung hingestellt habe, gleich wie eine pfiffige Hausfrau die Zuckerdose, mit den gezählten Stückchen Zucker, in ihrer Abwesenheit offen stehen läßt, um die Enthaltsamkeit der Magd zu prüfen; und diese Menschen haben einen Tugendpöbel um sich versammelt, und predigen ihm das Kreuz gegen den großen Heiden und gegen seine nackten Göttergestalten, die sie gern durch ihre vermummten dummen Teufel ersetzen möchten.

Das Vermummen ist so recht ihr höchstes Ziel, das Nacktgöttliche ist ihnen fatal, und ein Satyr hat immer seine guten Gründe, wenn er Hosen anzieht und darauf dringt, daß auch Apollo Hosen anziehe. Die Leute nennen ihn dann einen sittlichen Mann, und wissen nicht, daß in dem Clauren-Lächeln eines vermummten Satyrs mehr Anstößiges liegt, als in der ganzen Nacktheit eines Wolfgang Apollo, und daß just in den Zeiten, wo die Menschheit jene Pluderhosen trug, wozu sechzig Ellen Zeug nötig waren, die Sitten nicht anständiger gewesen sind als jetzt.

Aber werden es mir nicht die Damen übelnehmen, daß ich Hosen, statt Beinkleider, sage? O, über das Feingefühl der Damen! Am Ende werden nur Eunuchen für sie schreiben dürfen, und ihre Geistesdiener im Okzident werden so harmlos sein müssen, wie ihre Leibdiener im Orient.

Hier kommt mir ins Gedächtnis eine Stelle aus »Bertholds Tagebuch«:

»Wenn wir es recht überdenken, so stecken wir doch alle nackt in unseren Kleidern, sagte der Doktor M. zu einer Dame, die ihm eine etwas derbe Äußerung übelgenommen hatte.«

Der hannövrische Adel ist mit Goethe sehr unzufrieden, und behauptet: er verbreite Irreligiosität, und diese könne leicht auch falsche politische Ansichten hervorbringen, und das Volk müsse doch durch den alten Glauben zur alten Bescheidenheit und Mäßigung zurückgeführt werden. Auch hörte ich in der letzten Zeit viel diskutieren: ob Goethe größer sei, als Schiller, oder umgekehrt. Ich stand neulich hinter dem Stuhle einer Dame, der man schon von hinten ihre vierundsechzig Ahnen ansehen konnte, und hörte über jenes Thema einen eifrigen Diskurs zwischen ihr und zwei hannövrischen Nobilis, deren Ahnen schon auf dem Zodiakus von Dendera abgebildet sind, und wovon der eine, ein langmagerer, quecksilbergefüllter Jüngling, der wie ein Barometer aussah, die Schillersche Tugend und Reinheit pries, während der andere, ebenfalls ein langaufgeschossener Jüngling, einige Verse aus der

»Würde der Frauen« hinlispelte und dabei so süß lächelte, wie ein Esel, der den Kopf in ein Sirupfaß gesteckt hatte und sich wohlgefällig die Schnauze ableckt. Beide Jünglinge verstärkten ihre Behauptungen beständig mit dem beteuernden Refrain: »Er ist doch größer, Er ist wirklich größer, wahrhaftig, Er ist größer, ich versichere Sie auf Ehre, Er ist größer.« Die Dame war so gütig, auch mich in dieses ästhetische Gespräch zu ziehen, und fragte: »Doktor, was halten Sie von Goethe?« Ich aber legte meine Arme kreuzweis auf die Brust, beugte gläubig das Haupt, und sprach: »La illah ill Allah, wa mohammed rasul Allah!«

Die Dame hatte, ohne es selbst zu wissen, die allerschlaueste Frage getan. Man kann ja einen Mann nicht geradezu fragen: Was denkst du von Himmel und Erde? was sind deine Ansichten über Menschen und Menschenleben? bist du ein vernünftiges Geschöpf, oder ein dummer Teufel? Diese delikaten Fragen liegen aber alle in den unverfänglichen Worten: Was halten Sie von Goethe? Denn, indem uns allen Goethes Werke vor Augen liegen, so können wir das Urteil, das jemand darüber fället, mit dem unsrigen schnell vergleichen, wir bekommen dadurch einen festen Maßstab, womit wir gleich alle seine Gedanken und Gefühle messen können, und er hat unbewußt sein eignes Urteil gesprochen. Wie aber Goethe, auf diese Weise, weil er eine gemeinschaftliche Welt ist, die der Betrachtung eines jeden offenliegt, uns das beste Mittel wird, um die Leute kennenzulernen, so können wir wiederum Goethe selbst am besten kennenlernen, durch sein eignes Urteil über Gegenstände, die uns allen vor Augen liegen, und worüber uns schon die bedeutendsten Menschen ihre Ansichten mitgeteilt haben. In dieser Hinsicht möchte ich am liebsten auf Goethes »Italienische Reise« hindeuten, indem wir alle, entweder durch eigne Betrachtung oder durch fremde Vermittelung, das Land Italien kennen, und dabei so leicht bemerken, wie jeder dasselbe mit subjektiven Augen ansieht, dieser mit Archenhölzern unmutigen Augen, die nur das Schlimme sehen, jener mit begeisterten Corinnaaugen, die überall nur das Herrliche sehen, während Goethe, mit seinem klaren Griechenauge, alles sieht, das Dunkle und das Helle, nirgends die Dinge mit seiner Gemütsstimmung koloriert, und uns Land und Menschen schildert, in den wahren Umrissen und wahren Farben, womit sie Gott umkleidet.

Das ist ein Verdienst Goethes, das erst spätere Zeiten erkennen werden; denn wir, die wir meist alle krank sind, stecken viel zu sehr in unseren kranken, zerrissenen, romantischen Gefühlen, die wir aus allen Ländern und Zeitaltern zusammengelesen, als daß wir unmittelbar sehen könnten, wie gesund, einheitlich und plastisch sich Goethe in seinen Werken zeigt. Er selbst merkt es ebensowenig; in seiner naiven Unbewußtheit des eignen Vermögens wundert er sich, wenn man ihm »ein gegenständliches Denken« zuschreibt, und indem er durch seine Selbstbiographie uns selbst eine kritische Beihülfe zum Beurteilen seiner Werke geben will, liefert er doch keinen Maßstab der Beurteilung an und für sich, sondern nur neue Fakta, woraus man ihn beurteilen kann, wie es ja natürlich ist, daß kein Vogel über sich selbst hinauszufliegen vermag.

Spätere Zeiten werden, außer jenem Vermögen des plastischen Anschauens, Fühlens und Denkens, noch vieles in Goethe entdekken, wovon wir jetzt keine Ahnung haben. Die Werke des Geistes sind ewig feststehend, aber die Kritik ist etwas Wandelbares, sie geht hervor aus den Ansichten der Zeit, hat nur für diese ihre Bedeutung, und wenn sie nicht selbst kunstwertlicher Art ist, wie z. B. die Schlegelsche, so geht sie mit ihrer Zeit zu Grabe. Jedes Zeitalter, wenn es neue Ideen bekömmt, bekömmt auch neue Augen, und sieht gar viel Neues in den alten Geisteswerken. Ein Schubarth sieht jetzt in der Ilias etwas anderes und viel mehr, als sämtliche Alexandriner; dagegen werden einst Kritiker kommen, die viel mehr als Schubarth in Goethe sehen.

So hätte ich mich dennoch an Goethe festgeschwatzt! Aber solche Abschweifungen sind sehr natürlich, wenn einem, wie auf dieser Insel, beständig das Meergeräusch in die Ohren dröhnt und den Geist nach Belieben stimmt.

Es geht ein starker Nordostwind, und die Hexen haben wieder viel Unheil im Sinne. Man hegt hier nämlich wunderliche Sagen von Hexen, die den Sturm zu beschwören wissen; wie es denn überhaupt auf allen nordischen Meeren viel Aberglauben gibt. Die

Seeleute behaupten, manche Insel stehe unter der geheimen Herrschaft ganz besonderer Hexen, und dem bösen Willen derselben sei es zuzuschreiben, wenn den vorbeifahrenden Schiffen allerlei Widerwärtigkeiten begegnen. Als ich voriges Jahr einige Zeit auf der See lag, erzählte mir der Steuermann unseres Schiffes: die Hexen wären besonders mächtig auf der Insel Wight, und suchten jedes Schiff, das bei Tage dort vorbeifahren wolle, bis zur Nachtzeit aufzuhalten, um es alsdann an Klippen oder an die Insel selbst zu treiben. In solchen Fällen höre man diese Hexen so laut durch die Luft sausen und um das Schiff herumheulen, daß der Klabotermann ihnen nur mit vieler Mühe widerstehen könne. Als ich nun fragte: wer der Klabotermann sei? antwortete der Erzähler sehr ernsthaft: Das ist der gute, unsichtbare Schutzpatron der Schiffe, der da verhütet, daß den treuen und ordentlichen Schiffern Unglück begegne, der da überall selbst nachsieht, und sowohl für die Ordnung, wie für die gute Fahrt sorgt. Der wackere Steuermann versicherte mit etwas heimlicherer Stimme: ich könne ihn selber sehr gut im Schiffsraume hören, wo er die Waren gern noch besser nachstaue, daher das Knarren der Fässer und Kisten, wenn das Meer hochgehe, daher bisweilen das Dröhnen unserer Balken und Bretter; oft hämmere der Klabotermann auch außen am Schiffe, und das gelte dann dem Zimmermanne, der dadurch gemahnt werde, eine schadhafte Stelle ungesäumt auszubessern; am liebsten aber setze er sich auf das Bramsegel, zum Zeichen, daß guter Wind wehe oder sich nahe. Auf meine Frage: ob man ihn nicht sehen könne? erhielt ich zur Antwort: Nein, man sähe ihn nicht, auch wünsche keiner ihn zu sehen, da er sich nur dann zeige, wenn keine Rettung mehr vorhanden sei. Einen solchen Fall hatte zwar der gute Steuermann noch nicht selbst erlebt, aber von andern wollte er wissen: den Klabotermann höre man alsdann vom Bramsegel herab mit den Geistern sprechen, die ihm untertan sind; doch wenn der Sturm zu stark und das Scheitern unvermeidlich würde, setze er sich auf das Steuer, zeige sich da zum erstenmal und verschwinde, indem er das Steuer zerbräche – diejenigen aber, die ihn in diesem furchtbaren Augenblick sähen, fänden unmittelbar darauf den Tod in den Wellen.

Der Schiffskapitän, der dieser Erzählung mit zugehört hatte, lächelte so fein, wie ich seinem rauhen, wind- und wetterdienenden Gesichte nicht zugetraut hätte, und nachher versicherte er mir: Vor funfzig und gar vor hundert Jahren sei auf dem Meere der Glaube an den Klabotermann so stark gewesen, daß man bei Tische immer auch ein Gedeck für denselben aufgelegt, und von jeder Speise, etwa das Beste, auf seinen Teller gelegt habe, ja, auf einigen Schiffen geschähe das noch jetzt. –

Ich gehe hier oft am Strande spazieren und gedenke solcher seemännischen Wundersagen. Die anziehendste derselben ist wohl die Geschichte vom fliegenden Holländer, den man im Sturm mit aufgespannten Segeln vorbeifahren sieht, und der zuweilen ein Boot aussetzt, um den begegnenden Schiffern allerlei Briefe mitzugeben, die man nachher nicht zu besorgen weiß, da sie an längst verstorbene Personen adressiert sind. Manchmal gedenke ich auch des alten, lieben Märchens von dem Fischerknaben, der am Strande den nächtlichen Reigen der Meernixen belauscht hatte, und nachher mit seiner Geige die ganze Welt durchzog, und alle Menschen zauberhaft entzückte, wenn er ihnen die Melodie des Nixenwalzers vorspielte. Diese Sage erzählte mir einst ein lieber Freund, als wir, im Konzerte zu Berlin, solch einen wundermächtigen Knaben, den Felix Mendelssohn-Bartholdy, spielen hörten.

Einen eigentümlichen Reiz gewährt das Kreuzen um die Insel. Das Wetter muß aber schön sein, die Wolken müssen sich ungewöhnlich gestalten, und man muß rücklings auf dem Verdecke liegen, und in den Himmel sehen, und allenfalls auch ein Stückchen Himmel im Herzen haben. Die Wellen murmeln alsdann allerlei wunderliches Zeug, allerlei Worte, woran liebe Erinnerungen flattern, allerlei Namen, die, wie süße Ahnung, in der Seele widerklingen – »Evelina!« Dann kommen auch Schiffe vorbeigefahren, und man grüßt, als ob man sich alle Tage wiedersehen könnte. Nur des Nachts hat das Begegnen fremder Schiffe auf dem Meere etwas Unheimliches; man will sich dann einbilden, die besten Freunde, die wir seit Jahren nicht gesehen, führen schweigend vorbei, und man verlöre sie auf immer.

Ich liebe das Meer, wie meine Seele.

Oft wird mir sogar zumute, als sei das Meer eigentlich meine Seele selbst; und wie es im Meere verborgene Wasserpflanzen gibt, die nur im Augenblick des Aufblühens an dessen Oberfläche heraufschwimmen, und im Augenblick des Verblühens wieder hinabtauchen: so kommen zuweilen auch wunderbare Blumenbilder heraufgeschwommen aus der Tiefe meiner Seele, und duften und leuchten und verschwinden wieder – »Evelina!«

Man sagt, unfern dieser Insel, wo jetzt nichts als Wasser ist, hätten einst die schönsten Dörfer und Städte gestanden, das Meer habe sie plötzlich alle überschwemmt, und bei klarem Wetter sähen die Schiffer noch die leuchtenden Spitzen der versunkenen Kirchtürme, und mancher habe dort, in der Sonntagsfrühe, sogar ein frommes Glockengeläute gehört. Die Geschichte ist wahr; denn das Meer ist meine Seele –

»Eine schöne Welt ist da versunken,
Ihre Trümmer blieben unten stehn,
Lassen sich als goldne Himmelsfunken
Oft im Spiegel meiner Träume sehn.« (W. Müller.)

Erwachend höre ich dann ein verhallendes Glockengeläute und Gesang heiliger Stimmen – »Evelina!«

Geht man am Strande spazieren, so gewähren die vorbeifahrenden Schiffe einen schönen Anblick. Haben sie die blendend weißen Segel aufgespannt, so sehen sie aus wie vorbeiziehende, große Schwäne. Gar besonders schön ist dieser Anblick, wenn die Sonne hinter dem vorbeisegelnden Schiffe untergeht, und dieses, wie von einer riesigen Glorie, umstrahlt wird.

Die Jagd am Strande soll ebenfalls ein großes Vergnügen gewähren. Was mich betrifft, so weiß ich es nicht sonderlich zu schätzen. Der Sinn für das Edle, Schöne und Gute läßt sich oft durch Erziehung den Menschen beibringen; aber der Sinn für die Jagd liegt im Blute. Wenn die Ahnen, schon seit undenklichen Zeiten, Rehböcke geschossen haben, so findet auch der Enkel ein Vergnügen an dieser legitimen Beschäftigung. Meine Ahnen gehörten aber nicht zu den Jagenden, viel eher zu den Gejagten, und soll ich auf die Nachkömmlinge ihrer ehemaligen Kollegen losdrücken, so empört sich dawider mein Blut. Ja, aus Erfahrung weiß ich, daß, nach abgesteckter Mensur, es mir weit leichter wird, auf einen Jäger loszudrücken, der die Zeiten zurückwünscht, wo auch Menschen zur hohen Jagd gehörten. Gottlob, diese Zeiten sind vorüber! Gelüstet es jetzt solche Jäger, wieder einen Menschen zu jagen, so müssen sie ihn dafür bezahlen, wie z. B. den Schnelläufer, den ich vor zwei Jahren in Göttingen sah. Der arme Mensch hatte sich schon in der schwülen Sonntagshitze ziemlich müde gelaufen, als einige hannövrische Junker, die dort Humaniora studierten, ihm ein paar Taler boten, wenn er den zurückgelegten Weg nochmals laufen wolle; und der Mensch lief, und er war todblaß und trug eine rote Jacke, und dicht hinter ihm, im wirbelnden Staube, galoppierten die wohlgenährten, edlen Jünglinge, auf hohen Rossen, deren Hufen zuweilen den gehetzten, keuchenden Menschen trafen, und es war ein Mensch.

Des Versuchs halber, denn ich muß mein Blut besser gewöhnen, ging ich gestern auf die Jagd. Ich schoß nach einigen Möwen, die gar zu sicher umherflatterten, und doch nicht bestimmt wissen konnten, daß ich schlecht schieße. Ich wollte sie nicht treffen und sie nur warnen, sich ein andermal vor Leuten mit Flinten in acht zu nehmen; aber mein Schuß ging fehl, und ich hatte das Unglück, eine junge Möwe totzuschießen. Es ist gut, daß es keine alte war; denn was wäre dann aus den armen, kleinen Möwchen geworden, die noch unbefiedert, im Sandneste der großen Düne liegen, und ohne die Mutter verhungern müßten. Mir ahndete schon vorher, daß mich auf der Jagd ein Mißgeschick treffen würde; ein Hase war mir über den Weg gelaufen.

Gar besonders wunderbar wird mir zumute, wenn ich allein in der Dämmerung am Strande wandle, – hinter mir flache Dünen, vor mir das wogende, unermeßliche Meer, über mir der Himmel wie eine riesige Kristallkuppel – ich erscheine mir dann selbst sehr ameisenklein, und dennoch dehnt sich meine Seele so weltenweit. Die hohe Einfachheit der Natur, wie sie mich hier umgibt, zähmt und erhebt mich zu gleicher Zeit, und zwar in stärkerem Grade als jemals eine andere erhabene Umgebung. Nie war mir ein Dom groß genug; meine Seele mit ihrem alten Titanengebet strebte immer höher als die gotischen Pfeiler, und wollte immer hinausbrechen durch das Dach. Auf der Spitze der Roßtrappe haben mir, beim ersten Anblick, die kolossalen Felsen, in ihren kühnen Gruppierungen, ziemlich imponiert; aber dieser Eindruck dauerte nicht lange, meine Seele war nur überrascht, nicht überwältigt, und jene ungeheure Steinmassen wurden in meinen Augen allmählig kleiner, und am Ende erschienen sie mir nur wie geringe Trümmer eines zerschlagenen Riesenpalastes, worin sich meine Seele vielleicht komfortabel befunden hätte.

Mag es immerhin lächerlich klingen, ich kann es dennoch nicht verhehlen, das Mißverhältnis zwischen Körper und Seele quält mich einigermaßen, und hier am Meere, in großartiger Naturumgebung, wird es mir zuweilen recht deutlich, und die Metempsychose ist oft der Gegenstand meines Nachdenkens. Wer kennt die große Gottesironie, die allerlei Widersprüche zwischen Seele und Körper hervorzubringen pflegt. Wer kann wissen, in welchem Schneider jetzt die Seele eines Platos, und in welchem Schulmeister die Seele eines Cäsars wohnt! Wer weiß, ob die Seele Gregors VII. nicht in dem Leibe des Großtürken sitzt, und sich unter tausend hätschelnden Weiberhändchen behaglicher fühlt, als einst in ihrer purpurnen Zölibatskutte. Hingegen wie viele Seelen treuer Moslemim aus Alis Zeiten mögen sich jetzt in unseren antihellenischen Kabinettern befinden! Die Seelen der beiden Schächer, die zur Seite des Heilands gekreuzigt worden, sitzen vielleicht jetzt in dicken Konsistorialbäuchen und glühen für den orthodoxen Lehrbegriff. Die Seele Dschingis-Khans wohnt vielleicht jetzt in einem Rezensenten, der täglich, ohne es zu wissen, die Seelen seiner treuesten Baschkiren und Kalmücken in einem kritischen Journale niedersäbelt. Wer weiß! wer weiß! die Seele des Pythagoras ist vielleicht in einen armen Kandidaten gefahren, der durch das Examen fällt, weil er den pythagoreischen Lehrsatz nicht beweisen konnte, während in seinen Herren Examinatoren die Seelen jener Ochsen wohnen, die einst Pythagoras, aus Freude über die Entdeckung seines Satzes, den ewigen Göttern geopfert hatte. Die Hindus sind so dumm nicht, wie unsere Missionäre glauben, sie ehren die Tiere wegen der menschlichen Seele, die sie in ihnen vermuten, und wenn sie

Lazarette für invalide Affen stiften, in der Art unserer Akademien, so kann es wohl möglich sein, daß in jenen Affen die Seelen großer Gelehrten wohnen, da es hingegen bei uns ganz sichtbar ist, daß in einigen großen Gelehrten nur Affenseelen stecken.

Wer doch mit der Allwissenheit des Vergangenen auf das Treiben der Menschen von oben herabsehen könnte! Wenn ich des Nachts am Meere wandelnd, den Wellengesang höre, und allerlei Ahnung und Erinnerung in mir erwacht, so ist mir, als habe ich einst solchermaßen von oben herabgesehen und sei vor schwindelndem Schrecken zur Erde heruntergefallen; es ist mir dann auch, als seien meine Augen so teleskopisch scharf gewesen, daß ich die Sterne in Lebensgröße am Himmel wandeln gesehen, und durch all den wirbelnden Glanz geblendet worden; – wie aus der Tiefe eines Jahrtausends kommen mir dann allerlei Gedanken in den Sinn, Gedanken uralter Weisheit, aber sie sind so neblicht, daß ich nicht erkenne, was sie wollen. Nur soviel weiß ich, daß all unser kluges Wissen, Streben und Hervorbringen irgendeinem höheren Geiste ebenso klein und nichtig erscheinen muß, wie mir jene Spinne erschien, die ich in der Göttinger Bibliothek so oft betrachtete. Auf den Folianten der Weltgeschichte saß sie emsig webend, und sie blickte so philosophisch sicher auf ihre Umgebung, und hatte ganz den Göttingischen Gelahrtheitsdünkel, und schien stolz zu sein auf ihre mathematischen Kenntnisse, auf ihre Kunstleistungen, auf ihr einsames Nachdenken – und doch wußte sie nichts von all den Wundern, die in dem Buche stehen, worauf sie geboren worden, worauf sie ihr ganzes Leben verbracht hatte, und worauf sie auch sterben wird, wenn der schleichende Dr. L. sie nicht verjagt. Und wer ist der schleichende Dr. L.? Seine Seele wohnte vielleicht einst in eben einer solchen Spinne, und jetzt hütet er die Folianten, worauf er einst saß – und wenn er sie auch liest, er erfährt doch nicht ihren wahren Inhalt.

Was mag auf dem Boden einst geschehen sein, wo ich jetzt wandle? Ein Konrektor, der hier badete, wollte behaupten, hier sei einst der Dienst der Hertha, oder, besser gesagt, Forsete, begangen worden, wovon Tacitus so geheimnisvoll spricht. Wenn nur die Berichterstatter, denen Tacitus nacherzählt, sich nicht geirrt, und eine Badekutsche für den heiligen Wagen der Göttin angesehen haben!

Im Jahre 1819, als ich zu Bonn, in einem und demselben Semester, vier Kollegien hörte, worin meistens deutsche Antiquitäten aus der blauesten Zeit traktiert wurden, nämlich 1. Geschichte der deutschen Sprache bei Schlegel, der fast drei Monat lang die barocksten Hypothesen über die Abstammung der Deutschen entwickelte, 2. die Germania des Tacitus bei Arndt, der in den altdeutschen Wäldern jene Tugenden suchte, die er in den Salons der Gegenwart vermißte, 3. germanisches Staatsrecht bei Hüllmann, dessen historische Ansichten noch am wenigsten vage sind, und 4. deutsche Urgeschichte bei Radloff, der am Ende des Semesters noch nicht weiter gekommen war, als bis zur Zeit des Sesostris – damals möchte wohl die Sage von der alten Hertha mich mehr interessiert haben, als jetzt. Ich ließ sie durchaus nicht auf Rügen residieren, und versetzte sie vielmehr nach einer ostfriesischen Insel. Ein junger Gelehrter hat gern seine Privathypothese. Aber auf keinen Fall hätte ich damals geglaubt, daß ich einst am Strande der Nordsee wandeln würde, ohne an die alte Göttin mit patriotischer Begeisterung zu denken. Es ist wirklich nicht der Fall, und ich denke hier an ganz andre, jüngere Göttinnen. Absonderlich wenn ich am Strande über die schaurige Stelle wandle, wo noch jüngst die schönsten Frauen, gleich Nixen, geschwommen. Denn weder Herren noch Damen baden hier unter einem Schirm, sondern spazieren in die freie See. Deshalb sind auch die Badestellen beider Geschlechter voneinander geschieden, doch nicht allzu weit, und wer ein gutes Glas führt, kann überall in der Welt viel sehen. Es geht die Sage, ein neuer Aktäon habe auf solche Weise eine badende Diana erblickt, und wunderbar! nicht er, sondern der Gemahl der Schönen, habe dadurch Hörner erworben.

Die Badekutschen, die Droschken der Nordsee, werden hier nur bis ans Wasser geschoben, und bestehen meistens aus viereckigen Holzgestellen mit steifem Leinen überzogen. Jetzt, für die Winterzeit, stehen sie im Konversationssaale, und führen dort gewiß ebenso hölzerne, und steifleinene Gespräche, wie die vornehme Welt, die noch unlängst dort verkehrte.

Wenn ich aber sage, die vornehme Welt, so verstehe ich nicht darunter die guten Bürger Ostfrieslands, ein Volk, das flach und nüchtern ist, wie der Boden, den es bewohnt, das weder singen noch pfeifen kann, aber dennoch ein Talent besitzt, das besser ist als alle Triller und Schnurrpfeifereien, ein Talent, das den Menschen adelt, und über jene windige Dienstseelen erhebt, die allein edel zu sein wähnen, ich meine das Talent der Freiheit. Schlägt das Herz für Freiheit, so ist ein solcher Schlag des Herzens ebensogut, wie ein Ritterschlag, und das wissen die freien Friesen, und sie verdienen ihr Volksepitheton; die Häuptlingsperiode abgerechnet, war die Aristokratie in Ostfriesland niemals vorherrschend, nur sehr wenige adlige Familien haben dort gewohnt, und der Einfluß des hannövrischen Adels, durch Verwaltungs- und Militärstand, wie er sich jetzt über das Land hinzieht, betrübt manches freie Friesenherz, und überall zeigt sich die Vorliebe für die ehemalige preußische Regierung.

Was aber die allgemeinen deutschen Klagen über hannövrischen Adelstolz betrifft, so kann ich nicht unbedingt einstimmen. Das hannövrische Offizierkorps gibt am wenigsten Anlaß zu solchen Klagen. Freilich, wie in Madagaskar nur Adlige das Recht haben, Metzger zu werden, so hatte früherhin der hannövrische Adel ein analoges Vorrecht, da nur Adlige zum Offizierrange gelangen konnten. Seitdem sich aber in der deutschen Legion so viele Bürgerliche ausgezeichnet, und zu Offizierstellen emporgeschwungen, hat auch jenes üble Gewohnheitsrecht nachgelassen. Ja, das ganze Korps der deutschen Legion hat viel beigetragen zur Milderung alter Vorurteile, diese Leute sind weit herum in der Welt gewesen, und in der Welt sieht man viel, besonders in England, und sie haben viel gelernt, und es ist eine Freude, ihnen zuzuhören, wenn sie von Portugal, Spanien, Sizilien, den jonischen Inseln, Irland, und anderen weiten Ländern sprechen, wo sie gefochten, und »vieler Menschen Städte gesehen und Sitten gelernet«, so daß man glaubt, eine Odyssee zu hören, die leider keinen Homer finden wird. Auch ist unter den Offizieren dieses Korps viel freisinnige, englische Sitte geblieben, die mit dem altherkömmlichen hannövrischen Brauch stärker kontrastiert, als wir es im übrigen Deutschland glauben wollen, da wir gewöhnlich dem Beispiele Englands viel Einwirkung auf Hannover zuschreiben. In diesem Lande Hannover sieht man nichts als Stammbäume, woran Pferde gebunden sind, und vor lauter Bäumen bleibt das Land obskur, und trotz allen Pferden kömmt es nicht weiter. Nein, durch diesen hannövrischen Adelswald drang niemals ein Sonnenstrahl britischer Freiheit, und kein britischer Freiheitston konnte jemals vernehmbar werden im wiehernden Lärm hannövrischer Rosse.

Die allgemeine Klage über hannövrischen Adelstolz trifft wohl zumeist die liebe Jugend gewisser Familien, die das Land Hannover regieren oder mittelbar zu regieren glauben. Aber auch die edlen Jünglinge würden bald jene Fehler der Art, oder, besser gesagt, jene Unart ablegen, wenn sie ebenfalls etwas in der Welt herumgedrängt würden, oder eine bessere Erziehung genössen. Man schickt sie freilich nach Göttingen, doch da hocken sie beisammen, und sprechen nur von ihren Hunden, Pferden und Ahnen, und hören wenig neuere Geschichte, und wenn sie auch wirklich einmal dergleichen hören, so sind doch unterdessen ihre Sinne befangen durch den Anblick des Grafentisches, der, ein Wahrzeichen Göttingens, nur für hochgeborene Studenten bestimmt ist. Wahrlich, durch eine bessere Erziehung des jungen hannövrischen Adels ließe sich vielen Klagen vorbauen. Aber die Jungen werden wie die Alten. Derselbe Wahn: als wären sie die Blumen der Welt, während wir anderen bloß das Gras sind; dieselbe Torheit: mit dem Verdienste der Ahnen den eigenen Unwert bedecken zu wollen; dieselbe Unwissenheit über das Problematische dieser Verdienste, indem die wenigsten bedenken, daß die Fürsten selten ihre treuesten und tugendhaftesten Diener, aber sehr oft den Kuppler, den Schmeichler und dergleichen Lieblingsschufte mit adelnder Huld beehrt haben. Die wenigsten jener Ahnenstolzen können bestimmt angeben, was ihre Ahnen getan haben, und sie zeigen nur, daß ihr Name in Rüxners Turnierbuch erwähnt sei; – ja, können sie auch nachweisen, daß diese Ahnen etwa als Kreuzritter bei der Eroberung Jerusalems zugegen waren, so sollten sie, ehe sie sich etwas darauf zugute tun, auch beweisen, daß jene Ritter ehrlich mitgefochten haben, daß ihre Eisenhosen nicht mit gelber Furcht wattiert worden und daß unter ihrem roten Kreuze das Herz eines honetten Mannes gesessen. Gäbe es keine Ilias, sondern bloß ein Namensverzeichnis der Helden, die vor Troja gestanden, und ihre Namen existierten noch jetzt – wie würde sich der Ahnenstolz derer von Thersites zu blähen wissen! Von der Reinheit des Blutes will ich gar nicht einmal sprechen; Philosophen und Stallknechte haben darüber gar seltsame Gedanken.

Mein Tadel, wie gesagt, treffe zumeist die schlechte Erziehung des hannövrischen Adels und dessen früh eingeprägten Wahn von der Wichtigkeit einiger andressierten Formen. O! wie oft habe ich lachen müssen, wenn ich bemerkte, wieviel man sich auf diese Formen zugute tat; – als sei es sogar überaus schwer zu erlernen dieses Repräsentieren, dieses Präsentieren, dieses Lächeln ohne etwas zu sagen, dieses Sagen ohne etwas zu denken, und all diese adligen Künste, die der gute Bürgersmann als Meerwunder angafft, und die doch jeder französische Tanzmeister besser innehat, als der deutsche Edelmann, dem sie in der bärenleckenden Lutetia mühsam eingeübt worden, und der sie zu Hause wieder, mit deutscher Gründlichkeit und Schwerfälligkeit, seinen Deszendenten überliefert. Dies erinnert mich an die Fabel von dem Bären, der auf Märkten tanzte, seinem führenden Lehrer entlief, zu seinen Mitbären in den Wald zurückkehrte, und ihnen vorprahlte: wie das Tanzen eine so gar schwere Kunst sei, und wie weit er es darin gebracht habe, – und in der Tat, den Proben, die er von seiner Kunst ablegte, konnten die armen Bestien ihre Bewunderung nicht versagen. Jene Nation, wie sie Werther nennt, bildete die vornehme Welt, die hier dieses Jahr zu Wasser und zu Lande geglänzt hat, und es waren lauter liebe, liebe Leute, und sie haben alle gut gespielt.

Auch fürstliche Personen gab es hier, und ich muß gestehen, daß diese in ihren Ansprüchen bescheidener waren, als die geringere Noblesse. Ob aber diese Bescheidenheit in den Herzen dieser hohen Personen liegt, oder ob sie durch ihre äußere Stellung hervorgebracht wird, das will ich unentschieden lassen. Ich sage dieses nur in Beziehung auf deutsche mediatisierte Fürsten. Diesen Leuten ist in der letzten Zeit ein großes Unrecht geschehen, indem man sie einer Souveränität beraubte, wozu sie ein ebenso gutes Recht haben, wie die größeren Fürsten, wenn man nicht etwa annehmen will, daß dasjenige, was sich nicht durch eigene Kraft erhalten kann, auch kein Recht hat, zu existieren. Für das vielzersplitterte Deutschland war es aber eine Wohltat, daß diese Anzahl von Sedezdespötchen ihr Regieren einstellen mußten. Es ist schrecklich, wenn man bedenkt wie viele derselben wir armen Deutschen zu ernähren haben. Wenn diese Mediatisierten auch nicht mehr das Zepter führen, so führen sie doch noch immer Löffel, Messer und Gabel, und sie essen keinen Hafer, und auch der Hafer wäre teuer genug. Ich denke, daß wir einmal durch Amerika etwas von dieser Fürstenlast erleichtert werden. Denn, früh oder spät, werden sich doch die Präsidenten dortiger Freistaaten in Souveräne verwandeln, und dann fehlt es diesen Herren an Gemahlinnen, die schon einen legitimen Anstrich haben, sie sind dann froh wenn wir ihnen unsere Prinzessinnen überlassen, und wenn sie sechs nehmen, geben wir ihnen die siebente gratis, und auch unsre Prinzchen können sie späterhin bei ihren Töchtern employieren; – daher haben die mediatisierten Fürsten sehr politisch gehandelt, als sie sich wenigstens das Gleichbürtigkeitsrecht erhielten, und ihre Stammbäume ebenso hochschätzten, wie die Araber die Stammbäume ihrer Pferde, und zwar aus derselben Absicht, indem sie wohl wissen, daß Deutschland von jeher das große Fürstengestüte war, das alle regierenden Nachbarhäuser mit den nötigen Mutterpferden und Beschälern versehen muß.

In allen Bädern ist es ein altes Gewohnheitsrecht, daß die abgegangenen Gäste von den zurückgebliebenen etwas stark kritisiert werden, und da ich der letzte bin, der noch hier weilt, so durfte ich wohl jenes Recht in vollem Maße ausüben.

Es ist aber jetzt so öde auf der Insel, daß ich mir vorkomme wie Napoleon auf Sankt Helena. Nur daß ich hier eine Unterhaltung gefunden, die jenem dort fehlte. Es ist nämlich der große Kaiser selbst, womit ich mich hier beschäftige. Ein junger Engländer hat mir das eben erschienene Buch des Maitland mitgeteilt. Dieser Seemann berichtet die Art und Weise, wie Napoleon sich ihm ergab und auf dem Bellerophon sich betrug, bis er, auf Befehl des englischen Ministeriums, an Bord des Northumberland gebracht wurde. Aus diesem Buche ergibt sich sonnenklar, daß der Kaiser, in romantischem Vertrauen auf britische Großmut, und um der Welt endlich Ruhe zu schaffen, zu den Engländern ging, mehr als Gast, denn als Gefangener. Das war ein Fehler, den gewiß kein anderer, und am allerwenigsten ein Wellington begangen hätte. Die Geschichte aber wird sagen, dieser Fehler ist so schön, so erhaben, so herrlich, daß dazu mehr Seelengröße gehörte, als wir anderen zu allen unseren Großtaten erschwingen können.

Die Ursache, weshalb Cap. Maitland jetzt sein Buch herausgibt, scheint keine andere zu sein, als das moralische Reinigungsbedürfnis, das jeder ehrliche Mann fühlt, den ein böses Geschick in eine zweideutige Handlung verflochten hat. Das Buch selbst ist aber ein unschätzbarer Gewinn für die Gefangenschaftsgeschichte Napoleons, die den letzten Akt seines Lebens bildet, alle Rätsel der früheren Akte wunderbar löst, und wie es eine echte Tragödie tun soll, die Gemüter erschüttert, reinigt und versöhnt. Der Charakterunterschied der vier Hauptschriftsteller, die uns von dieser Gefangenschaft berichten, besonders wie er sich in Stil und Anschauungsweise bekundet, zeigt sich erst recht durch ihre Zusammenstellung.

Maitland, der sturmkalte, englische Seemann, verzeichnet die Begebenheiten vorurteilslos und bestimmt, als wären es Naturerscheinungen, die er in sein Logbook einträgt; Las Cases, ein enthusiastischer Kammerherr, liegt in jeder Zeile, die er schreibt, zu den Füßen des Kaisers, nicht wie ein russischer Sklave, sondern wie ein freier Franzose, dem die Bewunderung einer unerhörten Heldengröße und Ruhmeswürde unwillkürlich die Kniee beugt; O'Meara, der Arzt, obgleich in Irland geboren, dennoch ganz Engländer, als solcher ein ehemaliger Feind des Kaisers, aber jetzt anerkennend die Majestätsrechte des Unglücks, schreibt freimütig, schmucklos, tatbeständlich, fast im Lapidarstil, hingegen kein Stil, sondern ein Stilett ist die spitzige, zustoßende Schreibart des französischen Arztes, Antommarchi, eines Italieners, der ganz besonnentrunken ist von dem Ingrimm und der Poesie seines Landes.

Beide Völker, Briten und Franzosen, lieferten von jeder Seite zwei Männer, gewöhnlichen Geistes, und unbestochen von der herrschenden Macht, und diese Jury hat den Kaiser gerichtet, und verurteilet: ewig zu leben, ewig bewundert, ewig bedauert.

Es sind schon viele große Männer über diese Erde geschritten, hier und da sehen wir die leuchtenden Spuren ihrer Fußstapfen, und in heiligen Stunden treten sie, wie Nebelgebilde vor unsere Seele; aber ein ebenfalls großer Mann sieht seine Vorgänger weit deutlicher, aus einzelnen Funken ihrer irdischen Lichtspur erkennt er ihr geheimstes Tun, aus einem einzigen hinterlassenen Worte erkennt er alle Falten ihres Herzens; und solchermaßen, in einer mystischen Gemeinschaft, leben die großen Männer aller Zeiten, über die Jahrtausende hinweg nicken sie einander zu, und sehen sich an bedeutungsvoll, und ihre Blicke begegnen sich auf den Gräbern untergegangener Geschlechter, die sich zwischen sie gedrängt hatten, und sie verstehen sich und haben sich lieb. Wir Kleinen aber, die wir nicht so intimen Umgang pflegen können mit den Großen der Vergangenheit, wovon wir nur selten die Spur und Nebelformen sehen, für uns ist es vom höchsten Werte, wenn wir über einen solchen Großen so viel erfahren, daß es uns leicht wird, ihn ganz lebensklar in unsre Seele aufzunehmen, und dadurch unsre Seele zu erweitern. Ein solcher ist Napoleon Bonaparte. Wir wissen von ihm, von seinem Leben und Streben, mehr als von den andern Großen dieser Erde, und täglich erfahren wir davon noch mehr und mehr. Wir sehen wie das verschüttete Götterbild langsam ausgegraben wird, und mit jeder Schaufel Erdschlamm, die man von ihm abnimmt, wächst unser freudiges Erstaunen über das Ebenmaß und die Pracht der edlen Formen, die da hervortreten, und die Geistesblitze der Feinde, die das große Bild zerschmettern wollen, dienen nur dazu, es desto glanzvoller zu beleuchten. Solches geschieht namentlich durch die Äußerungen der Frau von Staël, die in all ihrer Herbheit doch nichts anders sagt, als daß der Kaiser kein Mensch war wie die andern, und daß sein Geist mit keinem vorhandenen Maßstab gemessen werden kann.

Ein solcher Geist ist es, worauf Kant hindeutet, wenn er sagt: daß wir uns einen Verstand denken können, der, weil er nicht wie der unsrige diskursiv, sondern intuitiv ist, vom synthetisch Allgemeinen, der Anschauung eines Ganzen als eines solchen, zum Besonderen geht, das ist, von dem Ganzen zu den Teilen. Ja, was wir durch langsames analytisches Nachdenken und lange Schlußfolgen erkennen, das hatte jener Geist im selben Momente angeschaut und tief begriffen. Daher sein Talent die Zeit, die Gegenwart zu verstehen, ihren Geist zu kajolieren, ihn nie zu beleidigen, und immer zu benutzen.

Da aber dieser Geist der Zeit nicht bloß revolutionär ist, sondern durch den Zusammenfluß beider Ansichten, der revolutionären und der contrerevolutionären, gebildet worden, so handelte Napoleon nie ganz revolutionär und nie ganz contrerevolutionär, sondern immer im Sinne beider Ansichten, beider Prinzipien, beider Bestrebungen, die in ihm ihre Vereinigung fanden, und demnach handelte er beständig naturgemäß, einfach, groß, nie krampfhaft barsch, immer ruhig milde. Daher intrigierte er nie im Einzelnen, und seine Schläge geschahen immer durch seine Kunst, die Massen zu begreifen und zu lenken. Zur verwickelten, langsamen Intrige neigen sich kleine, analytische Geister, hingegen synthetische, intuitive Geister wissen auf wunderbar geniale Weise die Mittel, die ihnen die Gegenwart bietet, so zu verbinden, daß sie dieselben zu ihrem Zwecke schnell benutzen können. Erstere scheitern sehr oft, da keine menschliche Klugheit alle Vorfallenheiten des Lebens voraussehen kann und die Verhältnisse des Lebens nie lange stabil sind; letzteren hingegen, den intuitiven Menschen, gelingen ihre Vorsätze am leichtesten, da sie nur einer richtigen Berechnung des Vorhandenen bedürfen, und so schnell handeln, daß dieses, durch die Bewegung der Lebenswogen, keine plötzliche, unvorhergesehene Veränderung erleiden kann.

Es ist ein glückliches Zusammentreffen, daß Napoleon gerade zu einer Zeit gelebt hat, die ganz besonders viel Sinn hat für Geschichte, ihre Erforschung und Darstellung. Es werden uns daher, durch die Memoiren der Zeitgenossen, wenige Notizen über Napoleon vorenthalten werden, und täglich vergrößert sich die Zahl der Geschichtsbücher, die ihn mehr oder minder im Zusammenhang mit der übrigen Welt schildern wollen. Die Ankündigung eines solchen Buches aus Walter Scotts Feder erregt daher die neugierigste Erwartung.

Alle Verehrer Scotts müssen für ihn zittern; denn ein solches Buch kann leicht der russische Feldzug jenes Ruhmes werden, den er mühsam erworben durch eine Reihe historischer Romane, die mehr durch ihr Thema, als durch ihre poetische Kraft, alle Herzen Europas bewegt haben. Dieses Thema ist aber nicht bloß eine elegische Klage über Schottlands volkstümliche Herrlichkeit, die allmählig verdrängt wurde von fremder Sitte, Herrschaft und Denkweise; sondern es ist der große Schmerz über den Verlust der Nationalbesonderheiten, die in der Allgemeinheit neuerer Kultur verlorengehen, ein Schmerz, der jetzt in den Herzen aller Völker zuckt. Denn Nationalerinnerungen liegen tiefer in der Menschen Brust, als man gewöhnlich glaubt. Man wage es nur, die alten Bilder wieder auszugraben, und über Nacht blüht hervor auch die alte Liebe mit ihren Blumen. Das ist nicht figürlich gesagt, sondern es ist eine Tatsache: Als Bullock vor einigen Jahren ein altheidnisches Steinbild in Mexiko ausgegraben, fand er den andern Tag, daß es nächtlicherweile mit Blumen bekränzt worden; und doch hatte Spanien, mit Feuer und Schwert, den alten Glauben der Mexikaner zerstört, und seit drei Jahrhunderten ihre Gemüter gar stark umgewühlt und gepflügt und mit Christentum besäet. Solche Blumen aber blühen auch in den Walter-Scottschen Dichtungen, diese Dichtungen selbst wecken die alten Gefühle, und wie einst in Granada Männer und Weiber mit dem Geheul der Verzweiflung aus den Häusern stürzten, wenn das Lied vom Einzug des Maurenkönigs auf den Straßen erklang, dergestalt, daß bei Todesstrafe verboten wurde, es zu singen: so hat der Ton, der in den Scottschen Dichtungen herrscht, eine ganze Welt schmerzhaft erschüttert. Dieser Ton klingt wider in den Herzen unseres Adels, der seine Schlösser und Wappen verfallen sieht, er klingt wider in den Herzen des Bürgers, dem die behaglich enge Weise der Altvordern verdrängt wird durch weite, unerfreuliche Modernität; er klingt wider in katholischen Domen, woraus der Glaube entflohen, und in rabbinischen Synagogen, woraus sogar die Gläubigen fliehen; er klingt über die ganze Erde, bis in die Banianenwälder Hindostans, wo der seufzende Brahmine das Absterben seiner Götter, die Zerstörung ihrer uralten Weltordnung, und den ganzen Sieg der Engländer voraussieht.

Dieser Ton, der gewaltigste, den der schottische Barde auf seiner Riesenharfe anzuschlagen weiß, paßt aber nicht zu dem Kaiserliede von dem Napoleon, dem neuen Manne, dem Manne der neuen Zeit, dem Manne, worin diese neue Zeit so leuchtend sich abspiegelt, daß wir dadurch fast geblendet werden, und unterdessen nimmermehr denken an die verschollene Vergangenheit und ihre verbliebene Pracht. Es ist wohl zu vermuten, daß Scott, seiner Vorneigung gemäß, jenes angedeutete, stabile Element im Charakter Napoleons, die contrerevolutionäre Seite seines Geistes vorzugsweise auffassen wird, statt daß andere Schriftsteller bloß das revolutionäre Prinzip in ihm erkennen. Von dieser letzteren Seite würde ihn Byron geschildert haben, der in seinem ganzen Streben den Gegensatz zu Scott bildete, und statt, gleich diesem, den Untergang der alten Formen zu beklagen, sich sogar von denen, die noch stehen geblieben sind, verdrießlich beengt fühlt, sie, mit revolutionärem Lachen und Zähnefletschen, niederreißen möchte, und in diesem Ärger die heiligsten Blumen des Lebens mit seinem melodischen Gifte beschädigt, und sich, wie ein wahnsinniger Harlekin den Dolch ins Herz stößt, um, mit dem hervorströmenden, schwarzen Blute, Herren und Damen neckisch zu bespritzen.

Wahrlich, in diesem Augenblicke fühle ich sehr lebhaft, daß ich kein Nachbeter, oder besser gesagt Nachfrevler Byrons bin, mein Blut ist nicht so spleenisch schwarz, meine Bitterkeit kömmt nur aus den Galläpfeln meiner Dinte, und wenn Gift in mir ist, so ist es doch nur Gegengift, Gegengift wider jene Schlangen, die im Schutte der alten Dome und Burgen so bedrohlich lauern. Von allen großen Schriftstellern ist Byron just derjenige, dessen Lektüre mich am unleidlichsten berührt; wohingegen Scott mir, in jedem seiner Werke, das Herz erfreut, beruhigt und erkräftigt. Mich erfreut sogar die Nachahmung derselben, wie wir sie bei W. Alexis, Bronikowski und Cooper finden, welcher erstere, im ironischen »Walladmor«, seinem Vorbilde am nächsten steht, und uns auch in einer späteren Dichtung so viel Gestalten- und Geistesreichtum gezeigt hat, daß er wohl imstande wäre, mit poetischer Ursprünglichkeit, die sich nur der scottischen Form bedient, uns die teuersten Momente deutscher Geschichte, in einer Reihe historischer Novellen, vor die Seele zu führen.

Aber keinem wahren Genius lassen sich bestimmte Bahnen vorzeichnen, diese liegen außerhalb aller kritischen Berechnung, und so mag es auch als ein harmloses Gedankenspiel betrachtet werden, wenn ich über W. Scotts Kaisergeschichte mein Vorurteil aussprach. »Vorurteil« ist hier der umfassendste Ausdruck. Nur eins läßt sich mit Bestimmtheit sagen: das Buch wird gelesen werden vom Aufgang bis zum Niedergang, und wir Deutschen werden es übersetzen.

Wir haben auch den Ségur übersetzt. Nicht wahr, es ist ein hübsches episches Gedicht? Wir Deutschen schreiben auch epische Gedichte, aber die Helden derselben existieren bloß in unserem Kopfe. Hingegen die Helden des französischen Epos sind wirkliche Helden, die viel größere Taten vollbracht, und viel größere Leiden gelitten, als wir in unseren Dachstübchen ersinnen können. Und wir haben doch viel Phantasie, und die Franzosen haben nur wenig. Vielleicht hat deshalb der liebe Gott den Franzosen auf eine andere Art nachgeholfen, und sie brauchen nur treu zu erzählen, was sie in den letzten dreißig Jahren gesehen und getan, und sie haben eine erlebte Literatur, wie noch kein Volk und keine Zeit sie hervorgebracht. Diese Memoiren von Staatsleuten, Soldaten und edlen Frauen, wie sie in Frankreich täglich erscheinen, bilden einen Sagenkreis, woran die Nachwelt genug zu denken und zu singen hat, und worin, als dessen Mittelpunkt, das Leben des großen Kaisers, wie ein Riesenbaum, emporragt. Die Ségursche Geschichte des Rußlandzuges ist ein Lied, ein französisches Volkslied, das zu diesem Sagenkreise gehört, und, in seinem Tone und Stoffe, den epischen Dichtungen aller Zeiten gleicht und gleichsteht. Ein Heldengedicht, das durch den Zauberspruch »Freiheit und Gleichheit« aus dem Boden Frankreichs emporgeschossen, hat, wie im Triumphzug, berauscht von Ruhm und geführt von dem Gotte des Ruhmes selbst, die Welt durchzogen, erschreckt und verherrlicht, tanzt endlich den rasselnden Waffentanz auf den Eisfeldern des Nordens, und diese brechen ein, und die Söhne des Feuers und der Freiheit gehen zugrunde durch Kälte und Sklaven.

Solche Beschreibung oder Prophezeiung des Untergangs einer Heldenwelt ist Grundton und Stoff der epischen Dichtungen aller Völker. Auf den Felsen von Ellore und anderer indischer Grottentempel steht solche epische Katastrophe eingegraben mit Riesenhieroglyphen, deren Schlüssel im Mahabharata zu finden ist; der Norden hat in nicht minder steinernen Worten, in seiner Edda, diesen Götteruntergang ausgesprochen; das Lied der Nibelungen besingt dasselbe tragische Verderben, und hat, in seinem Schlusse, noch ganz besondere Ähnlichkeit mit der Ségurschen Beschreibung des Brandes von Moskau; das Rolandslied von der Schlacht bei Roncisval, dessen Worte verschollen, dessen Sage aber noch nicht erloschen, und noch unlängst von einem der größten Dichter des Vaterlandes, von Immermann, heraufbeschworen worden, ist ebenfalls der alte Unglücksgesang; und gar das Lied von Ilion verherrlicht am schönsten das alte Thema, und ist doch nicht großartiger und schmerzlicher als das französische Volkslied, worin Ségur den Untergang seiner Heroenwelt besungen hat. Ja, dieses ist ein wahres Epos, Frankreichs Heldenjugend ist der schöne Heros, der früh dahinsinkt, wie wir solches Leid schon sahen in dem Tode Baldurs, Siegfrieds, Rolands und Achilles', die ebenso durch Unglück und Verrat gefallen; und jene Helden, die wir in der Ilias bewundert, wir finden sie wieder im Liede des Ségur, wir sehen sie ratschlagen, zanken und kämpfen, wie einst vor dem skäischen Tore, ist auch die Jacke des Königs von Neapel etwas allzu buntscheckig modern, so ist doch sein Schlachtmut und Übermut ebenso groß, wie der des Peliden, ein Hektor an Milde und Tapferkeit steht vor uns Prinz Eugen, der edle Ritter, Ney kämpft wie ein Ajax, Berthier ist ein Nestor ohne Weisheit, Davoust, Daru, Caulaincourt usw. in ihnen wohnen die Seelen des Menelaos, des Odysseus, des Diomedes – nur der Kaiser selbst findet nicht seinesgleichen, in seinem Haupte ist der Olymp des Gedichtes, und wenn ich ihn, in seiner äußeren Herrschererscheinung, mit dem Agamemnon vergleiche, so geschieht das, weil ihn, ebenso wie den größten Teil seiner herrlichen Kampfgenossen, ein tragisches Schicksal erwartete, und weil sein Orestes noch lebt.

Wie die Scottschen Dichtungen hat auch das Ségursche Epos einen Ton, der unsere Herzen bezwingt. Aber dieser Ton weckt nicht die Liebe zu längst verschollenen Tagen der Vorzeit, sondern es ist ein Ton, dessen Klangfigur uns die Gegenwart gibt, ein Ton, der uns für ebendiese Gegenwart begeistert.

Wir Deutschen sind doch wahre Peter Schlemihle! Wir haben auch in der letzten Zeit viel gesehen, viel ertragen, z. B. Einquartierung und Adelstolz; und wir haben unser edelstes Blut hingegeben, z. B. an England, das noch jetzt jährlich eine anständige Summe, für abgeschossene deutsche Arme und Beine, ihren ehemaligen Eigentümern zu bezahlen hat; und wir haben im Kleinen so viel Großes getan, daß wenn man es zusammenrechnete, die größten Taten herauskämen, z. B. in Tirol; und wir haben viel verloren, z. B. unsern Schlagschatten, den Titel des lieben, heiligen, römischen Reichs – und dennoch, mit allen Verlüsten, Opfern, Entbehrungen, Malheurs und Großtaten, hat unsere Literatur kein einziges solcher Denkmäler des Ruhmes gewonnen, wie sie bei unseren Nachbaren, gleich ewigen Trophäen, täglich emporsteigen. Unsere Leipziger Messen haben wenig profitiert durch die Schlacht bei Leipzig. Ein Gothaer, höre ich, will sie noch nachträglich, in epischer Form, besingen; da er aber noch nicht weiß, ob er zu den 100 000 Seelen gehört, die Hildburghausen bekömmt, oder zu den 150 000, die Meiningen bekömmt, oder zu den 160 000, die Altenburg bekömmt, so kann er sein Epos noch nicht anfangen, er müßte denn beginnen: »Singe unsterbliche Seele, Hildburghäusische Seele, – Meiningsche Seele, oder auch Altenburgische Seele, – Gleichviel singe, singe der sündigen Deutschen Erlösung!« Dieser Seelenschacher im Herzen des Vaterlandes und dessen blutende Zerrissenheit, läßt keinen stolzen Sinn, und noch viel weniger ein stolzes Wort aufkommen, unsere schönsten Taten werden lächerlich durch den dummen Erfolg, und während wir uns unmutig einhüllen in den Purpurmantel des deutschen Heldenblutes, kömmt ein politischer Schalk und setzt uns die Schellenkappe aufs Haupt.

Aus: Die Nordsee. 1826. Dritte Abteilung

OSTFRIESLAND

In Ostfriesland, an der Küste der Nordsee, gibt es Buchten, die gleichsam kleine Hafen bilden und Siele heißen. An den äußersten Vorsprüngen derselben steht das einsame Haus irgendeines Fischers, der hier mit seiner Familie ruhig und genügsam lebt. Die Natur ist dort traurig, kein Vogel pfeift, außer den Seemöwen, welche manchmal mit einem fatalen Gekreische aus den Sandnestern der Dünen hervorfliegen und Sturm verkünden. Das monotone Geplätscher der brandenden See paßt sehr gut zu den düstern Wolkenzügen. Auch die Menschen singen hier nicht, und an dieser melancholischen Küste hört man nie die Strophe eines Volksliedes. Die Menschen hierzulande sind ernst, ehrlich, mehr vernünftig als religiös, und stolz auf den kühnen Sinn und auf die Freiheit ihrer Altvordern. Solche Leute sind nicht phantastisch aufregbar, und grübeln nicht viel. Die Hauptsache für den Fischer, der auf seinem einsamen Siel wohnt, ist der Fischfang, und dann und wann das Fährgeld der Reisenden, die nach einer der umliegenden Inseln der Nordsee übergesetzt sein wollen. Zu einer bestimmten Zeit des Jahres, heißt es, just um die Mittagsstunde, wo eben der Fischer mit seiner Familie, das Mittagsmahl verzehrend, zu Tische sitzt, tritt ein Reisender in die große Wohnstube, und bittet den Hausherrn, ihm einige Augenblicke zu vergönnen, um ein Geschäft mit ihm zu besprechen. Der Fischer, nachdem er den Gast vergeblich gebeten, vorher an der Mahlzeit teilzunehmen, erfüllt am Ende dessen Begehr, und beide treten beiseite an ein Erkertischchen. Ich will das Aussehen des Fremden nicht lange beschreiben in müßiger Novellistenweise; bei der Aufgabe, die ich mir gestellt, genügt ein genaues Signalement. Ich bemerke also Folgendes: Der Fremde ist ein schon bejahrtes, aber doch wohlkonserviertes Männchen, ein jugendlicher Greis, gehäbig aber nicht fett, die Wänglein rot wie Borsdorfer Äpfel, die Äuglein lustig nach allen Seiten blinzelnd, und auf dem gepuderten Köpfchen sitzt ein dreieckiges Hütlein. Unter einer hellgelben Houppelande mit unzähligen Krägelchen trägt der Mann die altmodische Kleidung, die wir auf Porträten holländischer Kaufleute finden, und welche eine gewisse Wohlhabenheit verrät: ein seidenes papageigrünes Röckchen, blumengestickte Weste, kurze schwarze Höschen, gestreifte Strümpfe und Schnallenschuhe; letztere sind so blank, daß man nicht begreift, wie jemand durch den Schlamm der Sielwege zu Fuße so unbeschmutzt hergelangen konnte. Seine Stimme ist asthmatisch, feindrähtig und manchmal ins Greinende überschlagend, doch der Vortrag und die Haltung des Männleins ist gravitätisch gemessen, wie es einem holländischen Kaufmann ziemt. Diese Gravität scheint jedoch mehr erkünstelt als natürlich zu sein, und sie kontrastiert manchmal mit dem forschsamen Hin- und Herlugen der Äuglein, sowie auch mit der schlecht unterdrückten flatterhaften Beweglichkeit der Beine und Arme. Daß der Fremde ein holländischer Kaufmann ist, bezeugt nicht bloß seine Kleidung, sondern auch die merkantilische Genauigkeit und Umsicht, womit er das Geschäft so vorteilhaft als möglich für seinen Kommittenten abzuschließen weiß. Er ist nämlich, wie er sagt, Spediteur und hat von einem seiner Handelsfreunde den Auftrag erhalten, eine bestimmte Anzahl Seelen, soviel in einer gewöhnlichen Barke Raum fänden, von der ostfriesischen Küste nach der weißen Insel zu fördern; zu diesem Behufe nun, fährt er fort, möchte er wissen, ob der Schiffer diese Nacht die erwähnte Ladung mit seiner Barke nach der erwähnten Insel übersetzen wolle, und für diesen Fall sei er erbötig, ihm das Fährgeld gleich vorauszuzahlen, zuversichtlich hoffend, daß er aus christlicher Bescheidenheit seine Forderung recht billig stellen werde. Der holländische Kaufmann (dieses ist eigentlich ein Pleonasmus, da jeder Holländer Kaufmann ist) macht diesen Antrag mit der größten Unbefangenheit, als handle es sich von einer Ladung Käse, und nicht von Seelen der Verstorbenen. Der Fischer stutzt einigermaßen bei dem Wort Seelen, und es rieselt ihm ein bißchen kalt über den Rücken, da er gleich merkt, daß von den Seelen der Verstorbenen die Rede sei, und daß er den gespenstischen Holländer vor sich habe, der so manchen seiner Kollegen die Überfahrt der verstorbenen Seelen anvertraute und gut dafür bezahlte. Wie ich jedoch oben bemerkt, diese ostfriesischen Küstenbewohner sind mutig und gesund und nüchtern, und es fehlt ihnen jene Kränklichkeit und Einbildungskraft, welche uns für das Gespenstische und Übersinnliche empfänglich macht: Unsres Fischers geheimes Grauen dauert daher nur einen Augenblick; seine unheimliche Empfindung unterdrückend, gewinnt er bald seine Fassung, und mit dem Anschein des größten Gleichmuts ist er nur darauf bedacht, das Fährgeld so hoch als möglich zu steigern. Doch nach einigem Feilschen und Dingen verständigen sich beide Kontrahenten über den Fahrlohn, sie geben einander den Handschlag zur Bekräftigung der Übereinkunft, und der Holländer, welcher einen schmutzigen ledernen Beutel hervorzieht, angefüllt mit lauter ganz kleinen Silberpfennigen, den kleinsten, die je in Holland geschlagen worden, zahlt die ganze Summe des Fahrgelds in dieser putzigen Münzsorte. Indem er dem Fischer noch die Instruktion gibt, gegen Mitternacht, zur Zeit wo der Mond aus den Wolken hervortreten würde, sich an einer bestimmten Stelle der Küste mit seiner Barke einzufinden, um die Ladung in Empfang zu nehmen, verabschiedet er sich bei der ganzen Familie, welche vergebens ihre Einladung zum Mitspeisen wiederholte, und die eben noch so gravitätische Figur trippelt mit leichtfüßigen Schritten von dannen.

Um die bestimmte Zeit befindet sich der Schiffer an dem bestimmten Orte mit seiner Barke, die anfangs von den Wellen hin und her geschaukelt wird; aber nachdem der Vollmond sich gezeigt, bemerkt der Schiffer, daß sein Fahrzeug sich minder leicht bewegt und immer tiefer in die Flut einsinkt, so daß am Ende das Wasser nur noch eine Handbreit vom Rand entfernt bleibt. Dieser Umstand belehrt ihn, daß seine Passagiere, die Seelen, jetzt an Bord sein müssen, und er stößt ab mit seiner Ladung. Er mag noch so sehr seine Augen anstrengen, doch bemerkt er im Kahne nichts als einige Nebelstreifen, die sich hin und her bewegen, aber keine bestimmte Gestalt annehmen und ineinander verquirlen. Er mag auch noch so sehr horchen, so hört er doch nichts als ein unsäglich leises Zirpen und Knistern. Nur dann und wann schießt schrillend eine Möwe über sein Haupt, oder es taucht neben ihm aus der Flut ein Fisch hervor, der ihn blöde anglotzt. Es gähnt die Nacht, und frostiger weht die Seeluft. Überall nur Wasser, Mondschein und Stille; und schweigsam, wie seine Umgebung, ist der Schiffer, der endlich an der weißen Insel anlangt und mit seinem Kahne stillhält. Auf dem Strande sieht er niemand, aber er hört eine schrille, asthmatisch keuchende und greinende Stimme, worin er die des Holländers erkennt; derselbe scheint ein Verzeichnis von lauter Eigennamen abzulesen, in einer gewissen verifizierenden, monotonen Weise; unter diesen Namen sind dem Fischer manche bekannt und gehören Personen, die in demselben Jahr verstorben. Während dem Ablesen dieses Namenverzeichnisses wird der Kahn immer leichter, und lag er eben noch so schwer im Sande des Ufers, so hebt er sich jetzt plötzlich leicht empor, sobald die Ablesung zu Ende ist; und der Schiffer, welcher daran merkt, daß seine Ladung richtig in Empfang genommen ist, fährt wieder ruhig zurück zu Weib und Kind, nach seinem lieben Hause am Siel.

So geht es jedesmal mit dem Überschiffen der Seelen nach der weißen Insel. Als einen besondern Umstand bemerkte einst der Schiffer, daß der unsichtbare Kontrolleur im Ablesen des Namenverzeichnisses plötzlich innehielt und ausrief: »Wo ist aber Pitter Jansen? Das ist nicht Pitter Jansen.« Worauf ein feines, wimmerndes Stimmchen antwortete: »Ik bin Pitter Jansens Mieke, un häb mi op mines Manns Noame inskreberen laten.« (Ich bin Pitter Jansens Mieke, und habe mich auf meines Mannes Namen einschreiben lassen.)

Ich habe mich oben vermessen, trotz der pfiffigen Vermummung die wichtige mythologische Person zu erraten, die in obiger Tradition zum Vorschein kommt. Dieses ist keine geringere als der Gott Mercurius, der ehemalige Seelenführer, Hermes Psychopompos. Ja, unter jener schäbigen Houppelande und in jener nüchternen Krämergestalt verbirgt sich der brillanteste jugendliche Heidengott, der kluge Sohn der Maja. Auf jenem dreieckigen Hütchen steckt auch nicht der geringste Federwisch, der an die Fittiche der göttlichen Kopfbedeckung erinnern könnte, und die plumpen Schuhe mit den stählernen Schnallen mahnen nicht im mindesten an beflügelte Sandalen; dieses holländisch schwerfällige Blei ist so ganz verschieden von dem beweglichen Quecksilber, dem der Gott sogar seinen Namen verliehen: Aber eben der Kontrast verrät die Absicht, und der Gott wählte diese Maske, um sich desto sicherer verstellt zu halten. Vielleicht aber wählte er sie keineswegs aus willkürlicher Laune: Merkur war, wie ihr wißt, zu gleicher Zeit der Gott der Diebe und der Kaufleute, und es lag nahe, daß er bei der Wahl einer Maske, die ihn verbergen, und eines Gewerbes, das ihn ernähren könnte, auf seine Antezedentien und Talente Rücksicht nahm. Letztere waren erprobt: Er war der erfindungsreichste der Olympier, er hatte die Schildkrötenlyra und das Sonnengas erfunden, er bestahl Menschen und Götter, und schon als Kind war er ein kleiner Calmonius, der seiner Wiege entschlüpfte, um ein paar Rinder zu stibitzen. Er hatte zu wählen zwischen den zwei Industrien, die im wesentlichen nicht sehr verschieden, da bei beiden die Aufgabe gestellt ist, das fremde Eigentum so wohlfeil als möglich zu erlangen: Aber der pfiffige Gott bedachte, daß der Diebesstand in der öffentlichen Meinung keine so hohe Achtung genießt wie der Handelsstand, daß jener von der Polizei verpönt, während dieser von den Gesetzen sogar privilegiert ist, daß die Kaufleute jetzt auf der Leiter der Ehre die höchste Staffel erklimmen, während die vom Diebesstand manchmal eine minder angenehme Leiter besteigen müssen, daß sie Freiheit und Leben aufs Spiel setzen, während der Kaufmann nur seine Kapitalien oder nur die seiner Freunde einbüßen kann, und der pfiffigste der Götter ward Kaufmann, und um es vollständig zu sein, ward er sogar Holländer. Seine lange Praxis als ehemaliger Psychopompos, als Schattenführer, machte ihn besonders geeignet für die Spedition der Seelen, deren Transport nach der weißen Insel, wie wir sahen, durch ihn betrieben wird.

Die weiße Insel wird zuweilen auch Brea oder Britinia genannt. Denkt man vielleicht an das weiße Albion, an die Kalkfelsen der englischen Küste? Es wäre eine humoristische Idee, wenn man England als ein Totenland, als das plutonische Reich, als die Hölle bezeichnen wollte. England mag in der Tat manchem Fremden in solcher Gestalt erscheinen.

Aus: Die Götter im Exil

HELGOLAND UND CUXHAVEN

Helgoland, den 1. Julius 1830.

-- Ich selber bin dieses Guerillakrieges müde und sehne mich nach Ruhe, wenigstens nach einem Zustand, wo ich mich meinen natürlichen Neigungen, meiner träumerischen Art und Weise, meinem phantastischen Sinnen und Grübeln ganz fessellos hingeben kann. Welche Ironie des Geschickes, daß ich, der ich mich so gerne auf die Pfühle des stillen beschaulichen Gemütlebens bette, daß eben ich dazu bestimmt war, meine armen Mitdeutschen aus ihrer Behaglichkeit hervorzugeißeln und in die Bewegung hineinzuhetzen! Ich, der ich mich am liebsten damit beschäftige, Wolkenzüge zu beobachten, metrische Wortzauber zu erklügeln, die Geheimnisse der Elementargeister zu erlauschen und mich in die Wunderwelt alter Märchen zu versenken ... ich mußte politische Annalen herausgeben, Zeitinteressen vortragen, revolutionäre Wünsche anzetteln, die Leidenschaften aufstacheln, den armen deutschen Michel beständig an der Nase zupfen, daß er aus seinem gesunden Riesenschlaf erwache ... Freilich, ich konnte dadurch bei dem schnarchenden Giganten nur ein sanftes Niesen, keineswegs aber ein Erwachen bewirken ... Und riß ich auch heftig an seinem Kopfkissen, so rückte er es sich doch wieder zurecht mit schlaftrunkener Hand ... Einst wollte ich aus Verzweiflung seine Nachtmütze in Brand stecken, aber sie war so feucht von Gedankenschweiß, daß sie nur gelinde rauchte ... und Michel lächelte im Schlummer ...

Ich bin müde und lechze nach Ruhe. Ich werde mir ebenfalls eine deutsche Nachtmütze anschaffen und über die Ohren ziehen. Wenn ich nur wüßte, wo ich jetzt mein Haupt niederlegen kann. In Deutschland ist es unmöglich. Jeden Augenblick würde ein Polizeidiener herankommen und mich rütteln, um zu erproben, ob ich wirklich schlafe; schon diese Idee verdirbt mir alles Behagen. Aber in der Tat, wo soll ich hin? Wieder nach Süden? Nach dem Lande, wo die Zitronen blühen und die Goldorangen? Ach! vor jedem Zitronenbaum steht dort eine östreichische Schildwache und donnert dir ein schreckliches Werda! entgegen. Wie die Zitronen so sind auch die Goldorangen jetzt sehr sauer. Oder soll ich nach Norden? Etwa nach Nordosten? Ach, die Eisbären sind jetzt gefährlicher als je, seitdem sie sich zivilisieren und Glacéhandschuh tragen. Oder soll ich wieder nach dem verteufelten England, wo ich nicht in effigie hängen, wieviel weniger in Person leben möchte! Man sollte einem noch Geld dazugeben, um dort zu wohnen, und statt dessen kostet einem der Aufenthalt in England doppelt soviel wie an anderen Orten. Nimmermehr nach diesem schnöden Lande, wo die Maschinen sich wie Menschen und die Menschen wie Maschinen gebärden. Das schnurrt und schweigt so beängstigend. Als ich dem hiesigen Gouverneur präsentiert wurde, und dieser Stockengländer mehre Minuten, ohne ein Wort zu sprechen unbeweglich vor mir stand, kam es mir unwillkürlich in den Sinn ihn einmal von hinten zu betrachten, um nachzusehen, ob man etwa dort vergessen habe, die Maschinen aufzuziehen. Daß die Insel Helgoland unter britischer Herrschaft steht, ist mir schon hinlänglich fatal. Ich bilde mir manchmal ein, ich röche jene Langeweile, welche Albions Söhne überall ausdünsten. In der Tat, aus jedem Engländer entwickelt sich ein gewisses Gas, die tödliche Stickluft der Langeweile, und dieses habe ich mit eigenen Augen beobachtet, nicht in England, wo die Atmosphäre ganz davon geschwängert ist, aber in südlichen Ländern, wo der reisende Brite isoliert umherwandert und die graue Aureole der Langeweile, die sein Haupt umgibt, in der sonnig blauen Luft recht schneidend sichtbar wird. Die Engländer freilich glauben, ihre dicke Langeweile sei ein Produkt des Ortes, und um derselben zu entfliehen, reisen sie durch alle Lande, langweilen sich überall und kehren heim mit einem *diary of an ennuyé*. Es geht ihnen wie dem Soldaten, dem seine Kameraden, als er schlafend auf der Pritsche lag, Unrat unter die Nase rieben; als er erwachte, bemerkte er, es röche schlecht in der Wachtstube, und er ging hinaus, kam aber bald zurück und behauptete, auch draußen röche es übel, die ganze Welt stänke.

Einer meiner Freunde, welcher jüngst aus Frankreich kam, behauptete, die Engländer bereisten den Kontinent aus Verzweiflung über die plumpe Küche ihrer Heimat; an den französischen Table d'hôten sähe man dicke Engländer, die nichts als Vol-au-Vents, Crème Suprêmes, Ragouts, Gelees und dergleichen luftige Speisen verschluckten, und zwar mit jenem kolossalen Appetite, der sich daheim an Roastbeefmassen und Yorkshirer Plumpudding geübt hatte und wodurch am Ende alle französische Gastwirte zugrunde gehen müssen. Ist etwa wirklich die Exploitation der Table d'hôte der geheime Grund, weshalb die Engländer herumreisen? Während wir über die Flüchtigkeit lächeln, womit sie überall die Merkwürdigkeiten und Gemäldegalerien ansehen, sind sie es vielleicht, die uns mystifizieren, und ihre belächelte Neugier ist nichts als ein pfiffiger Deckmantel für ihre gastronomischen Absichten?

Aber wie vortrefflich auch die französische Küche, in Frankreich selbst soll es jetzt schlecht aussehen, und die große Retirade hat noch kein Ende. Die Jesuiten florieren dort und singen Triumphlieder. Die dortigen Machthaber sind dieselben Toren, denen man bereits vor fünfzig Jahren die Köpfe abgeschlagen …

Was halfs! sie sind dem Grabe wieder entstiegen, und jetzt ist ihr Regiment törichter als früher; denn als man sie aus dem Totenreich ans Tageslicht heraufließ, haben manche von ihnen, in der Hast, den ersten besten Kopf aufgesetzt, der ihnen zur Hand lag, und da ereigneten sich gar heillose Mißgriffe: Die Köpfe passen manchmal nicht zu dem Rumpf und zu dem Herzen, das darin spukt. Da ist mancher, welcher wie die Vernunft selbst auf der Tribüne sich ausspricht, so daß wir den klugen Kopf bewundern, und doch läßt er sich gleich drauf von dem unverbesserlich verrückten Herzen zu den dümmsten Handlungen verleiten … Es ist ein grauenhafter Widerspruch zwischen den Gedanken und Gefühlen, den Grundsätzen und Leidenschaften, den Reden und den Taten dieser Revenants!

Oder soll ich nach Amerika, nach diesem ungeheuren Freiheitsgefängnis, wo die unsichtbaren Ketten mich noch schmerzlicher drücken würden als zu Hause die sichtbaren und wo der widerwärtigste aller Tyrannen, der Pöbel, seine rohe Herrschaft ausübt! Du weißt, wie ich über dieses gottverfluchte Land denke, das ich einst liebte, als ich es nicht kannte …

Und doch muß ich es öffentlich loben und preisen, aus Metierpflicht … Ihr lieben deutschen Bauern! geht nach Amerika! dort gibt es weder Fürsten noch Adel, alle Menschen sind dort gleich, gleiche Flegel … mit Ausnahme freilich einiger Millionen, die eine schwarze oder braune Haut haben und wie die Hunde behandelt werden! Die eigentliche Sklaverei, die in den meisten nordamerikanischen Provinzen abgeschafft, empört mich nicht so sehr wie die Brutalität womit dort die freien Schwarzen und die Mulatten behandelt werden. Wer auch nur im entferntesten Grade von einem Neger stammt, und wenn auch nicht mehr in der Farbe, sondern nur in der Gesichtsbildung eine solche Abstammung verrät, muß die größten Kränkungen erdulden, Kränkungen, die uns in Europa fabelhaft dünken. Dabei machen diese Amerikaner großes Wesen von ihrem Christentum und sind die eifrigsten Kirchengänger. Solche Heuchelei haben sie von den Engländern gelernt, die ihnen übrigens ihre schlechtesten Eigenschaften zurückließen. Der weltliche Nutzen ist ihre eigentliche Religion, und das Geld ist ihr Gott, ihr einziger, allmächtiger Gott. Freilich, manches edle Herz mag dort im stillen die allgemeine Selbstsucht und Ungerechtigkeit bejammern. Will es aber gar dagegen ankämpfen, so harret seiner ein Martyrtum, das alle europäische Begriffe übersteigt. Ich glaube, es war in New York wo ein protestantischer Prediger über die Mißhandlung der farbigen Menschen so empört war, daß er, dem grausamen Vorurteil trotzend, seine eigne Tochter mit einem Neger verheuratete. Sobald diese wahrhaft christliche Tat bekannt wurde, stürmte das Volk nach dem Hause des Predigers, der nur durch die Flucht dem Tode entrann; aber das Haus ward demoliert, und die Tochter des Predigers, das arme Opfer, ward vom Pöbel ergriffen und mußte seine Wut entgelten. She was lynched, d. h., sie ward splitternackt ausgekleidet, mit Teer bestrichen, in den aufgeschnittenen Federbetten herumgewälzt, in solcher anklebenden Federhülle durch die ganze Stadt geschleift und verhöhnt …

O Freiheit! du bist ein böser Traum!

Helgoland, den 8. Julius.

– – Da gestern Sonntag war und eine bleierne Langeweile über der ganzen Insel lag und mir fast das Haupt eindrückte, griff ich aus Verzweiflung zur Bibel ... und ich gestehe es Dir, trotzdem daß ich ein heimlicher Hellene bin, hat mich das Buch nicht bloß gut unterhalten, sondern auch weidlich erbaut. Welch ein Buch! groß und weit wie die Welt, wurzelnd in die Abgründe der Schöpfung und hinaufragend in die blauen Geheimnisse des Himmels ... Sonnenaufgang und Sonnenuntergang, Verheißung und Erfüllung, Geburt und Tod, das ganze Drama der Menschheit, alles ist in diesem Buche ... Es ist das Buch der Bücher, Biblia. Die Juden sollten sich leicht trösten, daß sie Jerusalem und den Tempel und die Bundeslade und die goldenen Geräte und Kleinodien Salomonis eingebüßt haben ... solcher Verlust ist doch nur geringfügig in Vergleichung mit der Bibel, dem unzerstörbaren Schatze, den sie gerettet. Wenn ich nicht irre, war es Mahomet, welcher die Juden »das Volk des Buches« nannte, ein Name, der ihnen bis heutigen Tag im Oriente verblieben und tiefsinnig bezeichnend ist. Ein Buch ist ihr Vaterland, ihr Besitz, ihr Herrscher, ihr Glück und ihr Unglück. Sie leben in den umfriedeten Marken dieses Buches, hier üben sie ihr unveräußerliches Bürgerrecht, hier kann man sie nicht verjagen, nicht verachten, hier sind sie stark und bewundrungswürdig. Versenkt in der Lektüre dieses Buches, merkten sie wenig von den Verändrungen, die um sie her in der wirklichen Welt vorfielen; Völker erhuben sich und schwanden, Staaten blühten empor und erloschen, Revolutionen stürmten über den Erdboden ... sie aber, die Juden, lagen gebeugt über ihrem Buche und merkten nichts von der wilden Jagd der Zeit, die über ihre Häupter dahinzog!

Wie der Prophet des Morgenlandes sie »das Volk des Buches« nannte, so hat sie der Prophet des Abendlands in seiner Philosophie der Geschichte als »das Volk des Geistes« bezeichnet. Schon in ihren frühesten Anfängen, wie wir im Pentateuch bemerken, bekunden die Juden ihre Vorneigung für das Abstrakte, und ihre ganze Religion ist nichts als ein Akt der Dialektik, wodurch Materie und Geist getrennt und das Absolute nur in der alleinigen Form des Geistes anerkannt wird. Welche schauerlich isolierte Stellung mußten sie einnehmen unter den Völkern des Altertums, die dem freudigsten Naturdienste ergeben, den Geist vielmehr in den Erscheinungen der Materie, in Bild und Symbol, begriffen! Welche entsetzliche Opposition bildeten sie deshalb gegen das buntgefärbte, hieroglyphenwimmelnde Ägypten, gegen Phönizien den großen Freudetempel der Astarte, oder gar gegen die schöne Sünderin, das holde, süßduftige Babylon, und endlich gar gegen Griechenland, die blühende Heimat der Kunst!

Es ist ein merkwürdiges Schauspiel, wie das Volk des Geistes sich allmählig ganz von der Materie befreit, sich ganz spiritualisiert. Moses gab dem Geiste gleichsam materielle Bollwerke, gegen den realen Andrang der Nachbarvölker: Rings um das Feld, wo er Geist gesäet, pflanzte er das schroffe Zeremonialgesetz und eine egoistische Nationalität als schützende Dornhecke. Als aber die heilige Geistpflanze so tiefe Wurzel geschlagen und so himmelhoch emporgeschossen, daß sie nicht mehr ausgereutet werden konnte: da kam Jesus Christus und riß das Zeremonialgesetz nieder, das fürder keine nützliche Bedeutung mehr hatte, und er sprach sogar das Vernichtungsurteil über die jüdische Nationalität … Er berief alle Völker der Erde zur Teilnahme an dem Reiche Gottes, das früher nur einem einzigen auserlesenen Gottesvolke gehörte, er gab der ganzen Menschheit das jüdische Bürgerrecht … Das war eine große Emanzipationsfrage, die jedoch weit großmütiger gelöst wurde wie die heutigen Emanzipationsfragen in Sachsen und Hannover … Freilich der Erlöser, der seine Brüder vom Zeremonialgesetz und der Nationalität befreite und den Kosmopolitismus stiftete, ward ein Opfer seiner Humanität, und der Stadtmagistrat von Jerusalem ließ ihn kreuzigen, und der Pöbel verspottete ihn …

Aber nur der Leib ward verspottet und gekreuzigt, der Geist ward verherrlicht, und das Martyrtum des Triumphators, der dem Geiste die Weltherrschaft erwarb, ward Sinnbild dieses Sieges, und die ganze Menschheit strebte seitdem, in imitationem Christi, nach leiblicher Abtötung und übersinnlichem Aufgehen im absoluten Geiste …

Wann wird die Harmonie wieder eintreten, wann wird die Welt wieder gesunden von dem einseitigen Streben nach Vergeistigung, dem tollen Irrtume, wodurch sowohl Seele wie Körper erkrankten! Ein großes Heilmittel liegt in der politischen Bewegung und in der Kunst. Napoleon und Goethe haben trefflich gewirkt. Jener, indem er die Völker zwang, sich allerlei gesunde Körperbewegung zu gestatten, dieser, indem er uns wieder für griechische Kunst empfänglich machte und solide Werke schuf, woran wir uns, wie an marmornen Götterbildern, festklammern können, um nicht unterzugehen im Nebelmeer des absoluten Geistes …

Helgoland, den 18. Julius.

Im Alten Testamente habe ich das erste Buch Mosis ganz durchgelesen. Wie lange Karawanenzüge zog die heilige Vorwelt durch meinen Geist. Die Kamele ragen hervor. Auf ihrem hohen Rücken sitzen die verschleierten Rosen von Kanaan. Fromme Viehhirten, Ochsen und Kühe vor sich hin treibend. Das zieht über kahle Berge, heiße Sandflächen, wo nur hie und da eine Palmengruppe zum Vorschein kommt und Kühlung fächelt. Die Knechte graben Brunnen. Süßes, stilles, hellsonniges Morgenland! Wie lieblich ruht es sich unter deinen Zelten! O Laban, könnte ich deine Herden weiden! Ich würde dir gerne sieben Jahre dienen um Rahel, und noch andere sieben Jahre für die Lea, die du mir in den Kauf gibst! Ich höre wie sie blöken, die Schafe Jakobs, und ich sehe wie er ihnen die geschälten Stäbe vorhält, wenn sie in der Brunstzeit zur Tränke gehn. Die gesprenkelten gehören jetzt uns. Unterdessen kommt Ruben nach Hause und bringt seiner Mutter einen Strauß Dudaim, die er auf dem Felde gepflückt. Rahel verlangt die Dudaim und Lea gibt sie ihr mit der Bedingung, daß Jakob dafür die nächste Nacht bei ihr schlafe. Was sind Dudaim? Die Kommentatoren haben sich vergebens darüber den Kopf zerbrochen. Luther weiß sich nicht besser zu helfen, als daß er diese Blumen ebenfalls Dudaim nennt. Es sind vielleicht schwäbische Gelbveiglein. Die Liebesgeschichte von der Dina und dem jungen Sichem hat mich sehr gerührt. Ihre Brüder Simeon und Levy haben jedoch die Sache nicht so sentimentalisch aufgefaßt. Abscheulich ist es, daß sie den unglücklichen Sichem und alle seine Angehörigen mit grimmiger Hinterlist erwürgten, obgleich der arme Liebhaber sich anheischig machte ihre Schwester zu heuraten, ihnen Länder und Güter zu geben, sich mit ihnen zu einer einzigen Familie zu verbünden, obgleich er bereits in dieser Absicht sich und sein ganzes Volk beschneiden ließ. Die beiden Burschen hätten froh sein sollen, daß ihre Schwester eine so glänzende Partie machte, die angelobte Verschwägerung war für ihren Stamm von höchstem Nutzen, und dabei gewannen sie, außer der kostbarsten Morgengabe, auch eine gute Strecke Land, dessen sie eben sehr bedurften ... Man kann sich nicht anständiger aufführen wie dieser verliebte Sichemprinz, der am Ende doch nur aus Liebe die Rechte der Ehe antizipiert hatte ...

Aber das ist es, er hatte ihre Schwester geschwächt, und für dieses Vergehen gibt es bei jenen ehrstolzen Brüdern keine andere Buße als den Tod ... und wenn der Vater sie ob ihrer blutigen Tat zur Rede stellt und die Vorteile erwähnt, die ihnen die Verschwägerung mit Sichem verschafft hätte, antworten sie: Sollten wir etwa Handel treiben mit der Jungferschaft unserer Schwester?

Störrige, grausame Herzen, diese Brüder. Aber unter dem harten Stein duftet das zarteste Sittlichkeitsgefühl. Sonderbar, dieses Sittlichkeitsgefühl, wie es sich noch bei anderen Gelegenheiten im Leben der Erzväter äußert, ist nicht Resultat einer positiven Religion oder einer politischen Gesetzgebung – nein, damals gab es bei den Vorfahren der Juden weder positive Religion noch politisches Gesetz, beides entstand erst in späterer Zeit. Ich glaube daher behaupten zu können, die Sittlichkeit ist unabhängig von Dogma und Legislation, sie ist ein reines Produkt des gesunden Menschengefühls, und die wahre Sittlichkeit, die Vernunft des Herzens, wird ewig fortleben, wenn auch Kirche und Staat zugrunde gehen.

Ich wünschte, wir besäßen ein anderes Wort zur Bezeichnung dessen, was wir jetzt Sittlichkeit nennen. Wir könnten sonst verleitet werden, die Sittlichkeit als ein Produkt der Sitte zu betrachten. Die romanischen Völker sind in demselben Falle, indem ihr morale von mores abgeleitet worden. Aber wahre Sittlichkeit ist, wie von Dogma und Legislation, so auch von den Sitten eines Volks unabhängig. Letztere sind Erzeugnisse des Klimas, der Geschichte, und aus solchen Faktoren entstanden Legislation und Dogmatik. Es gibt daher eine indische, eine chinesische, eine christliche Sitte, aber es gibt nur eine einzige, nämlich eine menschliche Sittlichkeit. Diese läßt sich vielleicht nicht im Begriff erfassen, und das Gesetz der Sittlichkeit, das wir Moral nennen, ist nur eine dialektische Spielerei. Die Sittlichkeit offenbart sich in Handlungen und nur in den Motiven derselben, nicht in ihrer Form und Farbe, liegt die sittliche Bedeutung. Auf dem Titelblatt von Golownins Reise nach Japan stehen als Motto die schönen Worte, welche der russische Reisende von einem vornehmen Japanesen vernommen: »Die Sitten der Völker sind verschieden, aber gute Handlungen werden überall als solche anerkannt werden.«

Solange ich denke, habe ich über diesen Gegenstand, die Sittlichkeit, nachgedacht. Das Problem über die Natur des Guten und Bösen, das seit anderthalb Jahrtausend alle große Gemüter in quälende Bewegung gesetzt, hat sich bei mir nur in der Frage von der Sittlichkeit geltend gemacht – –

Aus dem Alten Testament springe ich manchmal ins Neue, und auch hier überschauert mich die Allmacht des großen Buches. Welchen heiligen Boden betritt hier dein Fuß! Bei dieser Lektüre sollte man die Schuhe ausziehen, wie in der Nähe von Heiligtümern.

Die merkwürdigsten Worte des Neuen Testaments sind für mich die Stelle im Evangelium Johannis, Kap. 16, V. 12. 13. »Ich habe euch noch viel zu sagen, aber ihr könnet es jetzt nicht tragen. Wenn aber jener, der Geist der Wahrheit, kommen wird, der wird euch in alle Wahrheit leiten. Denn er wird nicht von sich selbst reden, sondern was er hören wird, das wird er reden, und was zukünftig ist, wird er euch verkündigen.« Das letzte Wort ist also nicht gesagt worden, und hier ist vielleicht der Ring, woran sich eine neue Offenbarung knüpfen läßt. Sie beginnt mit der Erlösung vom Worte, macht dem Martyrtum ein Ende und stiftet das Reich der ewigen Freude: das Millennium. Alle Verheißungen finden zuletzt die reichste Erfüllung.

Eine gewisse mystische Doppelsinnigkeit ist vorherrschend im Neuen Testamente. Eine kluge Abschweifung, nicht ein System, sind die Worte: Gib Cäsarn, was des Cäsars, und Gott was Gottes ist. So auch, wenn man Christum frägt: Bist du König der Juden? ist die Antwort ausweichend. Ebenfalls auf die Frage, ob er Gottes Sohn sei? Mahomet zeigt sich weit offener, bestimmter. Als man ihn mit einer ähnlichen Frage anging, nämlich, ob er Gottes Sohn sei, antwortete er: Gott hat keine Kinder.

Welch ein großes Drama ist die Passion! Und wie tief ist es motiviert durch die Prophezeiungen des Alten Testamentes! Sie konnte nicht umgangen werden, sie war das rote Siegel der Beglaubnis. Gleich den Wundern, so hat auch die Passion als Annonce gedient ... Wenn jetzt ein Heiland aufsteht, braucht er sich nicht mehr kreuzigen zu lassen, um seine Lehre eindrücklich zu veröffentlichen ... er läßt sie ruhig drucken und annonciert das Büchlein in der Allgemeinen Zeitung mit sechs Kreuzer die Zeile Inserationsgebühr.

Welche süße Gestalt dieser Gottmensch! Wie borniert erscheint in Vergleichung mit ihm der Heros des Alten Testaments! Moses liebt sein Volk, mit einer rührenden Innigkeit; wie eine Mutter sorgt er für die Zukunft dieses Volks. Christus liebt die Menschheit, jene Sonne umflammte die ganze Erde mit den wärmenden Strahlen seiner Liebe. Welch ein lindernder Balsam für alle Wunden dieser Welt sind seine Worte! Welch ein Heilquell für alle Leidende war das Blut welches auf Golgatha floß! ... Die weißen marmornen Griechengötter wurden bespritzt von diesem Blute, und erkrankten vor innerem Grauen, und konnten nimmermehr genesen! Die meisten freilich trugen schon längst in sich das verzehrende Siechtum und nur der Schreck beschleunigte ihren Tod. Zuerst starb Pan. Kennst du die Sage, wie Plutarch sie erzählt? Diese Schiffersage des Altertums ist höchst merkwürdig. – Sie lautet folgendermaßen:

Zur Zeit des Tiberius fuhr ein Schiff nahe an den Inseln Parä, welche an der Küste von Ätolien liegen, des Abends vorüber. Die Leute, die sich darauf befanden, waren noch nicht schlafen gegangen, und viele saßen nach dem Nachtessen beim Trinken, als man auf einmal von der Küste her eine Stimme vernahm, welche den Namen des Thamus, (so hieß nämlich der Steuermann), so laut rief, daß alle in die größte Verwunderung gerieten. Beim ersten und zweiten Rufe schwieg Thamus, beim dritten antwortete er; worauf dann die Stimme mit noch verstärktem Tone diese Worte zu ihm sagte: »Wenn du auf die Höhe von Palodes anlangst, so verkündige, daß der große Pan gestorben ist!« Als er nun diese Höhe erreichte, vollzog Thamus den Auftrag und rief vom Hinterteil des Schiffes nach dem Lande hin: »Der große Pan ist tot!« Auf diesen Ruf erfolgten von dort her die sonderbarsten Klagetöne, ein Gemisch von Seufzen und Geschrei der Verwundrung, und wie von vielen zugleich erhoben. Die Augenzeugen erzählten dies Ereignis in Rom, wo man die wunderlichsten Meinungen darüber äußerte. Tiberius ließ die Sache näher untersuchen und zweifelte nicht an der Wahrheit.

Helgoland, den 29. Julius.

Ich habe wieder im Alten Testamente gelesen. Welch ein großes Buch! Merkwürdiger noch als der Inhalt ist für mich diese Darstellung, wo das Wort gleichsam ein Naturprodukt ist, wie ein Baum, wie eine Blume, wie das Meer, wie die Sterne, wie der Mensch selbst. Das sproßt, das fließt, das funkelt, das lächelt, man weiß nicht wie, man weiß nicht warum, man findet alles ganz natürlich. Das ist wirklich das Wort Gottes, statt daß andere Bücher nur von Menschenwitz zeugen. Im Homer, dem anderen großen Buche, ist die Darstellung ein Produkt der Kunst, und wenn auch der Stoff immer, ebenso wie in der Bibel, aus der Realität aufgegriffen ist, so gestaltet er sich doch zu einem poetischen Gebilde, gleichsam umgeschmolzen im Tiegel des menschlichen Geistes; er wird geläutert durch einen geistigen Prozeß, welchen wir die Kunst nennen. In der Bibel erscheint auch keine Spur von Kunst; das ist der Stil eines Notizenbuchs, worin der absolute Geist, gleichsam ohne alle individuelle menschliche Beihülfe, die Tagesvorfälle eingezeichnet, ungefähr mit derselben tatsächlichen Treue, womit wir unsere Waschzettel schreiben. Über diesen Stil läßt sich gar kein Urteil aussprechen, man kann nur seine Wirkung auf unser Gemüt konstatieren, und nicht wenig mußten die griechischen Grammatiker in Verlegenheit geraten, als sie manche frappante Schönheiten in der Bibel nach hergebrachten Kunstbegriffen definieren sollten. Longinus spricht von Erhabenheit. Neuere Ästhetiker sprechen von Naivität. Ach! wie gesagt, hier fehlen alle Maßstäbe der Beurteilung ... die Bibel ist das Wort Gottes.

Nur bei einem einzigen Schriftsteller finde ich etwas was an jenen unmittelbaren Stil der Bibel erinnert. Das ist Shakespeare. Auch bei ihm tritt das Wort manchmal in jener schauerlichen Nacktheit hervor, die uns erschreckt und erschüttert; in den Shakespeareschen Werken sehen wir manchmal die leibhaftige Wahrheit ohne Kunstgewand. Aber das geschieht nur in einzelnen Momenten; der Genius der Kunst, vielleicht seine Ohnmacht fühlend, überließ hier der Natur sein Amt auf einige Augenblicke und behauptet hernach um so eifersüchtiger seine Herrschaft in der plastischen Gestaltung und in der witzigen Verknüpfung des Dramas. Shakespeare ist zu gleicher Zeit Jude und Grieche, oder vielmehr beide Elemente, der Spiritualismus und die Kunst, haben sich in ihm versöhnungsvoll durchdrungen und zu einem höheren Ganzen entfaltet.

Ist vielleicht solche harmonische Vermischung der beiden Elemente die Aufgabe der ganzen europäischen Zivilisation? Wir sind noch sehr weit entfernt von einem solchen Resultate. Der Grieche Goethe und mit ihm die ganze poetische Partei hat in jüngster Zeit seine Antipathie gegen Jerusalem fast leidenschaftlich ausgesprochen. Die Gegenpartei, die keinen großen Namen an ihrer Spitze hat, sondern nur einige Schreihälse, wie z.B. der Jude Pustkuchen, der Jude Wolfgang Menzel, der Jude Hengstenberg, diese erheben ihr pharisäisches Zeter um so krächzender gegen Athen und den großen Heiden.

Mein Stubennachbar, ein Justizrat aus Königsberg, der hier badet, hält mich für einen Pietisten, da er immer, wenn er mir seinen Besuch abstattet, die Bibel in meinen Händen findet. Er möchte mich deshalb gern ein bißchen prickeln, und ein kaustisch ostpreußisches Lächeln beflimmert sein mageres hagestolzes Gesicht, jedesmal wenn er über Religion mit mir sprechen kann. Wir disputierten gestern über die Dreieinigkeit. Mit dem Vater ging es noch gut; das ist ja der Weltschöpfer und jedes Ding muß seine Ursache haben. Es haperte schon bedeutend mit dem Glauben an den Sohn, den sich der kluge Mann gern verbitten möchte, aber jedoch am Ende, mit fast ironischer Gutmütigkeit, annahm. Jedoch die dritte Person der Dreieinigkeit, der Heilige Geist, fand den unbedingtesten Widerspruch. Was der Heilige Geist ist, konnte er durchaus nicht begreifen, und plötzlich auflachend rief er: »Mit dem Heiligen Geist hat es wohl am Ende dieselbe Bewandtnis wie mit dem dritten Pferde, wenn man Extrapost reist; man muß immer dafür bezahlen und bekömmt es doch nie zu sehen, dieses dritte Pferd.«

Mein Nachbar, der unter mir wohnt, ist weder Pietist noch Rationalist, sondern ein Holländer, indolent und ausgebuttert wie der Käse womit er handelt. Nichts kann ihn in Bewegung setzen, er ist das Bild der nüchternsten Ruhe, und sogar wenn er sich mit meiner Wirtin über sein Lieblingsthema, das Einsalzen der Fische, unterhält, erhebt sich seine Stimme nicht aus der plattesten Monotonie. Leider, wegen des dünnen Bretterbodens, muß ich manchmal dergleichen Gespräche anhören, und während ich hier oben mit dem Preußen über die Dreieinigkeit sprach, erklärte unten der Holländer, wie man Kabeljau, Laberdan und Stockfisch voneinander unterscheidet; es sei im Grunde ein und dasselbe.

Mein Hauswirt ist ein prächtiger Seemann, berühmt auf der ganzen Insel wegen seiner Unerschrockenheit in Sturm und Not, dabei gutmütig und sanft wie ein Kind. Er ist eben von einer großen Fahrt zurückgekehrt, und mit lustigem Ernste erzählte er mir von einem Phänomen, welches er gestern, am 28. Juli, auf der hohen See wahrnahm. Es klingt drollig: Mein Hauswirt behauptet nämlich, die ganze See roch nach frischgebackenem Kuchen, und zwar sei ihm der warme delikate Kuchenduft so verführerisch in die Nase gestiegen, daß ihm ordentlich weh ums Herz ward. Siehst du, das ist ein Seitenstück zu dem neckenden Luftbild, das dem lechzenden Wandrer in der arabischen Sandwüste eine klare erquickende Wasserfläche vorspiegelt. Eine gebackene Fata Morgana.

Helgoland, den 1. August.

– – Du hast keinen Begriff davon, wie das *dolce far niente* mir hier behagt. Ich habe kein einziges Buch, das sich mit den Tagesinteressen beschäftigt, hierher mitgenommen. Meine ganze Bibliothek besteht aus Paul Warnefrieds Geschichte der Langobarden, der Bibel, dem Homer und einigen Scharteken über Hexenwesen. Über letzteres möchte ich gern ein interessantes Büchlein schreiben. Zu diesem Behufe beschäftigte ich mich jüngst mit Nachforschung über die letzten Spuren des Heidentums in der getauften modernen Zeit. Es ist höchst merkwürdig, wie lange und unter welchen Vermummungen sich die schönen Wesen der griechischen Fabelwelt in Europa erhalten haben. – Und im Grunde erhielten sie sich ja bei uns bis auf heutigen Tag, bei uns, den Dichtern. Letztere haben, seit dem Sieg der christlichen Kirche, immer eine stille Gemeinde gebildet, wo die Freude des alten Bilderdienstes, der jauchzende Götterglaube sich fortpflanzte von Geschlecht auf Geschlecht, durch die Tradition der heiligen Gesänge … Aber ach! die *Ecclesia pressa*, die den Homeros als ihren Propheten verehrt, wird täglich mehr und mehr bedrängt, der Eifer der schwarzen Familiaren wird immer bedenklicher angefacht. Sind wir bedroht mit einer neuen Götterverfolgung?

Furcht und Hoffnung wechseln ab in meinem Geiste, und mir wird sehr ungewiß zumute.

– – Ich habe mich mit dem Meere wieder ausgesöhnt, (du weißt, wir waren *en délicatesse*) und wir sitzen wieder des Abends beisammen und halten geheime Zwiegespräche. Ja, ich will die Politik und die Philosophie an den Nagel hängen und mich wieder der Naturbetrachtung und der Kunst hingeben. Ist doch all dieses Quälen und Abmühen nutzlos, und obgleich ich mich marterte für das allgemeine Heil, so wird doch dieses wenig dadurch gefördert. Die Welt bleibt, nicht im starren Stillstand, aber im erfolglosesten Kreislauf. Einst, als ich noch jung und unerfahren, glaubte ich, daß wenn auch im Befreiungskampfe der Menschheit der einzelne Kämpfer zugrunde geht, dennoch die große Sache am Ende siege … Und ich erquickte mich an jenen schönen Versen Byrons: »Die Wellen kommen eine nach der andern herangeschwommen, und eine nach der anderen zerbrechen sie und zerstieben sie auf dem Strande, aber das Meer selber schreitet vorwärts – –«

Ach! wenn man dieser Naturerscheinung länger zuschaut, so bemerkt man, daß das vorwärtsgeschrittene Meer, nach einem gewissen Zeitlauf, sich wieder in sein voriges Bett zurückzieht, später aufs neue daraus hervortritt, mit derselben Heftigkeit das verlassene Terrain wiederzugewinnen sucht, endlich kleinmütig wie vorher die Flucht ergreift, und dieses Spiel beständig wiederholend, dennoch niemals weiterkommt ... Auch die Menschheit bewegt sich nach den Gesetzen von Ebb und Flut, und vielleicht auch auf die Geisterwelt übt der Mond seine siderischen Einflüsse – –

Es ist heute junges Licht, und trotz aller wehmütigen Zweifelsucht, womit sich meine Seele hin und her quält, beschleichen mich wunderliche Ahnungen ... Es geschieht jetzt etwas Außerordentliches in der Welt ... Die See riecht nach Kuchen, und die Wolkenmönche sahen vorige Nacht so traurig aus, so betrübt ...

Ich wandelte einsam am Strand in der Abenddämmerung. Ringsum herrschte feierliche Stille. Der hochgewölbte Himmel glich der Kuppel einer gotischen Kirche. Wie unzählige Lampen hingen darin die Sterne; aber sie brannten düster und zitternd. Wie eine Wasserorgel rauschten die Meereswellen; stürmische Choräle, schmerzlich, verzweiflungsvoll, jedoch mitunter auch triumphierend. Über mir ein luftiger Zug von weißen Wolkenbildern, die wie Mönche aussahen, alle gebeugten Hauptes und kummervollen Blickes dahinziehend, eine traurige Prozession ... Es sah fast aus als ob sie einer Leiche folgten. Wer wird begraben? Wer ist gestorben? sprach ich zu mir selber. Ist der große Pan tot?

Helgoland, den 6. August.

Während sein Heer mit den Langobarden kämpfte, saß der König der Heruler ruhig in seinem Zelte und spielte Schach. Er bedrohte mit dem Tode denjenigen, der ihm eine Niederlage melden würde. Der Späher, der, auf einem Baume sitzend, dem Kampfe zuschaute, rief immer: Wir siegen, wir siegen! – bis er endlich laut aufseufzte:

»Unglücklicher König! Unglückliches Volk der Heruler!« Da merkte der König, daß die Schlacht verloren, aber zu spät! Denn die Langobarden drangen zu gleicher Zeit in sein Zelt und erstachen ihn …

Eben diese Geschichte las ich im Paul Warnefried, als das dicke Zeitungspaket mit den warmen, glühend heißen Neuigkeiten vom festen Lande ankam. Es waren Sonnenstrahlen, eingewickelt in Druckpapier, und sie entflammten meine Seele, bis zum wildesten Brand. Mir war als könnte ich den ganzen Ozean bis zum Nordpol anzünden mit den Gluten der Begeisterung und der tollen Freude, die in mir loderten. Jetzt weiß ich auch, warum die ganze See nach Kuchen roch. Der Seinefluß hatte die gute Nachricht unmittelbar ins Meer verbreitet, und in ihren Kristallpalästen haben die schönen Wasserfrauen, die von jeher allem Heldentum hold, gleich einen Tee-dansant gegeben, zur Feier der großen Begebenheiten, und deshalb roch das ganze Meer nach Kuchen. Ich lief wie wahnsinnig im Hause herum, und küßte zuerst die dicke Wirtin, und dann ihren freundlichen Seewolf, auch umarmte ich den preußischen Justizkommissarius, um dessen Lippen freilich das frostige Lächeln des Unglaubens nicht ganz verschwand. Sogar den Holländer drückte ich an mein Herz … Aber dieses indifferente Fettgesicht blieb kühl und ruhig, und ich glaube, wär ihm die Juliussonne in Person um den Hals gefallen, Mynheer würde nur in einen gelinden Schweiß, aber keineswegs in Flammen geraten sein. Diese Nüchternheit inmitten einer allgemeinen Begeisterung ist empörend. Wie die Spartaner ihre Kinder vor der Trunkenheit bewahrten, indem sie ihnen als warnendes Beispiel einen berauschten Heloten zeigten: so sollten wir in unseren Erziehungsanstalten einen Holländer füttern, dessen sympathielose, gehäbige Fischnatur den Kindern einen Abscheu vor der Nüchternheit einflößen möge. Wahrlich, diese holländische Nüchternheit ist ein weit fataleres Laster als die Besoffenheit eines Heloten. Ich möchte Mynheer prügeln …

Aber nein, keine Exzesse! Die Pariser haben uns ein so brillantes Beispiel von Schonung gegeben. Wahrlich, Ihr verdient es, frei zu sein, Ihr Franzosen, denn Ihr tragt die Freiheit im Herzen. Dadurch unterscheidet Ihr Euch von Euren armen Vätern, welche sich aus jahrtausendlicher Knechtschaft erhoben, und bei allen ihren Heldentaten auch jene wahnsinnige Greul ausübten, worüber der Genius der Menschheit sein Antlitz verhüllte. Die Hände des Volks sind diesmal nur blutig geworden im Schlachtgewühle gerechter Gegenwehr, nicht nach dem Kampf. Das Volk verband selbst die Wunden seiner Feinde, und als die Tat abgetan war, ging es wieder ruhig an seine Tagesbeschäftigung, ohne für die große Arbeit auch nur ein Trinkgeld verlangt zu haben!

»Den Sklaven, wenn er die Kette bricht,
Den freien Mann, den fürchte nicht!«

Du siehst, wie berauscht ich bin, wie außer mir, wie allgemein ... ich zitiere Schillers Glocke.

Und den alten Knaben, dessen unverbesserliche Torheit soviel Bürgerblut gekostet, haben die Pariser mit rührender Schonung behandelt. Er saß wirklich beim Schachspiel, wie der König der Heruler, als die Sieger in sein Zelt stürzten. Mit zitternder Hand unterzeichnete er die Abdankung. Er hat die Wahrheit nicht hören wollen. Er behielt ein offnes Ohr nur für die Lüge der Höflinge. Diese riefen immer: Wir siegen! wir siegen! Unbegreiflich war diese Zuversicht des königlichen Toren ... Verwundert blickte er auf, als das Journal des débats, wie einst der Wächter während der Langobardenschlacht plötzlich ausrief: *Malheureux roi! malheureuse France!*

Mit ihm, mit Karl X., hat endlich das Reich Karls des Großen ein Ende, wie das Reich des Romulus sich endigte mit Romulus Augustulus. Wie einst ein neues Rom, so beginnt jetzt ein neues Frankreich.

Es ist mir alles noch wie ein Traum; besonders der Name Lafayette klingt mir wie eine Sage aus der frühesten Kindheit. Sitzt er wirklich jetzt wieder zu Pferde, kommandierend die Nationalgarde? Ich fürchte fast, es sei nicht wahr, denn es ist gedruckt. Ich will selbst nach Paris gehen, um mich mit leiblichen Augen davon zu überzeugen ... Es muß prächtig aussehen, wenn er dort durch die Straßen reitet, der Bürger beider Welten, der göttergleiche Greis, die silbernen Locken herabwallend über die heilige Schulter ... Er grüßt mit den alten lieben Augen die Enkel jener Väter, die einst mit ihm kämpften für Freiheit und Gleichheit … Es sind jetzt sechzig Jahr, daß er aus Amerika zurückgekehrt mit der Erklärung der Menschheitsrechte, den zehn Geboten des neuen Weltglaubens, die ihm dort offenbart wurden unter Kanonendonner und Blitz … Dabei weht wieder auf den Türmen von Paris die dreifarbige Fahne und es klingt die Marseillaise!

Lafayette, die dreifarbige Fahne, die Marseillaise … Ich bin wie berauscht. Kühne Hoffnungen steigen leidenschaftlich empor, wie Bäume mit goldenen Früchten und wilden, wachsenden Zweigen, die ihr Laubwerk weit ausstrecken bis in die Wolken … Die Wolken aber im raschen Fluge entwurzeln diese Riesenbäume und jagen damit von dannen. Der Himmel hängt voller Violinen, und auch ich rieche es jetzt, die See duftet nach frischgebackenen Kuchen. Das ist ein beständiges Geigen da droben in himmelblauer Freudigkeit, und das klingt aus den smaragdenen Wellen wie heiteres Mädchengekicher. Unter der Erde aber kracht es und klopft es, der Boden öffnet sich, die alten Götter strecken daraus ihre Köpfe hervor, und mit hastiger Verwunderung fragen sie: »Was bedeutet der Jubel, der bis ins Mark der Erde drang? Was gibts Neues? dürfen wir wieder hinauf?« Nein, Ihr bleibt unten in Nebelheim, wo bald ein neuer Todesgenosse zu Euch hinabsteigt … - »Wie heißt er?« Ihr kennt ihn gut, ihn, der Euch einst hinabstieß in das Reich der ewigen Nacht …

Pan ist tot!

Helgoland, den 10. August.

Lafayette, die dreifarbige Fahne, die Marseillaise …

Fort ist meine Sehnsucht nach Ruhe. Ich weiß jetzt wieder was ich will, was ich soll, was ich muß … Ich bin der Sohn der Revolution und greife wieder zu den gefeiten Waffen, worüber meine Mutter ihren Zaubersegen ausgesprochen … Blumen! Blumen! Ich will mein Haupt bekränzen zum Todeskampf. Und auch die Leier, reicht mir die Leier, damit ich ein Schlachtlied singe … Worte gleich flammenden Sternen, die aus der Höhe herabschießen und die Paläste verbrennen und die Hütten erleuchten … Worte gleich blanken Wurfspeeren, die bis in den siebenten Himmel hinaufschwirren und die frommen Heuchler treffen, die sich dort eingeschlichen ins Allerheiligste …

Ich bin ganz Freude und Gesang, ganz Schwert und Flamme!

Vielleicht auch ganz toll … Von jenen wilden, in Druckpapier gewickelten Sonnenstrahlen ist mir einer ins Hirn geflogen, und alle meine Gedanken brennen lichterloh. Vergebens tauche ich den Kopf in die See. Kein Wasser löscht dieses griechische Feuer. Aber es geht den anderen nicht viel besser. Auch die übrigen Badegäste traf der Pariser Sonnenstich, zumal die Berliner, die dieses Jahr in großer Anzahl hier befindlich und von einer Insel zur andern kreuzen, so daß man sagen konnte, die ganze Nordsee sei überschwemmt von Berlinern. Sogar die armen Helgolander jubeln vor Freude, obgleich sie die Ereignisse nur instinktmäßig begreifen. Der Fischer welcher mich gestern nach der kleinen Sandinsel, wo man badet, überfuhr, lachte mich an mit den Worten: »Die armen Leute haben gesiegt!« Ja, mit seinem Instinkt, begreift das Volk die Ereignisse vielleicht besser als wir mit allen unseren Hülfskenntnissen. So erzählte mir einst Frau v. Varnhagen: Als man den Ausgang der Schlacht bei Leipzig noch nicht wußte, sei plötzlich die Magd ins Zimmer gestürzt, mit dem Angstschrei: »Der Adel hat gewonnen.«

Diesmal haben die armen Leute den Sieg erfochten. »Aber es hilft ihnen nichts, wenn sie nicht auch das Erbrecht besiegen!« Diese Worte sprach der ostpreußische Justizrat in einem Tone, der mir sehr auffiel. Ich weiß nicht warum diese Worte, die ich nicht begreife, mir so beängstigend im Gedächtnis bleiben. Was will er damit sagen, der trockene Kauz?

Diesen Morgen ist wieder ein Paket Zeitungen angekommen. Ich verschlinge sie wie Manna. Ein Kind wie ich bin, beschäftigen mich die rührenden Einzelheiten noch weit mehr als das bedeutungsvolle Ganze. O, könnte ich nur den Hund Medor sehen! Dieser interessiert mich weit mehr als die anderen, die dem Philipp von Orleans mit schnellen Sprüngen die Krone apportiert haben. Der Hund Medor apportierte seinem Herrn Flinte und Patrontasche, und als sein Herr fiel und samt seinen Mithelden auf dem

Hofe des Louvre begraben wurde, da blieb der arme Hund, wie ein Steinbild der Treue, regungslos auf dem Grabe sitzen, Tag und Nacht, von den Speisen die man ihm bot, nur wenig genießend, den größten Teil derselben in die Erde verscharrend, vielleicht als Atzung für seinen begrabenen Herrn!

Ich kann gar nicht mehr schlafen, und durch den überreizten Geist jagen die bizarrsten Nachtgesichte. Wachende Träume, die übereinander hinstolpern, so daß die Gestalten sich abenteuerlich vermischen, und wie im chinesischen Schattenspiel sich jetzt zwerghaft verkürzen, dann wieder gigantisch verlängern; zum Verrücktwerden. In diesem Zustande ist mir manchmal zu Sinne, als ob meine eignen Glieder ebenfalls sich kolossal ausdehnten und daß ich, wie mit ungeheur langen Beinen, von Deutschland nach Frankreich und wieder zurück liefe. Ja, ich erinnere mich, vorige Nacht lief ich solchermaßen durch alle deutsche Länder und Ländchen und klopfte an den Türen meiner Freunde und störte die Leute aus dem Schlafe … Sie glotzten mich manchmal an mit verwunderten Glasaugen, so daß ich selbst erschrak und nicht gleich wußte was ich eigentlich wollte und warum ich sie weckte! Manche dicke Philister, die allzu widerwärtig schnarchten, stieß ich bedeutungsvoll in die Rippen, und gähnend frugen sie: »Wieviel Uhr ist es denn?« In Paris, lieben Freunde, hat der Hahn gekräht; das ist alles, was ich weiß. – Hinter Augsburg, auf dem Wege nach München, begegneten mir eine Menge gotischer Dome, die auf der Flucht zu sein schienen und ängstlich wackelten. Ich selber, des vielen Umherlaufens satt, ich gab mich endlich ans Fliegen, und so flog ich von einem Stern zum andern. Sind aber keine bevölkerte Welten, wie andere träumen, sondern nur glänzende Steinkugeln, öde und fruchtlos. Sie fallen nicht herunter, weil sie nicht wissen worauf sie fallen können. Schweben dort oben auf und ab, in der größten Verlegenheit. Kam auch in den Himmel. Tür und Tor stand offen. Lange, hohe, weithallende Säle, mit altmodischen Vergoldungen, ganz leer, nur daß hie und da, auf einem samtnen Armsessel, ein alter gepuderter Bedienter saß, in verblichen roter Livree und gelinde schlummernd. In manchen Zimmern waren die Türflügel aus ihren Angeln gehoben, an andern Orten waren die

Türen fest verschlossen und obendrein mit großen runden Amtssiegeln dreifach versiegelt, wie in Häusern wo ein Bankrott oder ein Todesfall eingetreten. Kam endlich in ein Zimmer, wo an einem Schreibpult ein alter dünner Mann saß, der unter hohen Papierstößen kramte. War schwarz gekleidet, hatte ganz weiße Haare, ein faltiges Geschäftsgesicht und frug mich mit gedämpfter Stimme, was ich wolle? In meiner Naivität hielt ich ihn für den lieben Herrgott, und ich sprach zu ihm ganz zutrauungsvoll: »Ach, lieber Herrgott, ich möchte donnern lernen, blitzen kann ich … ach, lehren Sie mich auch donnern!« Sprechen Sie nicht so laut, entgegnete mir heftig der alte dünne Mann, drehte mir den Rücken, und kramte weiter unter seinen Papieren. »Das ist der Herr Registrator« flüsterte mir einer von den roten Bedienten, der von seinem Schlafsessel sich erhob und sich gähnend die Augen rieb …

Pan ist tot!

Cuxhaven, den 19. August.

Unangenehme Überfahrt, in einem offenen Kahn, gegen Wind und Wetter; so daß ich, wie immer in solchen Fällen, von der Seekrankheit zu leiden hatte. Auch das Meer, wie andre Personen, lohnt meine Liebe mit Ungemach und Quälnissen. Anfangs geht es gut, da laß ich mir das neckende Schaukeln gern gefallen. Aber allmählig schwindelt es mir im Kopfe, und allerlei fabelhafte Gesichte umschwirren mich. Aus den dunkeln Meerstrudeln steigen die alten Dämonen hervor, in scheußlicher Nacktheit bis an die Hüften, und sie heulen schlechte unverständliche Verse, und spritzen mir den weißen Wellenschaum ins Antlitz. Zu noch weit fataleren Fratzenbildern gestalten sich droben die Wolken, die so tief herabhängen, daß sie fast mein Haupt berühren und mir mit ihren dummen Fistelstimmchen die unheimlichsten Narreteien ins Ohr pfeifen. Solche Seekrankheit, ohne gefährlich zu sein, gewährt sie dennoch die entsetzlichsten Mißempfindungen, unleidlich bis zum Wahnsinn. Am Ende, im fieberhaften Katzenjammer, bildete ich mir ein, ich sei ein Walfisch und ich trüge im Bauche den Propheten Jonas.

Der Prophet Jonas aber rumorte und wütete in meinem Bauche und schrie beständig: »O Ninive! O Ninive! Du wirst untergehen! In deinen Palästen werden Bettler sich lausen, und in deinen Tempeln werden die babylonischen Kürassiere ihre Stuten füttern. Aber Euch, Ihr Priester Baals, Euch wird man bei den Ohren fassen und Eure Ohren festnageln an die Pforte der Tempel! Ja, an die Türen Eurer Läden wird man Euch mit den Ohren annageln, ihr Leibbäcker Gottes! Denn Ihr habt falsches Gewicht gegeben, Ihr habt leichte betrügerische Brote dem Volke verkauft! O Ihr geschorenen Schlauköpfe! wenn das Volk hungerte, reichtet Ihr ihm eine dünne homöopathische Scheinspeise, und wenn es dürstete, tranket Ihr statt seiner: Höchstens den Königen reichtet Ihr den vollen Kelch. Ihr aber, Ihr assyrischen Spießbürger und Grobiane, Ihr werdet Schläge bekommen mit Stöcken und Ruten, und auch Fußtritte werdet Ihr bekommen, und Ohrfeigen, und ich kann es Euch voraussagen mit Bestimmtheit, denn erstens werde ich alles mögliche tun, damit Ihr sie bekommt, und zweitens bin ich Prophet, der Prophet Jonas, Sohn Amithai ... O Ninive, o Ninive, du wirst untergehn!«

So ungefähr predigte mein Bauchredner, und er schien dabei so stark zu gestikulieren und sich in meinen Gedärmen zu verwickeln, daß sich mir alles kullernd im Leibe herumdrehte ... bis ich es endlich nicht länger ertragen konnte und den Propheten Jonas ausspuckte.

Solcherweise ward ich erleichtert und genas endlich ganz und gar, als ich landete und im Gasthof eine gute Tasse Tee bekam.

Hier wimmelts von Hamburgern und ihren Gemahlinnen, die das Seebad gebrauchen. Auch Schiffskapitäne aus allen Ländern, die auf guten Fahrwind warten spazieren hier hin und her, auf den hohen Dämmen, oder sie liegen in den Kneipen und trinken sehr starken Grog und jubeln über die drei Julitage. In allen Sprachen bringt man den Franzosen ihr wohlverdientes Vivat, und der sonst so wortkarge Brite preist sie ebenso redselig wie jener geschwätzige Portugiese, der es bedauerte, daß er seine Ladung Orangen nicht direkt nach Paris bringen könne, um das Volk zu erfrischen nach der Hitze des Kampfes.

Sogar in Hamburg, wie man mir erzählt, in jenem Hamburg wo der Franzosenhaß am tiefsten wurzelte, herrscht jetzt nichts als Enthusiasmus für Frankreich ... Alles ist vergessen, Davoust, die beraubte Bank, die füsilierten Bürger, die altdeutschen Röcke, die schlechten Befreiungsverse, Vater Blücher, Heil dir im Siegerkranze, alles ist vergessen ... In Hamburg flattert die Trikolore, überall erklingt dort die Marseillaise, sogar die Damen erscheinen im Theater mit dreifarbigen Bandschleifen auf der Brust, und sie lächeln mit ihren blauen Augen, roten Mündlein und weißen Näschen ... Sogar die reichen Bankiers, welche infolge der revolutionären Bewegung an ihren Staatspapieren sehr viel Geld verlieren, teilen großmütig die allgemeine Freude, und jedesmal wenn ihnen der Makler meldet, daß die Kurse noch tiefer gefallen, schauen sie desto vergnügter und antworten: »Es ist schon gut, es tut nichts, es tut nichts!«

Ja, überall, in allen Landen, werden die Menschen die Bedeutung dieser drei Julitage sehr leicht begreifen und darin einen Triumph der eigenen Interessen erkennen und feiern. Die große Tat der Franzosen spricht so deutlich zu allen Völkern und allen Intelligenzen, den höchsten und den niedrigsten, und in den Steppen der Baschkiren werden die Gemüter ebenso tief erschüttert werden wie auf den Höhen Andalusiens ... Ich sehe schon wie dem Napolitaner der Makkaroni und dem Irländer seine Kartoffel im Munde steckenbleibt, wenn die Nachricht bei ihnen anlangt ... Pulischinell ist kapabel zum Schwert zu greifen, und Paddy wird vielleicht einen Bull machen, worüber den Engländern das Lachen vergeht.

Und Deutschland? Ich weiß nicht. Werden wir endlich von unseren Eichenwäldern den rechten Gebrauch machen, nämlich zu Barrikaden für die Befreiung der Welt? Werden wir, denen die Natur soviel Tiefsinn, soviel Kraft, soviel Mut erteilt hat, endlich unsere Gottesgaben benutzen und das Wort des großen Meisters, die Lehre von den Rechten der Menschheit, begreifen, proklamieren und in Erfüllung bringen?

Es sind jetzt sechs Jahre, daß ich, zu Fuß das Vaterland durchwandernd, auf die Wartburg ankam und die Zelle besuchte wo Doktor Luther gehaust. Ein braver Mann, auf den ich keinen Tadel kommen lasse; er vollbrachte ein Riesenwerk, und wir wollen ihm immer dankbar die Hände küssen, für das was er tat. Wir wollen nicht mit ihm schmollen, daß er unsere Freunde allzu unhöflich anließ, als sie in der Exegese des göttlichen Wortes etwas weiter gehen wollten als er selber, als sie auch die irdische Gleichheit der Menschen in Vorschlag brachten ... Ein solcher Vorschlag war freilich damals noch unzeitgemäß, und Meister Hemling, der dir dein Haupt abschlug, armer Thomas Müntzer, er war in gewisser Hinsicht wohl berechtigt zu solchem Verfahren: denn er hatte das Schwert in Händen, und sein Arm war stark!

Auf der Wartburg besuchte ich auch die Rüstkammer, wo die alten Harnische hängen, die alten Pickelhauben, Tartschen, Hellebarden, Flamberge, die eiserne Garderobe des Mittelalters. Ich wandelte nachsinnend im Saale herum mit einem Universitätsfreunde, einem jungen Herrn vom Adel, dessen Vater damals einer der mächtigsten Viertelfürsten in unserer Heimat war und das ganze zitternde Ländchen beherrschte. Auch seine Vorfahren sind mächtige Barone gewesen, und der junge Mann schwelgte in heraldischen Erinnerungen beim Anblick der Rüstungen und der Waffen, die, wie ein angehefteter Zettel meldete, irgendeinem Ritter seiner Sippschaft angehört hatten. Als er das lange Schwert des Ahnherrn von dem Haken herablangte und aus Neugier versuchte, ob er es wohl handhaben könnte, gestand er, daß es ihm doch etwas zu schwer sei und er ließ entmutigt den Arm sinken. Als ich dieses sah, als ich sah wie der Arm des Enkels zu schwach für das Schwert seiner Väter, da dachte ich heimlich in meinem Sinn: Deutschland könnte frei sein.

Aus: *Ludwig Börne. Eine Denkschrift. Zweites Buch*

III DER HARZ

»AUF DIE BERGE WILL ICH STEIGEN«

Einleitung

Im Oktober 1820 schrieb sich Heine an der Universität in Göttingen ein. Rückblickend bezeichnete er die vornehm-ungesellige Stadt, deren gesellschaftliches Klima durch die enge Verbindung Hannovers mit dem englischen Königshaus geprägt war, verächtlich als »gelehrten Kuhstall« und ließ auch an der Hochschule kaum ein gutes Haar. In seine herbe Beurteilung mischte sich Verachtung gegenüber feudalen Relikten an der Georgia Augusta, wie sie etwa in der Einrichtung sogenannter separater »Grafentische« Ausdruck fanden. Bereits nach wenigen Wochen nahm sein Aufenthalt ein vorzeitiges Ende: Ein geplantes Duell mit einem Kommilitonen endete für ihn als Herausforderer mit einem einsemestrigen Universitätsverweis, im Februar 1821 mußte er Göttingen wieder verlassen.

Nach einem Studienaufenthalt in Berlin kehrte Heine Ende Januar 1824 an die Georgia Augusta zurück. Ein letztes Mal hatte sich sein Onkel zur Verlängerung des Stipendiums bereit gefunden. Die achtzehn Monate des zweiten Göttinger Aufenthalts waren bestimmt vom Kampf zwischen literarischer Berufung und juristischem Brotberuf. Neue Freunde fand er im Kreis um die literarische Zeitschrift *Die Wünschelruthe*, die von seinem Kommilitonen Heinrich Straube im Geist der Heidelberger Romantik herausgegeben wurde. Weitere Bekannte waren August Meyer und C. A. H. Zwicker; mit Meyers Schwester Dorothea Wilhelmine, die in Lüne mit dem Oberamtmann Ph. W. Jochmus verheiratet war – deshalb scherzhaft von ihm »die Jochma« genannt –, und Zwickers Ehefrau Adolphine in Hannover verband er schwärmerische Erinnerungen, wie sein Brief an Rudolf Christiani vom 6. Dezember 1825 belegt.

Wie in anderen Universitätsstädten auch trieben Unzufriedenheit mit der biedermeierlichen Enge und romantische Landschaftsbegeisterung die Studenten hinaus ins Freie, um in der Natur Erholung und Entspannung zu suchen. Eine Tour auf den Brocken, als »Blocksberg« einer der Zentralpunkte der deutschen Mythologie, gehörte zum festen Programm. In den Herbstferien 1825 unternahm Heine eine mehrwöchige Wanderung durch den Harz, die ihn anschließend in den preußischen Teil von Sachsen bis nach Thüringen führte. Für ihn war es auch »eine Gesundheitsreise«; vom »Fußreisen« versprach er sich eine Verbesserung seiner angegriffenen Allgemeinverfassung. Mitte September brach er auf, seine Route führte zunächst über Osterode nach Clausthal-Zellerfeld, wo er die beiden größten Erzgruben, die »Caroline« und die »Dorothea« befuhr, und weiter über Goslar zum Brocken. Im Unterharz waren es besonders die Täler der Bode und Selke, die einen tiefen Eindruck hinterließen. »Viel Schönes habe ich auf dieser Reise gesehen«, schrieb er am 26. Mai 1825 an seinen Lüneburger Freund Christiani: »Wenn ich gut haushalte kann ich mein ganzes Leben lang meine Gedichte mit Harzbäumen ausstaffieren.«

Eine erste Fassung der *Harzreise* entstand zwischen Mitte Oktober und Ende November 1824. Das noch ungedruckte Manuskript schickte er zunächst an seinen Onkel Henry Heine in Hamburg. Offenbar dachte er, die Hamburger Verwandtschaft durch familiäre Anspielungen und Sticheleien gegen den Finanzkapitalismus, wie ihn seine beiden Hamburger Onkel fraglos verkörperten, zu ergötzen. So hatte er etwa über das Silber der Harzbergwerke geschrieben, von diesem »zaubermächtigen Metall« habe »oft der Oheim zuviel und der Neffe zu wenig«, und auf das Urteil, in früheren Zeiten sei der Teufel ebenso dumm gewesen wie die Leute, folgt die Spitze, mittlerweile seien beide »klüger geworden, es heißt Geld für Seele und Seele für Geld, und der Teufel berechnet sogar den Diskonto« (die Maklerspesen beim Wechselverkauf) – ein Gewerbe, mit dem Henry und Salomon Heine die Grundlage ihres Reichtums gelegt hatten.

Die *Harzreise* war Heines erste Prosaarbeit mit der für ihn von nun an typischen Mischung von empfindsamen und satirischen Stilelementen. Auf höchst anschauliche Weise formulierte er den Gegensatz zwischen Stadt und Land, Verstand und Gefühl, zwischen dressierter Höflichkeit und erlogenen Gefühlen auf der einen und freier, gesunder Existenz und ehrlicher Natürlichkeit auf der andern Seite. Er glossierte aber auch den Massentourismus, mit dessen Auswüchsen er auf dem Brockengipfel konfrontiert worden war. Die »verschimmelten Hochgefühle, pathetischen Seelenergüsse und Entzückungsphrasen«, wie er sie im Besucherbuch des Brockenhauses dokumentiert fand, galten ihm als Beleg für falsche Sentimentalität.

Weil Heine sich auf gängige topographische Darstellungen stützte, hat die *Harzreise* auch noch in der Parodie Züge der konventionellen, enzyklopädisch-pittoresken Reisebeschreibung, woran ebenfalls die historischen und mythologischen Exkurse erinnern. Doch mit dem Wechsel von Erlebtem und Erfundenem, den Gedichteinlagen, den zahlreichen Anspielungen und offenen Namensnennungen, der Mischung von Ernst und Komik und der anekdotischen Struktur mutet die *Harzreise* zugleich wie ein Novellenfragment an, in dem die Universitäts- und Spießbürgersatire einen breiten Raum einnimmt. Heine entwickelte hier erstmals die für ihn charakteristischen Ironie- und Satireformen, mit denen er der Beschreibung der politischen und sozialen Wirklichkeit der Restaurationsepoche zwischen 1815 und 1830 einen neuen, kritischen Ton verlieh. Mit der neuartigen Prosasatire, in der sich eigentlicher Reisebericht mit witziger politischer und sozialkritischer Reflexion verbinden, gelang ihm der Durchbruch zur Popularität.

Weiterführende Literatur:

Werner Filmer/Walter Mayr: *Die Harzreise. Auf Heinrich Heines Spuren,* Hamburg, 2. Auflage 2001.

Heinrich Heine: Die Harzreise. Fotos von Günter Pump, Husum 2004.

VON GÖTTINGEN BIS AUF DEN ILSENSTEIN

Schwarze Röcke, seidne Strümpfe,
Weiße, höfliche Manschetten,
Sanfte Reden, Embrassieren –
Ach, wenn sie nur Herzen hätten!

Herzen in der Brust, und Liebe,
Warme Liebe in dem Herzen –
Ach, mich tötet ihr Gesinge
Von erlognen Liebesschmerzen.

Auf die Berge will ich steigen,
Wo die frommen Hütten stehen,
Wo die Brust sich frei erschließet,
Und die freien Lüfte wehen.

Auf die Berge will ich steigen,
Wo die dunkeln Tannen ragen,
Bäche rauschen, Vögel singen,
Und die stolzen Wolken jagen.

Lebet wohl, ihr glatten Säle,
Glatte Herren! Glatte Frauen!
Auf die Berge will ich steigen,
Lachend auf Euch niederschauen.

Die Stadt Göttingen, berühmt durch ihre Würste und Universität, gehört dem Könige von Hannover, und enthält 999 Feuerstellen, diverse Kirchen, eine Entbindungsanstalt, eine Sternwarte, einen Karzer, eine Bibliothek und einen Ratskeller, wo das Bier sehr gut ist. Der vorbeifließende Bach heißt »die Leine«, und dient des Sommers zum Baden; das Wasser ist sehr kalt und an einigen Orten so breit, daß Lüder wirklich einen großen Anlauf nehmen mußte, als er hinübersprang. Die Stadt selbst ist schön, und gefällt einem am besten, wenn man sie mit dem Rücken ansieht. Sie muß schon sehr lange stehen; denn ich erinnere mich, als ich vor fünf Jahren dort immatrikuliert und bald darauf konsiliiert wurde, hatte sie schon dasselbe graue, altkluge Ansehen, und war schon vollständig eingerichtet mit Schnurren, Pudeln, Dissertationen, Teedansants, Wäscherinnen, Kompendien, Taubenbraten, Guelfenorden, Promotionskutschen, Pfeifenköpfen, Hofräten, Justizräten, Relegationsräten, Profaxen und anderen Faxen. Einige behaupten sogar, die Stadt sei zur Zeit der Völkerwanderung erbaut worden, jeder deutsche Stamm habe damals ein ungebundenes Exemplar seiner Mitglieder darin zurückgelassen, und davon stammten all die Vandalen, Friesen, Schwaben, Teutonen, Sachsen, Thüringer usw., die noch heutzutage in Göttingen, hordenweis, und geschieden durch Farben der Mützen und der Pfeifenquäste, über die Weenderstraße einherziehen, auf den blutigen Walstätten der Rasenmühle, des Ritschenkrugs und Bovdens sich ewig untereinander herumschlagen, in Sitten und Gebräuchen noch immer wie zur Zeit der Völkerwanderung dahinleben, und teils durch ihre Duces, welche Haupthähne heißen, teils durch ihr uraltes Gesetzbuch, welches Comment heißt und in den *legibus barbarorum* eine Stelle verdient, regiert werden.

Im allgemeinen werden die Bewohner Göttingens eingeteilt in Studenten, Professoren, Philister und Vieh; welche vier Stände doch nichts weniger als streng geschieden sind. Der Viehstand ist der bedeutendste. Die Namen aller Studenten und aller ordentlichen und unordentlichen Professoren hier herzuzählen, wäre zu weitläuftig; auch sind mir in diesem Augenblick nicht alle Studentennamen im Gedächtnisse, und unter den Professoren sind manche, die noch gar keinen Namen haben. Die Zahl der Göttinger Philister muß sehr groß sein, wie Sand, oder besser gesagt, wie Kot am Meer; wahrlich, wenn ich sie des Morgens, mit ihren schmutzigen Gesichtern und weißen Rechnungen, vor den Pforten des akademischen Gerichtes aufgepflanzt sah, so mochte ich kaum begreifen, wie Gott nur so viel Lumpenpack erschaffen konnte.

Ausführlicheres über die Stadt Göttingen läßt sich sehr bequem nachlesen in der Topographie derselben von K. F. H. Marx. Obzwar ich gegen den Verfasser, der mein Arzt war und mir sehr viel Liebes erzeigte, die heiligsten Verpflichtungen hege, so kann ich doch sein Werk nicht unbedingt empfehlen, und ich muß tadeln, daß er jener falschen Meinung, als hätten die Göttingerinnen allzu große Füße, nicht streng genug widerspricht. Ja, ich habe mich sogar seit Jahr und Tag mit einer ernsten Widerlegung dieser Meinung beschäftigt, ich habe deshalb vergleichende Anatomie gehört, die seltensten Werke auf der Bibliothek exzerpiert, auf der Weenderstraße stundenlang die Füße der vorübergehenden Damen studiert, und in der grundgelehrten Abhandlung, so die Resultate dieser Studien enthalten wird, spreche ich 1. von den Füßen überhaupt, 2. von den Füßen bei den Alten, 3. von den Füßen der Elefanten, 4. von den Füßen der Göttingerinnen, 5. stelle ich alles zusammen, was über diese Füße auf Ullrichs Garten schon gesagt worden, 6. betrachte ich diese Füße in ihrem Zusammenhang, und verbreite mich bei dieser Gelegenheit auch über Waden, Knie usw., und endlich 7., wenn ich nur so großes Papier auftreiben kann, füge ich noch hinzu einige Kupfertafeln mit dem Faksimile göttingischer Damenfüße. –

Es war noch sehr früh, als ich Göttingen verließ, und der gelehrte ** lag gewiß noch im Bette und träumte wie gewöhnlich: er wandle in einem schönen Garten, auf dessen Beeten lauter weiße, mit Zitaten beschriebene Papierchen wachsen, die im Sonnenlichte lieblich glänzen, und von denen er hier und da mehrere pflückt, und mühsam in ein neues Beet verpflanzt, während die Nachtigallen mit ihren süßesten Tönen sein altes Herz erfreuen.

Vor dem Weender Tore begegneten mir zwei eingeborne kleine Schulknaben, wovon der eine zum andern sagte: »Mit dem Theodor will ich gar nicht mehr umgehen, er ist ein Lumpenkerl, denn gestern wußte er nicht mal wie der Genitiv von *Mensa* heißt.« So unbedeutend diese Worte klingen, so muß ich sie doch wiedererzählen, ja, ich möchte sie als Stadt-Motto gleich auf das Tor schreiben lassen; denn die Jungen piepen, wie die Alten pfeifen, und jene

Worte bezeichnen ganz den engen, trocknen Notizenstolz der hochgelahrten Georgia Augusta.

Auf der Chaussee wehte frische Morgenluft, und die Vögel sangen gar freudig, und auch mir wurde allmählig wieder frisch und freudig zumute. Eine solche Erquickung tat not. Ich war die letzte Zeit nicht aus dem Pandektenstall herausgekommen, römische Kasuisten hatten mir den Geist wie mit einem grauen Spinnweb überzogen, mein Herz war wie eingeklemmt zwischen den eisernen Paragraphen selbstsüchtiger Rechtssysteme, beständig klang es mir noch in den Ohren wie »Tribonian, Justinian, Hermogenian und Dummerjahn«, und ein zärtliches Liebespaar, das unter einem Baume saß, hielt ich gar für eine Corpusjuris-Ausgabe mit verschlungenen Händen. Auf der Landstraße fing es an lebendig zu werden. Milchmädchen zogen vorüber; auch Eseltreiber mit ihren grauen Zöglingen. Hinter Weende begegneten mir der Schäfer und Doris. Dieses ist nicht das idyllische Paar, wovon Geßner singt, sondern es sind wohlbestallte Universitätspedelle, die wachsam aufpassen müssen, daß sich keine Studenten in Bovden duellieren, und daß keine neue Ideen, die noch immer einige Dezennien vor Göttingen Quarantäne halten müssen, von einem spekulierenden Privatdozenten eingeschmuggelt werden. Schäfer grüßte mich sehr kollegialisch; denn er ist ebenfalls Schriftsteller, und hat meiner in seinen halbjährigen Schriften oft erwähnt; wie er mich denn auch außerdem oft zitiert hat, und wenn er mich nicht zu Hause fand, immer so gütig war, die Zitation mit Kreide auf meine Stubentür zu schreiben. Dann und wann rollte auch ein Einspänner vorüber, wohlbepackt mit Studenten, die für die Ferienzeit, oder auch für immer wegreisten. In solch einer Universitätsstadt ist ein beständiges Kommen und Abgehen, alle drei Jahre findet man dort eine neue Studentengeneration, das ist ein ewiger Menschenstrom, wo eine Semesterwelle die andere fortdrängt, und nur die alten Professoren bleiben stehen in dieser allgemeinen Bewegung, unerschütterlich fest, gleich den Pyramiden Ägyptens – nur daß in diesen Universitätspyramiden keine Weisheit verborgen ist.

Aus den Myrtenlauben bei Rauschenwasser sah ich zwei hoffnungsvolle Jünglinge hervorreiten. Ein Weibsbild, das dort sein horizontales Handwerk treibt, gab ihnen bis auf die Landstraße das Geleit, klätschelte mit geübter Hand die mageren Schenkel der Pferde, lachte laut auf, als der eine Reuter ihr hinten, auf die breite Spontaneität einige Galanterien mit der Peitsche überlangte, und schob sich alsdann gen Bovden. Die Jünglinge aber jagten nach Nörten, und johlten gar geistreich, und sangen gar lieblich das Rossinische Lied: »Trink Bier, liebe, liebe Liese!« Diese Töne hörte ich noch lange in der Ferne; doch die holden Sänger selbst verlor ich bald völlig aus dem Gesichte, sintemal sie ihre Pferde, die im Grunde einen deutsch langsamen Charakter zu haben schienen, gar entsetzlich anspornten und vorwärtspeitschten. Nirgends wird die Pferdeschinderei stärker getrieben als in Göttingen, und oft, wenn ich sah, wie solch eine schweißtriefende, lahme Kracke, für das bißchen Lebensfutter, von unsern Rauschenwasserrittern abgequält ward, oder wohl gar einen ganzen Wagen voll Studenten fortziehen mußte, so dachte ich auch: »O du armes Tier, gewiß haben deine Voreltern im Paradiese verbotenen Hafer gefressen!«

Im Wirtshause zu Nörten traf ich die beiden Jünglinge wieder. Der eine verzehrte einen Heringsalat, und der andere unterhielt sich mit der gelbledernen Magd, Fusia Canina, auch Trittvogel genannt. Er sagte ihr einige Anständigkeiten, und am Ende wurden sie handgemein. Um meinen Ranzen zu erleichtern, nahm ich die eingepackten blauen Hosen, die in geschichtlicher Hinsicht sehr merkwürdig sind, wieder heraus und schenkte sie dem kleinen Kellner, den man Kolibri nennt. Die Bussenia, die alte Wirtin, brachte mir unterdessen ein Butterbrot, und beklagte sich, daß ich sie jetzt so selten besuche; denn sie liebt mich sehr.

Hinter Nörten stand die Sonne hoch und glänzend am Himmel. Sie meinte es recht ehrlich mit mir und erwärmte mein Haupt, daß alle unreife Gedanken darin zur Vollreife kamen. Die liebe Wirtshaussonne in Northeim ist auch nicht zu verachten; ich kehrte hier ein, und fand das Mittagessen schon fertig. Alle Gerichte waren schmackhaft zubereitet, und wollten mir besser behagen, als die abgeschmackten akademischen Gerichte, die salzlosen, ledernen Stockfische mit ihrem alten Kohl, die mir in Göttingen vorgesetzt wurden.

Nachdem ich meinen Magen etwas beschwichtigt hatte, bemerkte ich in derselben Wirtsstube einen Herrn mit zwei Damen, die im Begriff waren abzureisen. Dieser Herr war ganz grün gekleidet, trug sogar eine grüne Brille, die auf seine rote Kupfernase einen Schein wie Grünspan warf, und sah aus, wie der König Nebukadnezar in seinen späteren Jahren ausgesehen hat, als er, der Sage nach, gleich einem Tiere des Waldes, nichts als Salat aß. Der Grüne wünschte, daß ich ihm ein Hotel in Göttingen empfehlen möchte, und ich riet ihm, dort von dem ersten besten Studenten das Hotel de Brühbach zu erfragen. Die eine Dame war die Frau Gemahlin, eine gar große, weitläuftige Dame, ein rotes Quadratmeilen-Gesicht mit Grübchen in den Wangen, die wie Spucknäpfe für Liebesgötter aussahen, ein langfleischig herabhängendes Unterkinn, das eine schlechte Fortsetzung des Gesichtes zu sein schien, und ein hochaufgestapelter Busen, der mit steifen Spitzen und vielzackig festonierten Krägen, wie mit Türmchen und Bastionen umbaut war. Die andere Dame, die Frau Schwester, bildete ganz den Gegensatz der eben beschriebenen. Stammte jene von Pharaos fetten Kühen, so stammte diese von den magern. Das Gesicht nur ein Mund zwischen zwei Ohren, die Brust trostlos öde, wie die Lüneburger Heide; die ganze ausgekochte Gestalt glich einem Freitisch für arme Theologen. Beide Damen fragten mich zu gleicher Zeit: ob im Hotel de Brühbach auch ordentliche Leute logierten. Ich bejahte es mit gutem Gewissen, und als das holde Kleeblatt abfuhr, grüßte ich nochmals zum Fenster hinaus. Der Sonnenwirt lächelte gar schlau und mochte wohl wissen, daß der Karzer von den Studenten in Göttingen Hotel de Brühbach genannt wird.

Hinter Northeim wird es schon gebirgig und hier und da treten schöne Anhöhen hervor. Auf dem Wege traf ich meistens Krämer, die nach der Braunschweiger Messe zogen, auch einen Schwarm Frauenzimmer, deren jede ein großes, fast häuserhohes, mit weißem Leinen überzogenes Behältnis auf dem Rücken trug. Darin saßen allerlei eingefangene Singvögel, die beständig piepsten und zwitscherten, während ihre Trägerinnen lustig dahinhüpften und schwatzten. Mir kam es gar närrisch vor, wie so ein Vogel den andern zu Markte trägt.

In pechdunkler Nacht kam ich an zu Osterode. Es fehlte mir der Appetit zum Essen und ich legte mich gleich zu Bette. Ich war müde wie ein Hund und schlief wie ein Gott. Im Traume kam ich wieder nach Göttingen zurück, und zwar nach der dortigen Bibliothek. Ich stand in einer Ecke des juristischen Saals, durchstöberte alte Dissertationen, vertiefte mich im Lesen, und als ich aufhörte, bemerkte ich zu meiner Verwunderung, daß es Nacht war, und herabhängende Kristall-Leuchter den Saal erhellten. Die nahe Kirchenglocke schlug eben zwölf, die Saaltüre öffnete sich langsam, und herein trat eine stolze, gigantische Frau, ehrfurchtsvoll begleitet von den Mitgliedern und Anhängern der juristischen Fakultät. Das Riesenweib, obgleich schon bejahrt, trug dennoch im Antlitz die Züge einer strengen Schönheit, jeder ihrer Blicke verriet die hohe Titanin, die gewaltige Themis. Schwert und Waage hielt sie nachlässig zusammen in der einen Hand, in der andern hielt sie eine Pergamentrolle, zwei junge *Doctores juris* trugen die Schleppe ihres grau verblichenen Gewandes; an ihrer rechten Seite sprang windig hin und her der dünne Hofrat Rusticus, der Lykurg Hannovers, und deklamierte aus seinem neuen Gesetzentwurf; an ihrer linken Seite humpelte, gar galant und wohlgelaunt, ihr *Cavaliere servente*, der Geheime Justizrat Cujacius, und riß beständig juristische Witze, und lachte selbst darüber so herzlich, daß sogar die ernste Göttin sich mehrmals lächelnd zu ihm herabbeugte, mit der großen Pergamentrolle ihm auf die Schulter klopfte, und freundlich flüsterte: »Kleiner, loser Schalk, der die Bäume von oben herab beschneidet!« Jeder von den übrigen Herren trat jetzt ebenfalls näher und hatte etwas hin zu bemerken und hin zu lächeln, etwa ein neu ergrübeltes Systemchen, oder Hypotheschen, oder ähnliches Mißgebürtchen des eigenen Köpfchens. Durch die geöffnete Saaltüre traten auch noch mehrere fremde Herren herein, die sich als die andern großen Männer des illustren Ordens kundgaben, meistens eckige, lauernde Gesellen, die mit breiter Selbstzufriedenheit gleich drauflos definierten und distinguierten und über jedes Titelchen eines Pandektentitels disputierten. Und immer kamen noch neue Gestalten herein, alte Rechtsgelehrten, in verschollenen Trachten, mit weißen Allongeperucken und längst vergessenen

Gesichtern, und sehr erstaunt, daß man sie, die Hochberühmten des verflossenen Jahrhunderts, nicht sonderlich regardierte; und diese stimmten nun ein, auf ihre Weise, in das allgemeine Schwatzen und Schrillen und Schreien, das, wie Meeresbrandung, immer verwirrter und lauter, die hohe Göttin umrauschte, bis diese die Geduld verlor, und in einem Tone des entsetzlichsten Riesenschmerzes plötzlich aufschrie: »Schweigt! schweigt! ich höre die Stimme des teuren Prometheus, die höhnende Kraft und die stumme Gewalt schmieden den Schuldlosen an den Marterfelsen, und all Euer Geschwätz und Gezänke kann nicht seine Wunden kühlen und seine Fesseln zerbrechen!« So rief die Göttin, und Tränenbäche stürzten aus ihren Augen, die ganze Versammlung heulte wie von Todesangst ergriffen, die Decke des Saales krachte, die Bücher taumelten herab von ihren Brettern, vergebens trat der alte Münchhausen aus seinem Rahmen hervor, um Ruhe zu gebieten, es tobte und kreischte immer wilder, – und fort, aus diesem drängenden Tollhauslärm rettete ich mich in den historischen Saal, nach jener Gnadenstelle, wo die heiligen Bilder des belvederischen Apolls und der mediceischen Venus nebeneinander stehen, und ich stürzte zu den Füßen der Schönheitsgöttin, in ihrem Anblick vergaß ich all das wüste Treiben, dem ich entronnen, meine Augen tranken entzückt das Ebenmaß und die ewige Lieblichkeit ihres hochgebenedeiten Leibes, griechische Ruhe zog durch meine Seele, und über mein Haupt, wie himmlischen Segen, goß seine süßesten Lyraklänge Phöbus Apollo.

Erwachend hörte ich noch immer ein freundliches Klingen. Die Herden zogen auf die Weide, und es läuteten ihre Glöckchen. Die liebe, goldene Sonne schien durch das Fenster und beleuchtete die Schildereien an den Wänden des Zimmers. Es waren Bilder aus dem Befreiungskriege, worauf treu dargestellt stand, wie wir alle Helden waren, dann auch Hinrichtungs-Szenen aus der Revolutionszeit, Ludwig XVI. auf der Guillotine, und ähnliche Kopfabschneidereien, die man gar nicht ansehen kann, ohne Gott zu danken, daß man ruhig im Bette liegt, und guten Kaffee trinkt und den Kopf noch so recht komfortabel auf den Schultern sitzen hat.

Nachdem ich Kaffee getrunken, mich angezogen, die Inschriften auf den Fensterscheiben gelesen, und alles im Wirtshause berichtigt hatte, verließ ich Osterode.

Diese Stadt hat soundsoviel Häuser, verschiedene Einwohner, worunter auch mehrere Seelen, wie in Gottschalcks »Taschenbuch für Harzreisende« genauer nachzulesen ist. Ehe ich die Landstraße einschlug, bestieg ich die Trümmer der uralten Osteroder Burg. Sie bestehen nur noch aus der Hälfte eines großen, dickmaurigen, wie von Krebsschäden angefressenen Turms. Der Weg nach Clausthal führte mich wieder bergauf, und von einer der ersten Höhen schaute ich nochmals hinab in das Tal, wo Osterode mit seinen roten Dächern aus den grünen Tannenwäldern hervorguckt, wie eine Moosrose. Die Sonne gab eine gar liebe, kindliche Beleuchtung. Von der erhaltenen Turmhälfte erblickt man hier die imponierende Rückseite.

Nachdem ich eine Strecke gewandert, traf ich zusammen mit einem reisenden Handwerksburschen, der von Braunschweig kam und mir als ein dortiges Gerücht erzählte: der junge Herzog sei auf dem Wege nach dem Gelobten Lande von den Türken gefangen worden, und könne nur gegen ein großes Lösegeld freikommen. Die große Reise des Herzogs mag diese Sage veranlaßt haben. Das Volk hat noch immer den traditionell fabelhaften Ideengang, der sich so lieblich ausspricht in seinem »Herzog Ernst«. Der Erzähler jener Neuigkeit war ein Schneidergesell, ein niedlicher, kleiner junger Mensch, so dünn, daß die Sterne durchschimmern konnten, wie durch Ossians Nebelgeister, und im Ganzen eine volkstümlich barocke Mischung von Laune und Wehmut. Dieses äußerte sich besonders in der drollig rührenden Weise, womit er das wunderbare Volkslied sang: »Ein Käfer auf dem Zaune saß, summ, summ!« Das ist schön bei uns Deutschen; keiner ist so verrückt, daß er nicht einen noch Verrückteren fände, der ihn versteht. Nur ein Deutscher kann jenes Lied nachempfinden, und sich dabei totlachen und totweinen. [Der Schneider sang noch viele andere Volkslieder, in welchen lauter »schwarzbraune Augen« leuchteten, und also den süddeutschen Ursprung verrieten. Ich kenne nur ein einziges Volkslied, worin sich norddeutsche »blaue Augen« befinden, und dieses (es steht im »Wunderhorn«) scheint mir nicht einmal echt. Ist aber Süddeutschland die Heimat des Volksliedes, so ist Norddeutschland die Heimat des Volksmärchens, einer eben so schönen Blume, die ich auf dieser Reise so oft antreffe. Die Lyrik gehört dem Süden, die Epik dem Norden. Beiden gehört Goethe.] Wie tief das Goethesche Wort ins Leben des Volkes gedrungen, bemerkte ich auch hier. Mein dünner Weggenosse trillerte ebenfalls zuweilen vor sich hin: »Leidvoll und freudvoll, Gedanken sind frei!« Solche Korruption des Textes ist beim Volke etwas Gewöhnliches. Er sang auch ein Lied, wo »Lottchen bei dem Grabe ihres Werthers« trauert. Der Schneider zerfloß vor Sentimentalität bei den Worten: »Einsam wein ich an der Rosenstelle, wo uns oft der späte Mond belauscht! Jammernd irr ich an der Silberquelle, die uns lieblich Wonne zugerauscht.« Aber bald darauf ging er in Mutwillen über, und erzählte mir: »Wir haben einen Preußen in der Herberge zu Kassel, der ebensolche Lieder selbst macht; er kann keinen seligen Stich nähen; hat er einen Groschen in der Tasche, so hat er für zwei Groschen Durst, und wenn er im Tran ist, hält er den Himmel für ein blaues Kamisol, und weint wie eine Dachtraufe, und singt ein Lied mit der doppelten Poesie!« Von letzterem Ausdruck wünschte ich eine Erklärung, aber mein Schneiderlein, mit seinen Ziegenhainer Beinchen, hüpfte hin und her und rief beständig: »Die doppelte Poesie ist die doppelte Poesie!« Endlich brachte ich es heraus, daß er doppelt gereimte Gedichte, namentlich Stanzen im Sinne hatte. – Unterdes durch die große Bewegung und durch den konträren Wind, war der Ritter von der Nadel sehr müde geworden. Er machte freilich noch einige große Anstalten zum Gehen und bramarbasierte: »Jetzt will ich den Weg zwischen die Beine nehmen!« Doch bald klagte er, daß er sich Blasen unter die Füße gegangen, und die Welt viel zu weitläuftig sei; und endlich, bei einem Baumstamme, ließ er sich sachte niedersinken, bewegte sein zartes Häuptlein wie ein betrübtes Lämmerschwänzchen, und wehmütig lächelnd rief er: »Da bin ich armes Schindluderchen schon wieder marode!«

Die Berge wurden hier noch steiler, die Tannenwälder wogten unten wie ein grünes Meer, und am blauen Himmel oben schifften die weißen Wolken. Die Wildheit der Gegend war durch ihre Einheit und Einfachheit gleichsam gezähmt. Wie ein guter Dichter, liebt die Natur keine schroffen Übergänge. Die Wolken, so bizarr gestaltet sie auch zuweilen erscheinen, tragen ein weißes, oder doch ein mildes, mit dem blauen Himmel und der grünen Erde harmonisch korrespondierendes Kolorit, so daß alle Farben einer Gegend wie leise Musik ineinanderschmelzen, und jeder Naturanblick krampfstillend und gemütberuhigend wirkt. – Der selige Hoffmann würde die Wolken buntscheckig bemalt haben. – Eben wie ein großer Dichter, weiß die Natur auch mit den wenigsten Mitteln die größten Effekte hervorzubringen. Da sind nur eine Sonne, Bäume, Blumen, Wasser und Liebe. Freilich, fehlt letztere im Herzen des Beschauers, so mag das Ganze wohl einen schlechten Anblick gewähren, und die Sonne hat dann bloß soundsoviel Meilen im Durchmesser, und die Bäume sind gut zum Einheizen, und die Blumen werden nach den Staubfäden klassifiziert, und das Wasser ist naß.

Ein kleiner Junge, der für seinen kranken Oheim im Walde Reisig suchte, zeigte mir das Dorf Lerbach, dessen kleine Hütten, mit grauen Dächern, sich über eine halbe Stunde durch das Tal hinziehen. »Dort«, sagte er, »wohnen dumme Kropfleute und weiße Mohren«, – mit letzterem Namen werden die Albinos vom Volke benannt. Der kleine Junge stand mit den Bäumen in gar eigenem Einverständnis; er grüßte sie wie gute Bekannte, und sie schienen rauschend seinen Gruß zu erwidern. Er pfiff wie ein Zeisig, ringsum antworteten zwitschernd die andern Vögel, und ehe ich mich dessen versah, war er mit seinen nackten Füßchen und seinem Bündel Reisig ins Walddickicht fortgesprungen. Die Kinder, dacht ich, sind jünger als wir, können sich noch erinnern, wie sie ebenfalls Bäume oder Vögel waren, und sind also noch imstande, dieselben zu verstehen; unsereins aber ist schon alt und hat zu viel Sorgen, Jurisprudenz und schlechte Verse im Kopf. Jene Zeit, wo es anders war, trat mir bei meinem Eintritt in Clausthal wieder recht lebhaft ins Gedächtnis. In dieses nette Bergstädtchen, welches man nicht früher erblickt, als bis man davorsteht, gelangte ich, als eben die Glocke zwölf schlug und die Kinder jubelnd aus der Schule kamen. Die lieben Knaben, fast alle rotbäckig, blauäugig und flachshaarig, sprangen und jauchzten, und weckten in mir die wehmütig heitere Erinnerung, wie ich einst selbst, als ein kleines Bübchen, in einer dumpfkatholischen Klosterschule zu Düsseldorf den ganzen lieben Vormittag von der hölzernen Bank nicht aufstehen durfte, und so viel Latein, Prügel und Geographie ausstehen mußte, und dann ebenfalls unmäßig jauchzte und jubelte, wenn die alte Franziskanerglocke endlich zwölf schlug. Die Kinder sahen an meinem Ranzen, daß ich ein Fremder sei, und grüßten mich recht gastfreundlich. Einer der Knaben erzählte mir, sie hätten eben Religionsunterricht gehabt, und er zeigte mir den Königl. Hannöv. Katechismus, nach welchem man ihnen das Christentum abfragt. Dieses Büchlein war sehr schlecht gedruckt, und ich fürchte, die Glaubenslehren machen dadurch schon gleich einen unerfreulich löschpapierigen Eindruck auf die Gemüter der Kinder; wie es mir denn auch erschrecklich mißfiel, daß das Einmaleins, welches doch mit der heiligen Dreiheitslehre bedenklich kollidiert, im Katechismus selbst, und zwar auf dem letzten Blatte desselben, abgedruckt ist, und die Kinder dadurch schon frühzeitig zu sündhaften Zweifeln verleitet werden können. Da sind wir im Preußischen viel klüger, und bei unserem Eifer zur Bekehrung jener Leute, die sich so gut aufs Rechnen verstehen, hüten wir uns wohl, das Einmaleins hinter dem Katechismus abdrucken zu lassen.

In der »Krone« zu Clausthal hielt ich Mittag. Ich bekam frühlingsgrüne Petersiliensuppe, veilchenblauen Kohl, einen Kalbsbraten, groß wie der Chimborasso in Miniatur, sowie auch eine Art geräucherter Heringe, die Bückinge heißen, nach dem Namen ihres Erfinders, Wilhelm Bücking, der 1447 gestorben, und um jener Erfindung willen von Karl V. so verehrt wurde, daß derselbe anno 1556 von Middelburg nach Bievlied in Seeland reiste, bloß um dort das Grab dieses großen Mannes zu sehen. Wie herrlich schmeckt doch solch ein Gericht, wenn man die historischen Notizen dazu weiß und es selbst verzehrt! Nur der Kaffee nach Tische wurde mir verleidet, indem sich ein junger Mensch diskursierend zu mir setzte und so entsetzlich schwadronierte, daß die Milch auf dem Tische sauer wurde. Es war ein junger Handlungsbeflissener mit fünfundzwanzig bunten Westen und ebensoviel goldenen Petschaften, Ringen, Brustnadeln usw. Er sah aus wie ein Affe, der eine rote Jacke angezogen hat und nun zu sich selber sagt: Kleider machen Leute. Eine ganze Menge Scharaden wußte er auswendig, sowie auch Anekdoten, die er immer da anbrachte, wo sie am wenigsten paßten. Er fragte mich, was es in Göttingen Neues gäbe, und ich erzählte ihm: daß vor meiner Abreise von dort ein Dekret des akademischen Senats erschienen, worin bei drei Taler Strafe verboten wird, den Hunden die Schwänze abzuschneiden, indem die tollen Hunde in den Hundstagen die Schwänze zwischen den Beinen tragen, und man sie dadurch von den Nichttollen unterscheidet, was doch nicht geschehen könnte, wenn sie gar keine Schwänze haben. – Nach Tische machte ich mich auf den Weg, die Gruben, die Silberhütten und die Münze zu besuchen.

In den Silberhütten habe ich, wie oft im Leben, den Silberblick verfehlt. In der Münze traf ich es schon besser, und konnte zusehen, wie das Geld gemacht wird. Freilich, weiter hab ich es auch nie bringen können. Ich hatte bei solcher Gelegenheit immer das Zusehen, und ich glaube, wenn mal die Taler vom Himmel herunterregneten, so bekäme ich davon nur Löcher in den Kopf, während die Kinder Israel die silberne Manna mit lustigem Mute einsammeln würden. Mit einem Gefühle, worin gar komisch Ehrfurcht und Rührung gemischt waren, betrachtete ich die neugebornen, blanken Taler, nahm einen, der eben vom Prägstocke kam, in die Hand, und sprach zu ihm: Junger Taler! welche Schicksale erwarten dich! wieviel Gutes und wieviel Böses wirst du stiften! wie wirst du das Laster beschützen und die Tugend flicken, wie wirst du geliebt und dann wieder verwünscht werden! wie wirst du schwelgen, kuppeln, lügen und morden helfen! wie wirst du rastlos umherirren, durch reine und schmutzige Hände, jahrhundertelang, bis du endlich, schuldbeladen und sündenmüd, versammelt wirst zu den Deinen im Schoße Abrahams, der dich einschmelzt und läutert und umbildet zu einem neuen besseren Sein.

Das Befahren der zwei vorzüglichsten Clausthaler Gruben, der »Dorothea« und »Carolina«, fand ich sehr interessant und ich muß ausführlich davon erzählen.

Eine halbe Stunde vor der Stadt gelangt man zu zwei großen schwärzlichen Gebäuden. Dort wird man gleich von den Bergleuten in Empfang genommen. Diese tragen dunkle, gewöhnlich stahlblaue, weite, bis über den Bauch herabhängende Jacken, Hosen von ähnlicher Farbe, ein hinten aufgebundenes Schurzfell und kleine grüne Filzhüte, ganz randlos, wie ein abgekappter Kegel. In eine solche Tracht, bloß ohne Hinterleder, wird der Besuchende ebenfalls eingekleidet, und ein Bergmann, ein Steiger, nachdem er sein Grubenlicht angezündet, führt ihn nach einer dunkeln Öffnung, die wie ein Kaminfegeloch aussieht, steigt bis an die Brust hinab, gibt Regeln, wie man sich an den Leitern festzuhalten habe, und bittet, angstlos zu folgen. Die Sache selbst ist nichts weniger als gefährlich; aber man glaubt es nicht im Anfang, wenn man gar nichts vom Bergwerkswesen versteht. Es gibt schon eine eigene Empfindung, daß man sich ausziehen und die dunkle Delinquententracht anziehen muß. Und nun soll man auf allen Vieren hinabklettern, und das dunkle Loch ist so dunkel, und Gott weiß, wie lang die Leiter sein mag. Aber bald merkt man doch, daß es nicht eine einzige, in die schwarze Ewigkeit hinablaufende Leiter ist, sondern daß es mehrere von funfzehn bis zwanzig Sprossen sind, deren jede auf ein kleines Brett leitet, worauf man stehen kann, und worin wieder ein neues Loch nach einer neuen Leiter hinabführt. Ich war zuerst in die Carolina gestiegen. Das ist die schmutzigste und unerfreulichste Carolina, die ich je kennengelernt habe. Die Leitersprossen sind kotig naß. Und von einer Leiter zur andern gehts hinab, und der Steiger voran, und dieser beteuert immer: es sei gar nicht gefährlich, nur müsse man sich mit den Händen fest an den Sprossen halten, und nicht nach den Füßen sehen, und nicht schwindlicht werden, und nur beileibe nicht auf das Seitenbrett treten, wo jetzt das schnurrende Tonnenseil heraufgeht, und wo, vor vierzehn Tagen, ein unvorsichtiger Mensch hinuntergestürzt und leider den Hals gebrochen. Da unten ist ein verworrenes Rauschen und Summen, man stößt beständig an Balken und Seile, die in Bewegung sind, um die Tonnen mit geklopften Erzen, oder das hervorgesinterte Wasser, heraufzuwinden. Zuweilen gelangt man auch in durchgehauene Gänge, Stollen genannt, wo man das

Erz wachsen sieht, und wo der einsame Bergmann den ganzen Tag sitzt und mühsam mit dem Hammer die Erzstücke aus der Wand herausklopft. Bis in die unterste Tiefe, wo man, wie einige behaupten, schon hören kann, wie die Leute in Amerika »Hurrah Lafayette!« schreien, bin ich nicht gekommen; unter uns gesagt, dort, bis wohin ich kam, schien es mir bereits tief genug: – immerwährendes Brausen und Sausen, unheimliche Maschinenbewegung, unterirdisches Quellengeriesel, von allen Seiten herabtriefendes Wasser, qualmig aufsteigende Erddünste, und das Grubenlicht immer bleicher hineinflimmernd in die einsame Nacht. Wirklich, es war betäubend, das Atmen wurde mir schwer, und mit Mühe hielt ich mich an den glitschrigen Leitersprossen. Ich habe keinen Anflug von sogenannter Angst empfunden, aber, seltsam genug, dort unten in der Tiefe erinnerte ich mich, daß ich im vorigen Jahre, ungefähr um dieselbe Zeit, einen Sturm auf der Nordsee erlebte, und ich meinte jetzt, es sei doch eigentlich recht traulich angenehm, wenn das Schiff hin und her schaukelt, die Winde ihre Trompeterstückchen losblasen, zwischendrein der lustige Matrosenlärmen erschallt, und alles frisch überschauert wird von Gottes lieber, freier Luft. Ja, Luft! – Nach Luft schnappend stieg ich einige Dutzend Leitern wieder in die Höhe, und mein Steiger führte mich durch einen schmalen, sehr langen, in den Berg gehauenen Gang nach der Grube Dorothea. Hier ist es luftiger und frischer, und die Leitern sind reiner, aber auch länger und steiler als in der Carolina. Hier wurde mir schon besser zumute, besonders da ich wieder Spuren lebendiger Menschen gewahrte. In der Tiefe zeigten sich nämlich wandelnde Schimmer; Bergleute mit ihren Grubenlichtern kamen allmählig in die Höhe mit dem Gruße »Glückauf!« und mit demselben Wiedergruße von unserer Seite stiegen sie an uns vorüber; und wie eine befreundet ruhige, und doch zugleich quälend rätselhafte Erinnerung, trafen mich, mit ihren tiefsinnig klaren Blicken, die ernstfrommen, etwas blassen, und vom Grubenlicht geheimnisvoll beleuchteten Gesichter dieser jungen und alten Männer, die in ihren dunkeln, einsamen Bergschachten den ganzen Tag gearbeitet hatten, und sich jetzt hinauf sehnten nach dem lieben Tageslicht, und nach den Augen von Weib und Kind.

Mein Cicerone selbst war eine kreuzehrliche, pudeldeutsche Natur. Mit innerer Freudigkeit zeigte er mir jene Stolle, wo der Herzog von Cambridge, als er die Grube befahren, mit seinem ganzen Gefolge gespeist hat, und wo noch der lange hölzerne Speisetisch steht, sowie auch der große Stuhl von Erz, worauf der Herzog gesessen. Dieser bleibe zum ewigen Andenken stehen, sagte der gute Bergmann, und mit Feuer erzählte er: wie viele Festlichkeiten damals stattgefunden, wie der ganze Stollen mit Lichtern, Blumen und Laubwerk verziert gewesen, wie ein Bergknappe die Zither gespielt und gesungen, wie der vergnügte, liebe, dicke Herzog sehr viele Gesundheiten ausgetrunken habe, und wie viele Bergleute, und er selbst ganz besonders, sich gern würden totschlagen lassen für den lieben, dicken Herzog und das ganze Haus Hannover. – Innig rührt es mich jedesmal, wenn ich sehe, wie sich dieses Gefühl der Untertanstreue in seinen einfachen Naturlauten ausspricht. Es ist ein so schönes Gefühl! Und es ist ein so wahrhaft deutsches Gefühl! Andere Völker mögen gewandter sein, und witziger und ergötzlicher, aber keines ist so treu, wie das treue deutsche Volk. Wüßte ich nicht, daß die Treue so alt ist, wie die Welt, so würde ich glauben, ein deutsches Herz habe sie erfunden. Deutsche Treue! sie ist keine moderne Adressenfloskel. An Euren Höfen, Ihr deutschen Fürsten, sollte man singen und wieder singen das Lied von dem getreuen Eckart und dem bösen Burgund, der ihm die lieben Kinder töten lassen, und ihn alsdann doch noch immer treu befunden hat. Ihr habt das treueste Volk, und Ihr irrt, wenn ihr glaubt, der alte, verständige, treue Hund sei plötzlich toll geworden, und schnappe nach Euren geheiligten Waden.

Wie die deutsche Treue, hatte uns jetzt das kleine Grubenlicht, ohne viel Geflacker, still und sicher geleitet durch das Labyrinth der Schachten und Stollen; wir stiegen hervor aus der dumpfigen Bergnacht, das Sonnenlicht strahlt' – Glück auf!

Die meisten Bergarbeiter wohnen in Clausthal und in dem damit verbundenen Bergstädtchen Zellerfeld. Ich besuchte mehrere dieser wackern Leute, betrachtete ihre kleine häusliche Einrichtung, hörte einige ihrer Lieder, die sie mit der Zither, ihrem Lieblingsinstrumente, gar hübsch begleiten, ließ mir alte Bergmärchen von ihnen erzählen, und auch die Gebete hersagen, die sie in Gemeinschaft zu halten pflegen, ehe sie in den dunkeln Schacht hinuntersteigen, und manches gute Gebet habe ich mitgebetet. Ein alter Steiger meinte sogar, ich sollte bei ihnen bleiben und Bergmann werden; und als ich dennoch Abschied nahm, gab er mir einen Auftrag an seinen Bruder, der in der Nähe von Goslar wohnt, und viele Küsse für seine liebe Nichte.

So stillstehend ruhig auch das Leben dieser Leute erscheint, so ist es dennoch ein wahrhaftes, lebendiges Leben. Die steinalte, zitternde Frau, die, dem großen Schranke gegenüber, hinterm Ofen saß, mag dort schon ein Vierteljahrhundert lang gesessen haben, und ihr Denken und Fühlen ist gewiß innig verwachsen mit allen Ecken dieses Ofens und allen Schnitzeleien dieses Schrankes. Und Schrank und Ofen leben, denn ein Mensch hat ihnen einen Teil seiner Seele eingeflößt.

Nur durch solch tiefes Anschauungsleben, durch die »Unmittelbarkeit« entstand die deutsche Märchenfabel, deren Eigentümlichkeit darin besteht, daß nicht nur die Tiere und Pflanzen, sondern auch ganz leblos scheinende Gegenstände sprechen und handeln. Sinnigem, harmlosen Volke, in der stillen, umfriedeten Heimlichkeit seiner niedern Berg- oder Waldhütten, offenbarte sich das innere Leben solcher Gegenstände, diese gewannen einen notwendigen, konsequenten Charakter, eine süße Mischung von phantastischer Laune und rein menschlicher Gesinnung; und so sehen wir im Märchen, wunderbar und doch als wenn es sich von selbst verstände: Nähnadel und Stecknadel kommen von der Schneiderherberge und verirren sich im Dunkeln; Strohhalm und Kohle wollen über den Bach setzen und verunglücken; Schippe und Besen stehen auf der Treppe und zanken und schmeißen sich; der befragte Spiegel zeigt das Bild der schönsten Frau; sogar die Blutstropfen fangen an zu sprechen, bange, dunkle Worte des besorglichsten Mitleids. – Aus demselben Grunde ist unser Leben in der Kindheit so unendlich bedeutend, in jener Zeit ist uns alles gleich wichtig, wir hören alles, wir sehen alles, bei allen Eindrücken ist Gleichmäßigkeit, statt daß wir späterhin absichtlicher werden, uns mit dem einzelnen ausschließlicher beschäftigen, das klare Gold der Anschauung für das Papiergeld der Bücherdefinitionen mühsam einwechseln, und an Lebensbreite gewinnen, was wir an Lebenstiefe verlieren. Jetzt sind wir ausgewachsene, vornehme Leute; wir beziehen oft neue Wohnungen, die Magd räumt täglich auf, und verändert nach Gutdünken die Stellung der Möbeln, die uns wenig interessieren, da sie entweder neu sind, oder heute dem Hans, morgen dem Isaak gehören; selbst unsere Kleider bleiben uns fremd, wir wissen kaum, wieviel Knöpfe an dem Rocke sitzen, den wir eben jetzt auf dem Leibe tragen; wir wechseln ja so oft als möglich mit Kleidungsstücken, keines derselben bleibt im Zusammenhange mit unserer inneren und äußeren Geschichte; – kaum vermögen wir uns zu erinnern, wie jene braune Weste aussah, die uns einst so viel Gelächter zugezogen hat, und auf deren breiten Streifen dennoch die liebe Hand der Geliebten so lieblich ruhte!

Die alte Frau, dem großen Schrank gegenüber, hinterm Ofen, trug einen geblümten Rock von verschollenem Zeuge, das Brautkleid ihrer seligen Mutter. Ihr Urenkel, ein als Bergmann gekleideter, blonder, blitzäugiger Knabe, saß zu ihren Füßen und zählte die Blumen ihres Rockes, und sie mag ihm von diesem Rocke wohl schon viele Geschichtchen erzählt haben, viele ernsthafte, hübsche Geschichten, die der Junge gewiß nicht so bald vergißt, die ihm noch oft vorschweben werden, wenn er bald, als ein erwachsener Mann, in den nächtlichen Stollen der Carolina einsam arbeitet, und die er vielleicht wiedererzählt, wenn die liebe Großmutter längst tot ist, und er selber, ein silberhaariger, erloschener Greis, im Kreise seiner Enkel sitzt, dem großen Schranke gegenüber, hinterm Ofen.

Ich blieb die Nacht ebenfalls in der Krone, wo unterdessen auch der Hofrat B. aus Göttingen angekommen war. Ich hatte das Vergnügen, dem alten Herrn meine Aufwartung zu machen. Als ich mich ins Fremdenbuch einschrieb und im Monat Juli blätterte, fand ich auch den vielteuern Namen Adalbert von Chamisso, den Biographen des unsterblichen Schlemihl. Der Wirt erzählte mir: dieser Herr sei in einem unbeschreibbar schlechten Wetter angekommen, und in einem ebenso schlechten Wetter wieder abgereist.

Den andern Morgen mußte ich meinen Ranzen nochmals erleichtern, das eingepackte Paar Stiefel warf ich über Bord, und ich hob auf meine Füße und ging nach Goslar. Ich kam dahin, ohne zu wissen wie. Nur soviel kann ich mich erinnern: ich schlenderte wieder bergauf, bergab; schaute hinunter in manches hübsche Wiesental; silberne Wasser brausten, süße Waldvögel zwitscherten, die Herdenglöckchen läuteten, die mannigfaltig grünen Bäume wurden von der lieben Sonne goldig angestrahlt, und oben war die blauseidene Decke des Himmels so durchsichtig, daß man tief hineinschauen konnte, bis ins Allerheiligste, wo die Engel zu den Füßen Gottes sitzen, und in den Zügen seines Antlitzes den Generalbaß studieren. Ich aber lebte noch in dem Traum der vorigen Nacht, den ich nicht aus meiner Seele verscheuchen konnte. Es war das alte Märchen, wie ein Ritter hinabsteigt in einen tiefen Brunnen, wo unten die schönste Prinzessin zu einem starren Zauberschlafe verwünscht ist. Ich selbst war der Ritter, und der Brunnen die dunkle Clausthaler Grube, und plötzlich erschienen viele Lichter, aus allen Seitenlöchern stürzten die wachsamen Zwerglein, schnitten zornige Gesichter, hieben nach mir mit ihren kurzen Schwertern, bliesen gellend ins Horn, daß immer mehr und mehre herzueilten, und es wackelten entsetzlich ihre breiten Häupter. Wie ich darauf zuschlug und das Blut herausfloß, merkte ich erst, daß es die rotblühenden, langbärtigen Distelköpfe waren, die ich den Tag vorher an der Landstraße mit dem Stocke abgeschlagen hatte. Da waren sie auch gleich alle verscheucht, und ich gelangte in einen hellen Prachtsaal; in der Mitte stand, weiß verschleiert, und wie eine Bildsäule starr und regungslos, die Herzgeliebte, und ich küßte ihren Mund, und, beim lebendigen Gott! ich fühlte den beseligenden Hauch ihrer Seele und das süße Beben der lieblichen Lippen. Es war mir, als hörte ich, wie Gott rief: »Es werde Licht!« blendend schoß herab ein Strahl des ewigen Lichts; aber in demselben Augenblick wurde es wieder Nacht, und alles rann chaotisch zusammen in ein wildes, wüstes Meer. Ein wildes, wüstes Meer! über das gärende Wasser jagten ängstlich die Gespenster der Verstorbenen, ihre weißen Totenhemde flatterten im Winde, hinter ihnen her, hetzend, mit klatschender Peitsche, lief ein buntscheckiger Harlekin, und dieser war ich selbst – und plötzlich, aus den dunkeln Wellen, reckten die Meerungetüme ihre mißgestalteten

Häupter, und langten nach mir mit ausgebreiteten Krallen, und vor Entsetzen erwacht ich.

Wie doch zuweilen die allerschönsten Märchen verdorben werden! Eigentlich muß der Ritter, wenn er die schlafende Prinzessin gefunden hat, ein Stück aus ihrem kostbaren Schleier herausschneiden; und wenn durch seine Kühnheit ihr Zauberschlaf gebrochen ist, und sie wieder in ihrem Palast auf dem goldenen Stuhle sitzt, muß der Ritter zu ihr treten und sprechen: Meine allerschönste Prinzessin, kennst du mich? Und dann antwortet sie: Mein allertapferster Ritter, ich kenne dich nicht. Und dieser zeigt ihr alsdann das aus ihrem Schleier herausgeschnittene Stück, das just in denselben wieder hineinpaßt, und beide umarmen sich zärtlich, und die Trompeter blasen, und die Hochzeit wird gefeiert.

Es ist wirklich ein eigenes Mißgeschick, daß meine Liebesträume selten ein so schönes Ende nehmen.

Der Name Goslar klingt so erfreulich, und es knüpfen sich daran so viele uralte Kaisererinnerungen, daß ich eine imposante, stattliche Stadt erwartete. Aber so geht es, wenn man die Berühmten in der Nähe besieht! Ich fand ein Nest mit meistens schmalen, labyrinthisch krummen Straßen, allwo mittendurch ein kleines Wasser, wahrscheinlich die Gose, fließt, verfallen und dumpfig, und ein Pflaster, so holprig wie Berliner Hexameter. Nur die Altertümlichkeiten der Einfassung, nämlich Reste von Mauern, Türmen und Zinnen, geben der Stadt etwas Pikantes. Einer dieser Türme, der Zwinger genannt, hat so dicke Mauern, daß ganze Gemächer darin ausgehauen sind. Der Platz vor der Stadt, wo der weitberühmte Schützenhof gehalten wird, ist eine schöne große Wiese, ringsum hohe Berge. Der Markt ist klein, in der Mitte steht ein Springbrunnen, dessen Wasser sich in ein großes Metallbecken ergießt. Bei Feuersbrünsten wird einigemal daran geschlagen; es gibt dann einen weitschallenden Ton. Man weiß nichts vom Ursprunge dieses Beckens. Einige sagen, der Teufel habe es einst, zur Nachtzeit, dort auf den Markt hingestellt. Damals waren die Leute noch dumm, und der Teufel war auch dumm, und sie machten sich wechselseitig Geschenke.

Das Rathaus zu Goslar ist eine weißangestrichene Wachtstube. Das danebenstehende Gildenhaus hat schon ein besseres Ansehen. Ungefähr von der Erde und vom Dach gleichweit entfernt stehen da die Standbilder deutscher Kaiser, räucherig schwarz und zum Teil vergoldet, in der einen Hand das Szepter, in der andern die Weltkugel; sehen aus wie gebratene Universitätspedelle. Einer dieser Kaiser hält ein Schwert, statt des Szepters. Ich konnte nicht erraten, was dieser Unterschied sagen soll; und es hat doch gewiß seine Bedeutung, da die Deutschen die merkwürdige Gewohnheit haben, daß sie bei allem, was sie tun, sich auch etwas denken.

In Gottschalcks »Handbuch« hatte ich von dem uralten Dom und von dem berühmten Kaiserstuhl zu Goslar viel gelesen. Als ich aber beides besehen wollte, sagte man mir: der Dom sei niedergerissen und der Kaiserstuhl nach Berlin gebracht worden. Wir leben in einer bedeutungschweren Zeit: tausendjährige Dome werden abgebrochen, und Kaiserstühle in die Rumpelkammer geworfen.

Einige Merkwürdigkeiten des seligen Doms sind jetzt in der Stephanskirche aufgestellt. Glasmalereien, die wunderschön sind, einige schlechte Gemälde, worunter auch ein Lucas Cranach sein soll, ferner ein hölzerner Christus am Kreuz, und ein heidnischer Opferaltar aus unbekanntem Metall; er hat die Gestalt einer länglich viereckigen Lade, und wird von vier Karyatiden getragen, die, in geduckter Stellung, die Hände stützend über dem Kopfe halten, und unerfreulich häßliche Gesichter schneiden. Indessen noch unerfreulicher ist das dabeistehende, schon erwähnte große hölzerne Kruzifix. Dieser Christuskopf, mit natürlichen Haaren und Dornen und blutbeschmiertem Gesichte, zeigt freilich höchst meisterhaft das Hinsterben eines Menschen, aber nicht eines gottgebornen Heilands. Nur das materielle Leiden ist in dieses Gesicht hineingeschnitzelt, nicht die Poesie des Schmerzes. Solch Bild gehört eher in einen anatomischen Lehrsaal, als in ein Gotteshaus.

Ich logierte in einem Gasthofe nahe dem Markt, wo mir das Mittagessen noch besser geschmeckt haben würde, hätte sich nur nicht der Herr Wirt mit seinem langen, überflüssigen Gesichte und seinen langweiligen Fragen zu mir hingesetzt; glücklicherweise ward ich bald erlöst durch die Ankunft eines andern Reisenden, der dieselben Fragen in derselben Ordnung aushalten mußte: *quis? quid? ubi? quibus auxiliis? cur? quo modo? quando?* Dieser Fremde war ein alter, müder, abgetragener Mann, der, wie aus seinen Reden hervorging, die ganze Welt durchwandert, besonders lang auf Batavia gelebt, viel Geld erworben und wieder alles verloren hatte, und jetzt, nach dreißigjähriger Abwesenheit, nach Quedlinburg, seiner Vaterstadt, zurückkehrte, – »denn«, setzte er hinzu, »unsere Familie hat dort ihr Erbbegräbnis.« Der Herr Wirt machte die sehr aufgeklärte Bemerkung: daß es doch für die Seele gleichgültig sei, wo unser Leib begraben wird. »Haben Sie es schriftlich?« antwortete der Fremde, und dabei zogen sich unheimlich schlaue Ringe um seine kümmerlichen Lippen und verblichenen Äuglein. »Aber«, setzte er ängstlich begütigend hinzu, »ich will darum über fremde Gräber doch nichts Böses gesagt haben; – die Türken begraben ihre Toten noch weit schöner als wir, ihre Kirchhöfe sind ordentlich Gärten, und da sitzen sie auf ihren weißen, beturbanten Grabsteinen, unter dem Schatten einer Zypresse, und streichen ihre ernsthaften Bärte, und rauchen ruhig ihren türkischen Tabak aus ihren langen türkischen Pfeifen; – und bei den Chinesen gar ist es eine ordentliche Lust zuzusehen, wie sie auf den Ruhestätten ihrer Toten manierlich herumtänzeln, und beten, und Tee trinken, und die Geige spielen, und die geliebten Gräber gar hübsch zu verzieren wissen mit allerlei vergoldetem Lattenwerk, Porzellanfigürchen, Fetzen von buntem Seidenzeug, künstlichen Blumen, und farbigen Laternchen – alles sehr hübsch – wie weit hab ich noch bis Quedlinburg?«

Der Kirchhof in Goslar hat mich nicht sehr angesprochen. Desto mehr aber jenes wunderschöne Lockenköpfchen, das bei meiner Ankunft in der Stadt aus einem etwas hohen Parterrefenster lächelnd herausschaute. Nach Tische suchte ich wieder das liebe Fenster; aber jetzt stand dort nur ein Wasserglas mit weißen Glokkenblümchen. Ich kletterte hinauf, nahm die artigen Blümchen aus dem Glase, steckte sie ruhig auf meine Mütze, und kümmerte mich wenig um die aufgesperrten Mäuler, versteinerten Nasen und Glotzaugen, womit die Leute auf der Straße, besonders die alten Weiber, diesem qualifizierten Diebstahle zusahen. Als ich eine

Stunde später an demselben Hause vorbeiging, stand die Holde am Fenster, und wie sie die Glockenblümchen auf meiner Mütze gewahrte, wurde sie blutrot und stürzte zurück. Ich hatte jetzt das schöne Antlitz noch genauer gesehen; es war eine süße, durchsichtige Verkörperung von Sommerabendhauch, Mondschein, Nachtigallenlaut und Rosenduft. – Später, als es ganz dunkel geworden, trat sie vor die Türe. Ich kam – ich näherte mich – sie zieht sich langsam zurück in den dunkeln Hausflur – ich fasse sie bei der Hand und sage: »Ich bin ein Liebhaber von schönen Blumen und Küssen, und was man mir nicht freiwillig gibt, das stehle ich« – und ich küßte sie rasch – und wie sie entfliehen will, flüstere ich beschwichtigend: »Morgen reis ich fort und komme wohl nie wieder« – und ich fühle den geheimen Widerdruck der lieblichen Lippen und der kleinen Hände – und lachend eile ich von hinnen. Ja, ich muß lachen, wenn ich bedenke, daß ich unbewußt jene Zauberformel ausgesprochen, wodurch unsere Rot- und Blauröcke, öfter als durch ihre schnurrbärtige Liebenswürdigkeit, die Herzen der Frauen bezwingen: »Ich reise morgen fort und komme wohl nie wieder!«

Mein Logis gewährte eine herrliche Aussicht nach dem Rammelsberg. Es war ein schöner Abend. Die Nacht jagte auf ihrem schwarzen Rosse, und die langen Mähnen flatterten im Winde. Ich stand am Fenster und betrachtete den Mond. Gibt es wirklich einen Mann im Monde? Die Slaven sagen, er heiße Clotar, und das Wachsen des Mondes bewirke er durch Wasseraufgießen. Als ich noch klein war, hatte ich gehört: der Mond sei eine Frucht, die, wenn sie reif geworden, vom lieben Gott abgepflückt, und, zu den übrigen Vollmonden, in den großen Schrank gelegt werde, der am Ende der Welt steht, wo sie mit Brettern zugenagelt ist. Als ich größer wurde, bemerkte ich, daß die Welt nicht so eng begrenzt ist, und daß der menschliche Geist die hölzernen Schranken durchbrochen, und mit einem riesigen Petri-Schlüssel, mit der Idee der Unsterblichkeit, alle sieben Himmel aufgeschlossen hat. Unsterblichkeit! schöner Gedanke! wer hat dich zuerst erdacht? War es ein Nürnberger Spießbürger, der, mit weißer Nachtmütze auf dem Kopfe und weißer Tonpfeife im Maule, am lauen Sommerabend vor seiner Haustüre saß, und recht behaglich meinte: es wäre doch hübsch, wenn er nun so immerfort, ohne daß sein Pfeifchen und sein Lebensatemchen ausgingen, in die liebe Ewigkeit hineinvegetieren könnte! Oder war es ein junger Liebender, der in den Armen seiner Geliebten jenen Unsterblichkeitsgedanken dachte, und ihn dachte, weil er ihn fühlte, und weil er nichts anders fühlen und denken konnte! – Liebe! Unsterblichkeit! in meiner Brust ward es plötzlich so heiß, daß ich glaubte, die Geographen hätten den Äquator verlegt, und er laufe jetzt gerade durch mein Herz. Und aus meinem Herzen ergossen sich die Gefühle der Liebe, ergossen sich sehnsüchtig in die weite Nacht. Die Blumen im Garten unter meinem Fenster dufteten stärker. Düfte sind die Gefühle der Blumen, und wie das Menschenherz, in der Nacht, wo es sich einsam und unbelauscht glaubt, stärker fühlt, so scheinen auch die Blumen, sinnig verschämt, erst die umhüllende Dunkelheit zu erwarten, um sich gänzlich ihren Gefühlen hinzugeben, und sie auszuhauchen in süßen Düften. – Ergießt Euch, Ihr Düfte meines Herzens! und sucht hinter jenen Bergen die Geliebte meiner Träume! Sie liegt jetzt schon und schläft; zu ihren Füßen knieen Engel, und wenn sie im Schlafe lächelt, so ist es ein Gebet, das die Engel nachbeten; in ihrer Brust liegt der Himmel mit allen seinen Seligkeiten, und wenn sie atmet, so bebt mein Herz in der Ferne; hinter den seidnen Wimpern ihrer Augen ist die Sonne untergegangen, und wenn sie die Augen wieder aufschlägt, so ist es Tag, und die Vögel singen, und die Herdenglöckchen läuten, und die Berge schimmern in ihren schmaragdenen Kleidern, und ich schnüre den Ranzen und wandre.

In jener Nacht, die ich in Goslar zubrachte, ist mir etwas höchst Seltsames begegnet. Noch immer kann ich nicht ohne Angst daran zurückdenken. Ich bin von Natur nicht ängstlich, aber vor Geistern fürchte ich mich fast so sehr wie der Östreichische Beobachter. Was ist Furcht? Kommt sie aus dem Verstande oder aus dem Gemüt? Über diese Frage disputierte ich so oft mit dem Doktor Saul Ascher, wenn wir zu Berlin, im *Café royal*, wo ich lange Zeit meinen Mittagstisch hatte, zufällig zusammentrafen. Er behauptete immer: Wir fürchten etwas, weil wir es durch Vernunftschlüsse für furchtbar erkennen. Nur die Vernunft sei eine Kraft, nicht das Gemüt. Während ich gut aß und gut trank, demonstrierte er mir fortwährend die Vorzüge der Vernunft. Gegen das Ende seiner Demonstration pflegte er nach seiner Uhr zu sehen, und immer schloß er damit: »Die Vernunft ist das höchste Prinzip!« – Vernunft! Wenn ich jetzt dieses Wort höre, so sehe ich noch immer den Doktor Saul Ascher mit seinen abstrakten Beinen, mit seinem engen, transzendentalgrauen Leibrock, und mit seinem schroffen, frierend kalten Gesichte, das einem Lehrbuche der Geometrie als Kupfertafel dienen konnte. Dieser Mann, tief in den Funfzigern, war eine personifizierte grade Linie. In seinem Streben nach dem Positiven hatte der arme Mann sich alles Herrliche aus dem Leben herausphilosophiert, alle Sonnenstrahlen, allen Glauben und alle Blumen, und es blieb ihm nichts übrig, als das kalte, positive Grab. Auf den Apoll von Belvedere und auf das Christentum hatte er eine spezielle Malice. Gegen letzteres schrieb er sogar eine Broschüre, worin er dessen Unvernünftigkeit und Unhaltbarkeit bewies. Er hat überhaupt eine ganze Menge Bücher geschrieben, worin immer die Vernunft von ihrer eigenen Vortrefflichkeit renommiert, und wobei es der arme Doktor gewiß ernsthaft genug meinte, und also in dieser Hinsicht alle Achtung verdiente. Darin aber bestand ja eben der Hauptspaß, daß er ein so ernsthaft närrisches Gesicht schnitt, wenn er dasjenige nicht begreifen konnte, was jedes Kind begreift, eben weil es ein Kind ist. Einigemal besuchte ich auch den Vernunftdoktor in seinem eigenen Hause, wo ich schöne Mädchen bei ihm fand; denn die Vernunft verbietet nicht die Sinnlichkeit. Als ich ihn einst ebenfalls besuchen wollte, sagte mir sein Bedienter: Der Herr Doktor ist eben gestorben. Ich fühlte nicht viel mehr dabei, als wenn er gesagt hätte: Der Herr Doktor ist ausgezogen.

Doch zurück nach Goslar. »Das höchste Prinzip ist die Vernunft!« sagte ich beschwichtigend zu mir selbst, als ich ins Bett stieg. Indessen, es half nicht. Ich hatte eben in Varnhagen von Enses »Deutsche Erzählungen«, die ich von Clausthal mitgenommen hatte, jene entsetzliche Geschichte gelesen, wie der Sohn, den sein eigener Vater ermorden wollte, in der Nacht von dem Geiste seiner toten Mutter gewarnt wird. Die wunderbare Darstellung dieser

Geschichte bewirkte, daß mich während des Lesens ein inneres Grauen durchfröstelte. Auch erregen Gespenstererzählungen ein noch schauerlicheres Gefühl, wenn man sie auf der Reise liest, und zumal des Nachts, in einer Stadt, in einem Hause, in einem Zimmer, wo man noch nie gewesen. Wieviel Gräßliches mag sich schon zugetragen haben auf diesem Flecke, wo du eben liegst? so denkt man unwillkürlich. Überdies schien jetzt der Mond so zweideutig ins Zimmer herein, an der Wand bewegten sich allerlei unberufene Schatten, und als ich mich im Bett aufrichtete, um hinzusehen, erblickte ich –

Es gibt nichts Unheimlicheres, als wenn man, bei Mondschein, das eigene Gesicht zufällig im Spiegel sieht. In demselben Augenblicke schlug eine schwerfällige, gähnende Glocke, und zwar so lang und langsam, daß ich nach dem zwölften Glockenschlage sicher glaubte, es seien unterdessen volle zwölf Stunden verflossen, und es müßte wieder von vorn anfangen, zwölf zu schlagen. Zwischen dem vorletzten und letzten Glockenschlage schlug noch eine andere Uhr, sehr rasch, fast keifend gell, und vielleicht ärgerlich über die Langsamkeit ihrer Frau Gevatterin. Als beide eiserne Zungen schwiegen, und tiefe Todesstille im ganzen Hause herrschte, war es mir plötzlich, als hörte ich auf dem Korridor, vor meinem Zimmer, etwas schlottern und schlappen, wie der unsichere Gang eines alten Mannes. Endlich öffnete sich meine Tür, und langsam trat herein der verstorbene Doktor Saul Ascher. Ein kaltes Fieber rieselte mir durch Mark und Bein, ich zitterte wie Espenlaub, und kaum wagte ich, das Gespenst anzusehen. Er sah aus wie sonst, derselbe transzendentalgraue Leibrock, dieselben abstrakten Beine, und dasselbe mathematische Gesicht: nur war dieses etwas gelblicher als sonst, auch der Mund, der sonst zwei Winkel von 22½ Grad bildete, war zusammengekniffen, und die Augenkreise hatten einen größern Radius. Schwankend, und wie sonst sich auf sein spanisches Röhrchen stützend, näherte er sich mir, und in seinem gewöhnlichen mundfaulen Dialekte sprach er freundlich: »Fürchten Sie sich nicht, und glauben Sie nicht, daß ich ein Gespenst sei. Es ist Täuschung Ihrer Phantasie, wenn Sie mich als Gespenst zu sehen glauben. Was ist ein Gespenst? Geben Sie mir eine Definition? Deduzieren Sie mir die Bedingungen der Möglichkeit eines Gespenstes? In welchem vernünftigen Zusammenhange stände eine solche Erscheinung mit der Vernunft? Die Vernunft, ich sage die Vernunft –« Und nun schritt das Gespenst zu einer Analyse der Vernunft, zitierte Kants »Kritik der reinen Vernunft«, 2. Teil, 1. Abschnitt, 2. Buch, 3. Hauptstück, die Unterscheidung von Phänomena und Noumena, konstruierte alsdann den problematischen Gespensterglauben, setzte einen Syllogismus auf den andern, und schloß mit dem logischen Beweise: daß es durchaus keine Gespenster gibt. Mir unterdessen lief der kalte Schweiß über den Rücken, meine Zähne klapperten wie Kastagnetten, aus Seelenangst nickte ich unbedingte Zustimmung bei jedem Satz, womit der spukende Doktor die Absurdität aller Gespensterfurcht bewies, und derselbe demonstrierte so eifrig, daß er einmal in der Zerstreuung, statt seiner goldenen Uhr, eine Handvoll Würmer aus der Uhrtasche zog, und seinen Irrtum bemerkend, mit possierlich ängstlicher Hastigkeit wieder einsteckte. »Die Vernunft ist das höchste –« da schlug die Glocke eins und das Gespenst verschwand.

Von Goslar ging ich den andern Morgen weiter, halb auf Geratewohl, halb in der Absicht, den Bruder des Clausthaler Bergmanns aufzusuchen. Wieder schönes, liebes Sonntagswetter. Ich bestieg Hügel und Berge, betrachtete, wie die Sonne den Nebel zu verscheuchen suchte, wanderte freudig durch die schauernden Wälder, und um mein träumendes Haupt klingelten die Glockenblümchen von Goslar. In ihren weißen Nachtmänteln standen die Berge, die Tannen rüttelten sich den Schlaf aus den Gliedern, der frische Morgenwind frisierte ihnen die herabhängenden, grünen Haare, die Vöglein hielten Betstunde, das Wiesental blitzte wie eine diamantenbesäete Golddecke, und der Hirt schritt darüber hin mit seiner läutenden Herde. Ich mochte mich wohl eigentlich verirrt haben. Man schlägt immer Seitenwege und Fußsteige ein, und glaubt dadurch näher zum Ziele zu gelangen. Wie im Leben überhaupt, gehts uns auch auf dem Harze. Aber es gibt immer gute Seelen, die uns wieder auf den rechten Weg bringen; sie tun es gern, und finden noch obendrein ein besonderes Vergnügen daran, wenn sie uns mit selbstgefälliger Miene und wohlwollend lauter Stimme bedeuten: welche große Umwege wir gemacht, in welche Abgründe und Sümpfe wir versinken konnten, und welch ein Glück es sei, daß wir so wegkundige Leute wie sie sind, noch zeitig angetroffen. Einen solchen Berichtiger fand ich unweit der Harzburg. Es war ein wohlgenährter Bürger von Goslar, ein glänzend wampiges, dummkluges Gesicht; er sah aus, als habe er die Viehseuche erfunden. Wir gingen eine Strecke zusammen, und er erzählte mir allerlei Spukgeschichten, die hübsch klingen konnten, wenn sie nicht alle darauf hinausliefen, daß es doch kein wirklicher Spuk gewesen, sondern, daß die weiße Gestalt ein Wilddieb war, und daß die wimmernden Stimmen von den eben geworfenen Jungen einer Bache (wilden Sau), und das Geräusch auf dem Boden von der Hauskatze herrührte. Nur wenn der Mensch krank ist, setzte er hinzu, glaubt er Gespenster zu sehen; was aber seine Wenigkeit anbelange, so sei er selten krank, nur zuweilen leide er an Hautübeln, und dann kuriere er sich jedesmal mit nüchternem Speichel. Er machte mich auch aufmerksam auf die Zweckmäßigkeit und Nützlichkeit in der Natur. Die Bäume sind grün, weil grün gut für die Augen ist. Ich gab ihm recht und fügte hinzu, daß Gott das Rindvieh erschaffen, weil Fleischsuppen den Menschen stärken, daß er die Esel erschaffen, damit sie den Menschen zu Vergleichungen dienen können, und daß er den Menschen selbst erschaffen, damit er Fleischsuppen essen und kein Esel sein soll. Mein Begleiter war entzückt, einen Gleichgestimmten gefunden zu haben, sein Antlitz ergänzte noch freudiger, und bei dem Abschiede war er gerührt.

Solange er neben mir ging, war gleichsam die ganze Natur entzaubert, sobald er aber fort war, fingen die Bäume wieder an zu sprechen, und die Sonnenstrahlen erklangen, und die Wiesenblümchen tanzten, und der blaue Himmel umarmte die grüne Erde. Ja, ich weiß es besser: Gott hat den Menschen erschaffen, damit er die Herrlichkeit der Welt bewundere. Jeder Autor, und sei er noch so groß, wünscht, daß sein Werk gelobt werde. Und in der Bibel, den Memoiren Gottes, steht ausdrücklich: daß er die Menschen erschaffen zu seinem Ruhm und Preis.

Nach einem langen Hin- und Herwandern gelangte ich zu der Wohnung des Bruders meines Clausthaler Freundes, übernachtete alldort, und erlebte folgendes schöne Gedicht:

I.

Auf dem Berge steht die Hütte,
Wo der alte Bergmann wohnt;
Dorten rauscht die grüne Tanne,
Und erglänzt der goldne Mond.

In der Hütte steht ein Lehnstuhl,
Reich geschnitzt und wunderlich,
Der darauf sitzt, der ist glücklich,
Und der Glückliche bin Ich!

Auf dem Schemel sitzt die Kleine,
Stützt den Arm auf meinen Schoß;
Äuglein wie zwei blaue Sterne,
Mündlein wie die Purpurros.

Und die lieben, blauen Sterne
Schaun mich an so himmelgroß,
Und sie legt den Liljenfinger
Schalkhaft auf die Purpurros.

Nein, es sieht uns nicht die Mutter,
Denn sie spinnt mit großem Fleiß,
Und der Vater spielt die Zither,
Und er singt die alte Weis.

Und die Kleine flüstert leise,
Leise, mit gedämpftem Laut;
Manches wichtige Geheimnis
Hat sie mir schon anvertraut.

»Aber seit die Muhme tot ist,
Können wir ja nicht mehr gehen
Nach dem Schützenhof zu Goslar,
Und dort ist es gar zu schön.

Hier dagegen ist es einsam,
Auf der kalten Bergeshöh,
Und des Winters sind wir gänzlich
Wie vergraben in dem Schnee.

Und ich bin ein banges Mädchen,
Und ich fürcht mich wie ein Kind
Vor den bösen Bergesgeistern,
Die des Nachts geschäftig sind.«

Plötzlich schweigt die liebe Kleine,
Wie vom eignen Wort erschreckt,
Und sie hat mit beiden Händchen
Ihre Äugelein bedeckt.

Lauter rauscht die Tanne draußen,
Und das Spinnrad schnarrt und brummt,
Und die Zither klingt dazwischen,
Und die alte Weise summt:

»Fürcht dich nicht, du liebes Kindchen,
Vor der bösen Geister Macht;
Tag und Nacht, du liebes Kindchen,
Halten Englein bei dir Wacht!«

II.

Tannenbaum, mit grünen Fingern,
Pocht ans niedre Fensterlein,
Und der Mond, der gelbe Lauscher,
Wirft sein süßes Licht herein.

Vater, Mutter schnarchen leise
In dem nahen Schlafgemach,
Doch wir beide, selig schwatzend,
Halten uns einander wach.

»Daß du gar zu oft gebetet,
Das zu glauben wird mir schwer,
Jenes Zucken deiner Lippen
Kommt wohl nicht vom Beten her.

Jenes böse, kalte Zucken,
Das erschreckt mich jedesmal,
Doch die dunkle Angst beschwichtigt
Deiner Augen frommer Strahl.

Auch bezweifl ich, daß du glaubest,
Was so rechter Glauben heißt,
Glaubst wohl nicht an Gott den Vater,
An den Sohn und heilgen Geist?«

Ach, mein Kindchen, schon als Knabe,
Als ich saß auf Mutters Schoß,
Glaubte ich an Gott den Vater,
Der da waltet gut und groß;

Der die schöne Erd erschaffen,
Und die schönen Menschen drauf,
Der den Sonnen, Monden, Sternen,
Vorgezeichnet ihren Lauf.

Als ich größer wurde, Kindchen,
Noch viel mehr begriff ich schon,
Und begriff, und ward vernünftig,
Und ich glaub auch an den Sohn;

An den lieben Sohn, der liebend
Uns die Liebe offenbart,
Und zum Lohne, wie gebräuchlich,
Von dem Volk gekreuzigt ward.

Jetzo, da ich ausgewachsen,
Viel gelesen, viel gereist,
Schwillt mein Herz, und ganz von Herzen
Glaub ich an den heilgen Geist.

Dieser tat die größten Wunder,
Und viel größte tut er noch;
Er zerbrach die Zwingherrnburgen,
Und zerbrach des Knechtes Joch.

Alte Todeswunden heilt er,
Und erneut das alte Recht:
Alle Menschen, gleichgeboren,
Sind ein adliges Geschlecht.

Er verscheucht die bösen Nebel,
Und das dunkle Hirngespinst,
Das uns Lieb und Lust verleidet,
Tag und Nacht uns angegrinst.

Tausend Ritter, wohl gewappnet,
Hat der heilge Geist erwählt,
Seinen Willen zu erfüllen,
Und er hat sie mutbeseelt.

Ihre teuern Schwerter blitzen,
Ihre guten Banner wehn;
Ei, du möchtest wohl, mein Kindchen,
Solche stolze Ritter sehn?

Nun, so schau mich an, mein Kindchen,
Küsse mich und schaue dreist;
Denn ich selber bin ein solcher
Ritter von dem heilgen Geist.

III.

Still versteckt der Mond sich draußen
Hinterm grünen Tannenbaum,
Und im Zimmer unsre Lampe
Flackert matt und leuchtet kaum.

Aber meine blauen Sterne
Strahlen auf in hellerm Licht,
Und es glüht die Purpurrose,
Und das liebe Mädchen spricht.

»Kleines Völkchen, Wichtelmännchen,
Stehlen unser Brot und Speck,
Abends liegt es noch im Kasten,
Und des Morgens ist es weg.

Kleines Völkchen, unsre Sahne
Nascht es von der Milch, und läßt
Unbedeckt die Schüssel stehen,
Und die Katze säuft den Rest.

Und die Katz ist eine Hexe,
Denn sie schleicht, bei Nacht und Sturm,
Drüben nach dem Geisterberge,
Nach dem altverfallnen Turm.

Dort hat einst ein Schloß gestanden,
Voller Lust und Waffenglanz;
Blanke Ritter, Fraun und Knappen
Schwangen sich im Fackeltanz.

Da verwünschte Schloß und Leute
Eine böse Zauberin,
Nur die Trümmer blieben stehen,
Und die Eulen nisten drin.

Doch die selge Muhme sagte:
Wenn man spricht das rechte Wort,
Nächtlich zu der rechten Stunde,
Drüben an dem rechten Ort;

So verwandeln sich die Trümmer
Wieder in ein helles Schloß,
Und es tanzen wieder lustig Ritter,
Fraun und Knappentroß;

Und wer jenes Wort gesprochen,
Dem gehören Schloß und Leut,
Pauken und Trompeten huldgen
Seiner jungen Herrlichkeit.«

Also blühen Märchenbilder
Aus des Mundes Röselein,
Und die Augen gießen drüber
Ihren blauen Sternenschein.

Ihre goldnen Haare wickelt
Mir die Kleine um die Händ,
Gibt den Fingern hübsche Namen,
Lacht und küßt, und schweigt am End.

Und im stillen Zimmer alles
Blickt mich an so wohlvertraut;
Tisch und Schrank, mir ist als hätt ich
Sie schon früher mal geschaut.

Freundlich ernsthaft schwatzt die Wanduhr,
Und die Zither, hörbar kaum,
Fängt von selber an zu klingen,
Und ich sitze wie im Traum.

Jetzo ist die rechte Stunde,
Und es ist der rechte Ort;
Ei, was gilts, mit kühnen Lippen
Sprech ich aus das rechte Wort.

Siehst du schon, mein Kind, es dämmert
Und erbebt die Mitternacht,
Bach und Tannen brausen lauter,
Und der alte Berg erwacht.

Zitherklang und Zwergenlieder
Tönen aus des Berges Spalt,
Und es sprießt, wie ’n toller Frühling,
Draus hervor ein Blumenwald;

Blumen, kühne Wunderblumen,
Blätter, breit und fabelhaft,
Duftig bunt und hastig regsam,
Wie gedrängt von Leidenschaft.

Rosen, wild wie rote Flammen,
Sprühn aus dem Gewühl hervor;
Liljen, wie kristallne Pfeiler,
Schießen himmelhoch empor.

Und die Sterne, groß wie Sonnen,
Schaun herab mit Sehnsuchtglut;
In der Liljen Riesenkelche
Strömet ihre Strahlenflut.

Doch wir selber, süßes Kindchen,
Sind verwandelt noch viel mehr;
Fackelglanz und Gold und Seide
Schimmern lustig um uns her.

Du, du wurdest zur Prinzessin,
Unsre Hütte ward zum Schloß,
Und da jubeln und da tanzen
Ritter, Fraun und Knappentroß.

Aber Ich, ich hab erworben,
Dich und alles, Schloß und Leut;
Pauken und Trompeten huldgen
Meiner jungen Herrlichkeit!

Die Sonne ging auf. Die Nebel flohen, wie Gespenster beim dritten Hahnenschrei. Ich stieg wieder bergauf und bergab, und vor mir schwebte die schöne Sonne, immer neue Schönheiten beleuchtend. Der Geist des Gebirges begünstigte mich ganz offenbar; er wußte wohl, daß so ein Dichtermensch viel Hübsches wiedererzählen kann, und er ließ mich diesen Morgen seinen Harz sehen, wie ihn gewiß nicht jeder sah. Aber auch mich sah der Harz, wie mich nur wenige gesehen; in meinen Augenwimpern flimmerten ebenso kostbare Perlen, wie in den Gräsern des Tals, Morgentau der Liebe feuchtete meine Wangen, die rauschenden Tannen verstanden mich, ihre Zweige taten sich voneinander, bewegten sich herauf und herab, gleich stummen Menschen, die mit den Händen ihre Freude bezeigen, und in der Ferne klangs wunderbar geheimnisvoll, wie Glockengeläute einer verlornen Waldkirche. Man sagt, das seien die Herdenglöckchen, die im Harz so lieblich, klar und rein gestimmt sind.

Nach dem Stand der Sonne war es Mittag, als ich auf eine solche Herde stieß, und der Hirt, ein freundlich blonder junger Mensch, sagte mir: der große Berg, an dessen Fuß ich stände, sei der alte, weltberühmte Brocken. Viele Stunden ringsum liegt kein Haus, und ich war froh genug, daß mich der junge Mensch einlud, mit ihm zu essen. Wir setzten uns nieder zu einem *Déjeuner dînatoire*, das aus Käse und Brot bestand; die Schäfchen erhaschten die Krumen, die lieben, blanken Kühlein sprangen um uns herum, und klingelten schelmisch mit ihren Glöckchen, und lachten uns an mit ihren großen, vergnügten Augen. Wir tafelten recht königlich; überhaupt schien mir mein Wirt ein echter König, und weil er bis jetzt der einzige König ist, der mir Brot gegeben hat, so will ich ihn auch königlich besingen.

König ist der Hirtenknabe,
Grüner Hügel ist sein Thron,
Über seinem Haupt die Sonne
Ist die schwere, goldne Kron.

Ihm zu Füßen liegen Schafe,
Weiche Schmeichler, rotbekreuzt;
Kavaliere sind die Kälber,
Und sie wandeln stolz gespreizt.

Hofschauspieler sind die Böcklein,
Und die Vögel und die Küh,
Mit den Flöten, mit den Glöcklein,
Sind die Kammermusici.

Und das klingt und singt so lieblich,
Und so lieblich rauschen drein
Wasserfall und Tannenbäume,
Und der König schlummert ein.

Unterdessen muß regieren
Der Minister, jener Hund,
Dessen knurriges Gebelle
Widerhallet in der Rund.

Schläfrig lallt der junge König:
»Das Regieren ist so schwer,
Ach, ich wollt, daß ich zu Hause
Schon bei meiner Köngin wär!

In den Armen meiner Köngin
Ruht mein Königshaupt so weich,
Und in ihren lieben Augen
Liegt mein unermeßlich Reich!«

Wir nahmen freundschaftlich Abschied, und fröhlich stieg ich den Berg hinauf. Bald empfing mich eine Waldung himmelhoher Tannen, für die ich, in jeder Hinsicht, Respekt habe. Diesen Bäumen ist nämlich das Wachsen nicht so ganz leicht gemacht worden, und sie haben es sich in der Jugend sauer werden lassen. Der Berg ist hier mit vielen großen Granitblöcken übersäet, und die meisten Bäume mußten mit ihren Wurzeln diese Steine umranken oder sprengen, und mühsam den Boden suchen, woraus sie Nahrung schöpfen können. Hier und da liegen die Steine, gleichsam ein Tor bildend, übereinander, und oben darauf stehen die Bäume, die nackten Wurzeln über jene Steinpforte hinziehend, und erst am Fuße derselben den Boden erfassend, so daß sie in der freien Luft zu wachsen scheinen. Und doch haben sie sich zu jener gewaltigen Höhe emporgeschwungen, und, mit den umklammerten Steinen wie zusammengewachsen, stehen sie fester als ihre bequemen Kollegen im zahmen Forstboden des flachen Landes. So stehen auch im Leben jene großen Männer, die durch das Überwinden früher Hemmungen und Hindernisse sich erst recht gestärkt und befestigt haben. Auf den Zweigen der Tannen kletterten Eichhörnchen und unter denselben spazierten die gelben Hirsche. Wenn ich solch ein liebes, edles Tier sehe, so kann ich nicht begreifen, wie gebildete Leute Vergnügen daran finden, es zu hetzen und zu töten. Solch ein Tier war barmherziger als die Menschen, und säugte den schmachtenden Schmerzenreich der heiligen Genoveva.

Allerliebst schossen die goldenen Sonnenlichter durch das dichte Tannengrün. Eine natürliche Treppe bildeten die Baumwurzeln.

Überall schwellende Moosbänke; denn die Steine sind fußhoch von den schönsten Moosarten, wie mit hellgrünen Sammetpolstern, bewachsen. Liebliche Kühle und träumerisches Quellengemurmel. Hier und da sieht man, wie das Wasser unter den Steinen silberhell hinrieselt und die nackten Baumwurzeln und Fasern bespült. Wenn man sich nach diesem Treiben hinabbeugt, so belauscht man gleichsam die geheime Bildungsgeschichte der Pflanzen und das ruhige Herzklopfen des Berges. An manchen Orten sprudelt das Wasser aus den Steinen und Wurzeln stärker hervor und bildet kleine Kaskaden. Da läßt sich gut sitzen. Es murmelt und rauscht so wunderbar, die Vögel singen abgebrochene Sehnsuchtslaute, die Bäume flüstern wie mit tausend Mädchenzungen, wie mit tausend Mädchenaugen schauen uns an die seltsamen Bergblumen, sie strecken nach uns aus die wundersam breiten, drollig gezackten Blätter, spielend flimmern hin und her die lustigen Sonnenstrahlen, die sinnigen Kräutlein erzählen sich grüne Märchen, es ist alles wie verzaubert, es wird immer heimlicher und heimlicher, ein uralter Traum wird lebendig, die Geliebte erscheint – ach, daß sie so schnell wieder verschwindet!

Je höher man den Berg hinaufsteigt, desto kürzer, zwerghafter werden die Tannen, sie scheinen immer mehr und mehr zusammenzuschrumpfen, bis nur Heidelbeer- und Rotbeersträuche und Bergkräuter übrigbleiben. Da wird es auch schon fühlbar kälter. Die wunderlichen Gruppen der Granitblöcke werden hier erst recht sichtbar; diese sind oft von erstaunlicher Größe. Das mögen wohl die Spielbälle sein, die sich die bösen Geister einander zuwerfen in der Walpurgisnacht, wenn hier die Hexen auf Besenstielen und Mistgabeln einhergeritten kommen, und die abenteuerlich verruchte Lust beginnt, wie die glaubhafte Amme es erzählt, und wie es zu schauen ist auf den hübschen Faustbildern des Meister Retzsch. Ja, ein junger Dichter der auf einer Reise von Berlin nach Göttingen in der ersten Mainacht am Brocken vorbeiritt, bemerkte sogar, wie einige belletristische Damen auf einer Bergecke ihre ästhetische Teegesellschaft hielten, sich gemütlich die »Abendzeitung« vorlasen, ihre poetischen Ziegenböckchen, die meckernd den Teetisch umhüpften, als Universalgenies priesen, und über alle Erscheinungen in der deutschen Literatur ihr Endurteil fällten; doch, als sie auch auf den »Ratcliff« und »Almansor« gerieten, und dem Verfasser alle Frömmigkeit und Christlichkeit absprachen, da sträubte sich das Haar des jungen Mannes, Entsetzen ergriff ihn – ich gab dem Pferde die Sporen und jagte vorüber.

In der Tat, wenn man die obere Hälfte des Brockens besteigt, kann man sich nicht erwehren, an die ergötzlichen Blocksbergsgeschichten zu denken, und besonders an die große, mystische, deutsche Nationaltragödie vom Doktor Faust. Mir war immer, als ob der Pferdefuß neben mir hinaufklettere, und jemand humoristisch Atem schöpfe. Und ich glaube, auch Mephisto muß mit Mühe Atem holen, wenn er seinen Lieblingsberg ersteigt; es ist ein äußerst erschöpfender Weg, und ich war froh, als ich endlich das langersehnte Brockenhaus zu Gesicht bekam.

Dieses Haus, das, wie durch vielfache Abbildungen bekannt ist, bloß aus einem Rez-de-Chaussee besteht, und auf der Spitze des Berges liegt, wurde erst 1800 vom Grafen Stolberg-Wernigerode erbaut, für dessen Rechnung es auch, als Wirtshaus, verwaltet wird. Die Mauern sind erstaunlich dick, wegen des Windes und der Kälte im Winter: Das Dach ist niedrig, in der Mitte desselben steht eine turmartige Warte, und bei dem Hause liegen noch zwei kleine Nebengebäude, wovon das eine, in frühern Zeiten, den Brockenbesuchern zum Obdach diente.

Der Eintritt in das Brockenhaus erregte bei mir eine etwas ungewöhnliche, märchenhafte Empfindung. Man ist nach einem langen, einsamen Umhersteigen durch Tannen und Klippen plötzlich in ein Wolkenhaus versetzt; Städte, Berge und Wälder blieben unten liegen, und oben findet man eine wunderlich zusammengesetzte, fremde Gesellschaft, von welcher man, wie es an dergleichen Orten natürlich ist, fast wie ein erwarteter Genosse, halb neugierig und halb gleichgültig, empfangen wird. Ich fand das Haus voller Gäste, und wie es einem klugen Manne geziemt, dachte ich schon an die Nacht, an die Unbehaglichkeit eines Strohlagers; mit hinsterbender Stimme verlangte ich gleich Tee, und der Herr Brockenwirt war vernünftig genug einzusehen, daß ich kranker Mensch für die Nacht ein ordentliches Bett haben müsse. Dieses verschaffte er mir in einem engen Zimmerchen, wo schon ein junger Kaufmann, ein langes Brechpulver in einem braunen Oberrock, sich etabliert hatte.

In der Wirtsstube fand ich lauter Leben und Bewegung. Studenten von verschiedenen Universitäten. Die einen sind kurz vorher angekommen und restaurieren sich, andere bereiten sich zum Abmarsch, schnüren ihre Ranzen, schreiben ihre Namen ins Gedächtnisbuch, erhalten Brockensträuße von den Hausmädchen: Da wird in die Wangen gekniffen, gesungen, gesprungen, gejohlt, man fragt, man antwortet, gut Wetter, Fußweg, Prosit, Adieu. Einige der Abgehenden sind auch etwas angesoffen, und diese haben von der schönen Aussicht einen doppelten Genuß, da ein Betrunkener alles doppelt sieht.

Nachdem ich mich ziemlich rekreiert, bestieg ich die Turmwarte, und fand daselbst einen kleinen Herrn mit zwei Damen, einer jungen und einer ältlichen. Die junge Dame war sehr schön. Eine herrliche Gestalt, auf dem lockigen Haupte ein helmartiger, schwarzer Atlashut, mit dessen weißen Federn die Winde spielten, die schlanken Glieder von einem schwarzseidenen Mantel so fest umschlossen, daß die edlen Formen hervortraten, und das freie, große Auge ruhig hinabschauend in die freie, große Welt.

Als ich noch ein Knabe war, dachte ich an nichts als an Zauber- und Wundergeschichten, und jede schöne Dame, die Straußfedern auf dem Kopfe trug, hielt ich für eine Elfenkönigin, und bemerkte ich gar, daß die Schleppe ihres Kleides naß war, so hielt ich sie für eine Wassernixe. Jetzt denke ich anders, seit ich aus der Naturgeschichte weiß, daß jene symbolischen Federn von dem dümmsten Vogel herkommen, und daß die Schleppe eines Damenkleides auf sehr natürliche Weise naß werden kann. Hätte ich mit jenen Knabenaugen die erwähnte junge Schöne, in erwähnter Stellung, auf dem Brocken gesehen, so würde ich sicher gedacht haben: das ist die Fee des Berges, und sie hat eben den Zauber ausgesprochen, wodurch dort unten alles so wunderbar erscheint. Ja, in hohem Grade wunderbar erscheint uns alles beim ersten Hinabschauen vom Brocken, alle Seiten unseres Geistes empfangen neue Eindrücke, und diese, meistens verschiedenartig, sogar sich widersprechend, verbinden sich in unserer Seele zu einem großen, noch unentworrenen, unverstandenen Gefühl. Gelingt es uns, dieses Gefühl in seinem Begriffe zu erfassen, so erkennen wir den Charakter des Berges. Dieser Charakter ist ganz deutsch, sowohl in Hinsicht seiner Fehler, als auch seiner Vorzüge. Der Brocken ist ein Deutscher. Mit deutscher Gründlichkeit zeigt er uns, klar und deutlich, wie ein Riesenpanorama, die vielen hundert Städte, Städtchen und Dörfer, die meistens nördlich liegen, und ringsum alle Berge, Wälder, Flüsse, Flächen, unendlich weit. Aber eben dadurch erscheint alles wie eine scharfgezeichnete, rein illuminierte Spezialkarte, nirgends wird das Auge durch eigentlich schöne Landschaften erfreut; wie es denn immer geschieht, daß wir deutschen Kompilatoren, wegen der ehrlichen Genauigkeit, womit wir alles und alles hingeben wollen, nie daran denken können, das einzelne auf eine schöne Weise zu geben. Der Berg hat auch so etwas Deutschruhiges, Verständiges, Tolerantes; eben weil er die Dinge so weit und klar überschauen kann. Und wenn solch ein Berg seine Riesenaugen öffnet, mag er wohl noch etwas mehr sehen, als wir Zwerge, die wir mit unsern blöden Äuglein auf ihm herumklettern. Viele wollen zwar behaupten, der Brocken sei sehr philiströse, und Claudius sang: »Der Blocksberg ist der lange Herr Philister!« Aber das ist Irrtum. Durch seinen Kahlkopf, den er zuweilen mit einer weißen Nebelkappe bedeckt, gibt er sich zwar einen Anstrich von Philiströsität; aber, wie bei manchen andern großen Deutschen, geschieht es aus purer Ironie. Es ist sogar notorisch, daß der Brocken seine burschikosen, phantastischen Zeiten hat, z. B. die erste Mainacht. Dann wirft er seine Nebelkappe jubelnd in die Lüfte, und wird, ebensogut wie wir übrigen, recht echtdeutsch romantisch verrückt.

Ich suchte gleich die schöne Dame in ein Gespräch zu verflechten: denn Naturschönheiten genießt man erst recht, wenn man sich auf der Stelle darüber aussprechen kann. Sie war nicht geistreich, aber aufmerksam sinnig. Wahrhaft vornehme Formen. Ich meine nicht die gewöhnliche, steife, negative Vornehmheit, die genau weiß, was unterlassen werden muß; sondern jene seltnere, freie, positive Vornehmheit, die uns genau sagt, was wir tun dürfen, und die uns, bei aller Unbefangenheit, die höchste gesellige Sicherheit gibt. Ich entwickelte, zu meiner eigenen Verwunderung, viele geographische Kenntnisse, nannte der wißbegierigen Schönen alle Namen der Städte, die vor uns lagen, suchte und zeigte ihr dieselben auf meiner Landkarte, die ich über den Steintisch, der in der Mitte der Turmplatte steht, mit echter Dozentenmiene ausbreitete. Manche Stadt konnte ich nicht finden, vielleicht weil ich mehr mit den Fingern suchte, als mit den Augen, die sich unterdessen auf dem Gesichte der holden Dame orientierten, und dort schönere Partien fanden, als »Schierke« und »Elend«. Dieses Gesicht gehörte zu denen, die nie reizen, selten entzücken, und immer gefallen. Ich liebe solche Gesichter, weil sie mein schlimmbewegtes Herz zur Ruhe lächeln.

In welchem Verhältnis der kleine Herr, der die Damen begleitete, zu denselben stehen mochte, konnte ich nicht erraten. Es war eine dünne, merkwürdige Figur. Ein Köpfchen, sparsam bedeckt mit grauen Härchen, die über die kurze Stirn bis an die grünlichen Libellenaugen reichten, die runde Nase weit hervortretend, dagegen Mund und Kinn sich wieder ängstlich nach den Ohren zurückziehend. Dieses Gesichtchen schien aus einem zarten, gelblichen Tone zu bestehen, woraus die Bildhauer ihre ersten Modelle kneten; und wenn die schmalen Lippen zusammenkniffen, zogen sich über die Wangen einige tausend halbkreisartige, feine Fältchen. Der kleine Mann sprach kein Wort, und nur dann und wann, wenn die ältere Dame ihm etwas Freundliches zuflüsterte, lächelte er wie ein Mops, der den Schnupfen hat.

Jene ältere Dame war die Mutter der jüngeren, und auch sie besaß die vornehmsten Formen. Ihr Auge verriet einen krankhaft schwärmerischen Tiefsinn, um ihren Mund lag strenge Frömmigkeit, doch schien mirs, als ob er einst sehr schön gewesen sei, und viel gelacht und viele Küsse empfangen und viele erwidert habe. Ihr Gesicht glich einem Codex palimpsestus, wo, unter der neuschwarzen Mönchsschrift eines Kirchenvatertextes, die halberloschenen Verse eines altgriechischen Liebesdichters hervorlauschen. Beide Damen waren mit ihrem Begleiter dieses Jahr in Italien gewesen, und erzählten mir allerlei Schönes von Rom, Florenz und Venedig. Die Mutter erzählte viel von den Raffaelschen Bildern in der Peterskirche; die Tochter sprach mehr von der Oper im Theater Fenice.

Derweilen wir sprachen, begann es zu dämmern: Die Luft wurde noch kälter, die Sonne neigte sich tiefer, und die Turmplatte füllte sich mit Studenten, Handwerksburschen und einigen ehrsamen Bürgerleuten, samt deren Ehefrauen und Töchtern, die alle den Sonnenuntergang sehen wollten. Es ist ein erhabener Anblick, der die Seele zum Gebet stimmt. Wohl eine Viertelstunde standen alle ernsthaft schweigend, und sahen, wie der schöne Feuerball im Westen allmählig versank; die Gesichter wurden vom Abendrot angestrahlt, die Hände falteten sich unwillkürlich; es war, als ständen wir, eine stille Gemeinde, im Schiffe eines Riesendoms, und der Priester erhöhe jetzt den Leib des Herrn, und von der Orgel herab ergösse sich Palestrinas ewiger Choral.

Während ich so in Andacht versunken stehe, höre ich, daß neben mir jemand ausruft: »Wie ist die Natur doch im allgemeinen so schön!«

Diese Worte kamen aus der gefühlvollen Brust meines Zimmergenossen, des jungen Kaufmanns. Ich gelangte dadurch wieder zu meiner Werkeltagsstimmung, war jetzt imstande, den Damen über den Sonnenuntergang recht viel Artiges zu sagen, und sie ruhig, als wäre nichts passiert, nach ihrem Zimmer zu führen. Sie erlaubten mir auch, sie noch eine Stunde zu unterhalten. Wie die Erde selbst drehte sich unsre Unterhaltung um die Sonne. Die Mutter äußerte: die in Nebel versinkende Sonne habe ausgesehen wie eine glühende Rose, die der galante Himmel herabgeworfen in den weitausgebreiteten, weißen Brautschleier seiner geliebten Erde. Die Tochter lächelte und meinte, der öftere Anblick solcher Naturerscheinungen schwäche ihren Eindruck. Die Mutter berichtigte diese falsche Meinung durch eine Stelle aus Goethes Reisebriefen, und frug mich, ob ich den Werther gelesen? Ich glaube wir sprachen auch von Angorakatzen, etruskischen Vasen, türkischen Schals, Makkaroni und Lord Byron, aus dessen Gedichten die ältere Dame einige Sonnenuntergangsstellen, recht hübsch lispelnd und seufzend, rezitierte. Der jüngern Dame, die kein Englisch verstand, und jene Gedichte kennenlernen wollte, empfahl ich die Übersetzungen meiner schönen, geistreichen Landsmännin, der Baronin Elise von Hohenhausen; bei welcher Gelegenheit ich nicht ermangelte, wie ich gegen junge Damen zu tun pflege, über Byrons Gottlosigkeit, Lieblosigkeit, Trostlosigkeit, und der Himmel weiß was noch mehr, zu eifern.

Nach diesem Geschäfte ging ich noch auf dem Brocken spazieren; denn ganz dunkel wird es dort nie. Der Nebel war nicht stark, und ich betrachtete die Umrisse der beiden Hügel, die man den Hexenaltar und die Teufelskanzel nennt. Ich schoß meine Pistolen ab, doch es gab kein Echo. Plötzlich aber höre ich bekannte Stimmen und fühle mich umarmt und geküßt. Es waren meine Landsleute, die Göttingen vier Tage später verlassen hatten, und bedeutend erstaunt waren, mich ganz allein auf dem Blocksberge wiederzufinden. Da gab es ein Erzählen und Verwundern und Verabreden, ein Lachen und Erinnern, welches freudige Wiedersehen!

Im großen Zimmer wurde eine Abendmahlzeit gehalten. Ein langer Tisch mit zwei Reihen hungriger Studenten. Im Anfange gewöhnliches Universitätsgespräch: Duelle, Duelle und wieder Duelle. Die Gesellschaft bestand meistens aus Hallensern, und Halle wurde daher Hauptgegenstand der Unterhaltung. Die Fensterscheiben des Hofrats Schütz wurden exegetisch beleuchtet. Dann erzählte man, daß die letzte Cour bei dem König von Cypern sehr glänzend gewesen sei, daß er einen natürlichen Sohn erwählt, daß er sich eine lichtensteinsche Prinzessin ans linke Bein antrauen lassen, daß er die Staatsmätresse abgedankt, und daß das ganze gerührte Ministerium vorschriftmäßig geweint habe. Ich brauche wohl nicht zu erwähnen, daß sich dieses auf Hallesche Bierwürden bezieht. Hernach kamen die zwei Chinesen aufs Tapet, die sich vor zwei Jahren in Berlin sehen ließen, und jetzt in Halle zu Privatdozenten der chinesischen Ästhetik abgerichtet werden. Nun wurden Witze gerissen. Man setzte den Fall: ein Deutscher ließe sich in China für Geld sehen; und zu diesem Zwecke wurde ein Anschlagzettel geschmiedet, worin die Mandarinen Tsching-Tschang-Tschung und Hi-Ha-Ho begutachteten, daß es ein echter Deutscher sei, worin ferner seine Kunststücke aufgerechnet wurden, die hauptsächlich in Philosophieren, Tabakrauchen und Geduld bestanden, und worin noch schließlich bemerkt wurde, daß man um zwölf Uhr, welches die Fütterungsstunde sei, keine Hunde mitbringen dürfe, indem diese dem armen Deutschen die besten Brocken wegzuschnappen pflegten.

Ein junger Burschenschafter, der kürzlich zur Purifikation in Berlin gewesen, sprach viel von dieser Stadt, aber sehr einseitig. Er hatte Wisotzki und das Theater besucht; beide beurteilte er falsch. »Schnell fertig ist die Jugend mit dem Wort usw.« Er sprach von Garderobeaufwand, Schauspieler- und Schauspielerinnenskandal usw. Der junge Mensch wußte nicht, daß, da in Berlin überhaupt der Schein der Dinge am meisten gilt, was schon die allgemeine Redensart, »man so duhn«, hinlänglich andeutet, dieses Scheinwesen auf den Brettern erst recht florieren muß, und daß daher die Intendanz am meisten zu sorgen hat für die »Farbe des Barts, womit eine Rolle gespielt wird«, für die Treue der Kostüme, die von beeidigten Historikern vorgezeichnet, und von wissenschaftlich gebildeten Schneidern genäht werden. Und das ist notwendig. Denn trüge mal Maria Stuart eine Schürze, die schon zum Zeitalter der Königin Anna gehört, so würde gewiß der Bankier Christian Gumpel sich mit Recht beklagen, daß ihm dadurch alle Illusion verlorengehe; und hätte mal Lord Burleigh aus Versehen die Hosen von Heinrich IV. angezogen, so würde gewiß die Kriegsrätin von Steinzopf, geb. Lilienthau, diesen Anachronismus den ganzen Abend nicht aus den Augen lassen. Solche täuschende Sorgfalt der Generalintendanz erstreckt sich aber nicht bloß auf Schürzen und Hosen, sondern auch auf die darin verwickelten Personen. So soll künftig der Othello von einem wirklichen Mohren gespielt werden, den Professor Lichtenstein schon zu diesem Behufe aus Afrika verschrieben hat; in »Menschenhaß und Reue« soll künftig die Eulalia von einem wirklich verlaufenen Weibsbilde, der Peter von einem wirklich dummen Jungen, und der Unbekannte von einem wirklich geheimen Hahnrei gespielt werden, die man alle drei nicht erst aus Afrika zu verschreiben braucht. Hatte nun obenerwähnter junger Mensch die Verhältnisse des Berliner Schauspiels schlecht begriffen, so merkte er noch viel weniger, daß die Spontinische Janitscharenoper, mit ihren Pauken, Elefanten, Trompeten und Tam-

tams, ein heroisches Mittel ist, um unser erschlafftes Volk kriegerisch zu stärken, ein Mittel, das schon Plato und Cicero staatspfiffig empfohlen haben. Am allerwenigsten begriff der junge Mensch die diplomatische Bedeutung des Balletts. Mit Mühe zeigte ich ihm, wie in Hoguets Füßen mehr Politik sitzt als in Buchholz' Kopf, wie alle seine Tanztouren diplomatische Verhandlungen bedeuten, wie jede seiner Bewegungen eine politische Beziehung habe, so z.B. daß er unser Kabinett meint, wenn er, sehnsüchtig vorgebeugt, mit den Händen weit ausgreift, daß er den Bundestag meint, wenn er sich hundertmal auf einem Fuße herumdreht, ohne vom Fleck zu kommen, daß er die kleinen Fürsten im Sinne hat, wenn er wie mit gebundenen Beinen herumtrippelt, daß er das europäische Gleichgewicht bezeichnet, wenn er wie ein Trunkener hin- und herschwankt, daß er einen Kongreß andeutet, wenn er die gebogenen Arme knäuelartig ineinander verschlingt, und endlich, daß er unsern allzu großen Freund im Osten darstellt, wenn er in allmähliger Entfaltung sich in die Höhe hebt, in dieser Stellung lange ruht, und plötzlich in die erschrecklichsten Sprünge ausbricht. Dem jungen Manne fielen die Schuppen von den Augen, und jetzt merkte er, warum Tänzer besser honoriert werden, als große Dichter, warum das Ballett beim diplomatischen Korps ein unerschöpflicher Gegenstand des Gesprächs ist, und warum oft eine schöne Tänzerin noch privatim von dem Minister unterhalten wird, der sich gewiß Tag und Nacht abmüht, sie für sein politisches Systemchen empfänglich zu machen. Beim Apis! wie groß ist die Zahl der exoterischen, und wie klein die Zahl der esoterischen Theaterbesucher! Da steht das blöde Volk und gafft und bewundert Sprünge und Wendungen, und studiert Anatomie in den Stellungen der Lemiere, und applaudiert die Entrechats der Röhnisch, und schwatzt von Grazie, Harmonie und Lenden – und keiner merkt, daß er in getanzten Chiffern das Schicksal des deutschen Vaterlandes vor Augen hat.

Während solcherlei Gespräche hin und her flogen, verlor man doch das Nützliche nicht aus den Augen, und den großen Schüsseln, die mit Fleisch, Kartoffeln usw. ehrlich angefüllt waren, wurde fleißig zugesprochen. Jedoch das Essen war schlecht. Dieses erwähnte ich leichthin gegen meinen Nachbar, der aber, mit einem

Akzente, woran ich den Schweizer erkannte, gar unhöflich antwortete: daß wir Deutschen wie mit der wahren Freiheit, so auch mit der wahren Genügsamkeit unbekannt seien. Ich zuckte die Achseln und bemerkte: daß die eigentlichen Fürstenknechte und Lekkerkramverfertiger überall Schweizer sind und vorzugsweise so genannt werden, und daß überhaupt die jetzigen schweizerischen Freiheitshelden, die so viel Politisch-Kühnes ins Publikum hineinschwatzen, mir immer vorkommen wie Hasen, die auf öffentlichen Jahrmärkten Pistolen abschießen, alle Kinder und Bauern durch ihre Kühnheit in Erstaunen setzen, und dennoch Hasen sind.

Der Sohn der Alpen hatte es gewiß nicht böse gemeint, »es war ein dicker Mann, folglich ein guter Mann«, sagt Cervantes. Aber mein Nachbar von der andern Seite, ein Greifswalder, war durch jene Äußerung sehr pikiert; er beteuerte, daß deutsche Tatkraft und Einfältigkeit noch nicht erloschen sei, schlug sich dröhnend auf die Brust, und leerte eine ungeheure Stange Weißbier. Der Schweizer sagte: »Nu! Nu!« Doch, je beschwichtigender er dieses sagte, desto eifriger ging der Greifswalder ins Geschirr. Dieser war ein Mann aus jenen Zeiten, als die Läuse gute Tage hatten und die Friseure zu verhungern fürchteten. Er trug herabhängend langes Haar, ein ritterliches Barett, einen schwarzen, altdeutschen Rock, ein schmutziges Hemd, das zugleich das Amt einer Weste versah, und darunter ein Medaillon mit einem Haarbüschel von Blüchers Schimmel. Er sah aus wie ein Narr in Lebensgröße. Ich mache mir gern einige Bewegung beim Abendessen, und ließ mich daher von ihm in einen patriotischen Streit verflechten. Er war der Meinung, Deutschland müsse in 33 Gauen geteilt werden. Ich hingegen behauptete: es müßten 48 sein, weil man alsdann ein systematischeres Handbuch über Deutschland schreiben könne, und es doch notwendig sei, das Leben mit der Wissenschaft zu verbinden. Mein Greifswalder Freund war auch ein deutscher Barde, und, wie er mir vertraute, arbeitete er an einem Nationalheldengedicht zur Verherrlichung Hermanns und der Hermannsschlacht. Manchen nützlichen Wink gab ich ihm für die Anfertigung dieses Epos. Ich machte ihn darauf aufmerksam, daß er die Sümpfe und Knüppelwege des Teutoburger Waldes sehr onomatopöisch durch wäßrige und holprige Verse andeuten könne, und daß es eine patriotische Feinheit wäre, wenn er den Varus und die übrigen Römer lauter Unsinn sprechen ließe. Ich hoffe, dieser Kunstkniff wird ihm, ebenso erfolgreich wie andern Berliner Dichtern, bis zur bedenklichsten Illusion gelingen.

An unserem Tische wurde es immer lauter und traulicher, der Wein verdrängte das Bier, die Punschbowlen dampften, es wurde getrunken, smolliert und gesungen. Der alte Landesvater und herrliche Lieder von W. Müller, Rückert, Uhland usw. erschollen. Schöne Methfesselsche Melodien. Am allerbesten erklangen unseres Arndts deutsche Worte: »Der Gott, der Eisen wachsen ließ, der wollte keine Knechte!« Und draußen brauste es, als ob der alte Berg mitsänge, und einige schwankende Freunde behaupteten sogar, er schüttle freudig sein kahles Haupt und unser Zimmer werde dadurch hin und her bewegt. Die Flaschen wurden leerer und die Köpfe voller. Der eine brüllte, der andere fistulierte, ein dritter deklamierte aus der »Schuld«, ein vierter sprach Latein, ein fünfter predigte von der Mäßigkeit, und ein sechster stellte sich auf den Stuhl und dozierte: »Meine Herren! Die Erde ist eine runde Walze, die Menschen sind einzelne Stiftchen darauf, scheinbar arglos zerstreut; aber die Walze dreht sich, die Stiftchen stoßen hier und da an und tönen, die einen oft, die andern selten, das gibt eine wunderbare, komplizierte Musik, und diese heißt Weltgeschichte. Wir sprechen also erst von der Musik, dann von der Welt und endlich von der Geschichte; letztere aber teilen wir ein in Positiv und spanische Fliegen –« Und so gings weiter mit Sinn und Unsinn.

Ein gemütlicher Mecklenburger, der seine Nase im Punschglase hatte, und selig lächelnd den Dampf einschnupfte, machte die Bemerkung: es sei ihm zumute, als stände er wieder vor dem Theaterbüfett in Schwerin! Ein anderer hielt sein Weinglas wie ein Perspektiv vor die Augen und schien uns aufmerksam damit zu betrachten, während ihm der rote Wein über die Backen ins hervortretende Maul hinablief. Der Greifswalder, plötzlich begeistert, warf sich an meine Brust und jauchzte: »Oh, verständest Du mich, ich bin ein Liebender, ich bin ein Glücklicher, ich werde wiedergeliebt, und, Gott verdamm mich! es ist ein gebildetes Mädchen, denn sie hat volle Brüste, und trägt ein weißes Kleid und spielt Klavier!« – Aber der Schweizer weinte, und küßte zärtlich meine Hand und wimmerte beständig: »O Bäbeli! O Bäbeli!«

In diesem verworrenen Treiben, wo die Teller tanzen und die Gläser fliegen lernten, saßen mir gegenüber zwei Jünglinge, schön und blaß wie Marmorbilder, der eine mehr dem Adonis, der andere mehr dem Apollo ähnlich. Kaum bemerkbar war der leichte Rosenhauch, den der Wein über ihre Wangen hinwarf. Mit unendlicher Liebe sahen sie sich einander an, als wenn einer lesen könnte in den Augen des andern, und in diesen Augen strahlte es, als wären einige Lichttropfen hineingefallen aus jener Schale voll lodernder Liebe, die ein frommer Engel dort oben von einem Stern zum andern hinüberträgt. Sie sprachen leise, mit sehnsuchtbebender Stimme, und es waren traurige Geschichten, aus denen ein wunderschmerzlicher Ton hervorklang. »Die Lore ist jetzt auch tot!« sagte der eine und seufzte, und nach einer Pause erzählte er von einem halleschen Mädchen, das in einen Studenten verliebt war, und als dieser Halle verließ, mit niemand mehr sprach, und wenig aß, und Tag und Nacht weinte, und immer den Kanarienvogel betrachtete, den der Geliebte ihr einst geschenkt hatte. »Der Vogel starb, und bald darauf ist auch die Lore gestorben!« so schloß die Erzählung, und beide Jünglinge schwiegen wieder und seufzten, als wollte ihnen das Herz zerspringen. Endlich sprach der andere: »Meine Seele ist traurig! Komm mit hinaus in die dunkle Nacht! Einatmen will ich den Hauch der Wolken und die Strahlen des Mondes. Genosse meiner Wehmut! ich liebe Dich, Deine Worte tönen wie Rohrgeflüster, wie gleitende Ströme, sie tönen wider in meiner Brust, aber meine Seele ist traurig!«

Nun erhoben sich die beiden Jünglinge, einer schlang den Arm um den Nacken des andern, und sie verließen das tosende Zimmer. Ich folgte ihnen nach und sah, wie sie in eine dunkle Kammer traten, wie der eine, statt des Fensters, einen großen Kleiderschrank öffnete, wie beide vor demselben, mit sehnsüchtig ausgestreckten Armen, stehen blieben und wechselweise sprachen. »Ihr Lüfte der dämmernden Nacht!« rief der erste, »wie erquickend kühlt Ihr meine Wangen! Wie lieblich spielt Ihr mit meinen flatternden Locken!

Ich steh auf des Berges wolkigem Gipfel, unter mir liegen die schlafenden Städte der Menschen, und blinken die blauen Gewässer. Horch! dort unten im Tale rauschen die Tannen! Dort über die Hügel ziehen, in Nebelgestalten, die Geister der Väter. Oh, könnt ich mit Euch jagen, auf dem Wolkenroß, durch die stürmische Nacht, über die rollende See, zu den Sternen hinauf! Aber ach! ich bin beladen mit Leid und meine Seele ist traurig!« – Der andere Jüngling hatte ebenfalls seine Arme sehnsuchtsvoll nach dem Kleiderschrank ausgestreckt, Tränen stürzten aus seinen Augen, und zu einer gelbledernen Hose, die er für den Mond hielt, sprach er mit wehmütiger Stimme: »Schön bist du, Tochter des Himmels! Holdselig ist deines Antlitzes Ruhe! Du wandelst einher in Lieblichkeit! Die Sterne folgen deinen blauen Pfaden im Osten. Bei deinem Anblick erfreuen sich die Wolken, und es lichten sich ihre düstern Gestalten. Wer gleicht dir am Himmel, Erzeugte der Nacht? Beschämt, in deiner Gegenwart, sind die Sterne, und wenden ab die grünfunkelnden Augen. Wohin, wenn des Morgens dein Antlitz erbleicht, entfliehst du von deinem Pfade? Hast du gleich mir deine Halle? Wohnst du im Schatten der Wehmut? Sind deine Schwestern vom Himmel gefallen? Sie, die freudig mit dir die Nacht durchwallten, sind sie nicht mehr? Ja, sie fielen herab, o schönes Licht, und du verbirgst dich oft, sie zu betrauern. Doch einst wird kommen die Nacht, und du, auch du bist vergangen, und hast deine blauen Pfade dort oben verlassen. Dann erheben die Sterne ihre grünen Häupter, die einst deine Gegenwart beschämt, sie werden sich freuen. Doch jetzt bist du gekleidet in deiner Strahlenpracht und schaust herab aus den Toren des Himmels. Zerreißt die Wolken, o Winde, damit die Erzeugte der Nacht hervorzuleuchten vermag, und die buschigen Berge erglänzen und das Meer seine schäumenden Wogen rolle in Licht!«

Ein wohlbekannter, nicht sehr magerer Freund, der mehr getrunken als gegessen hatte, obgleich er auch heute abend, wie gewöhnlich, eine Portion Rindfleisch verschlungen, wovon sechs Gardelieutenants und ein unschuldiges Kind satt geworden wären, dieser kam jetzt in allzu gutem Humor, d. h. ganz en Schwein, vorbeigerannt, schob die beiden elegischen Freunde etwas unsanft in den Schrank hinein, polterte nach der Haustüre, und wirtschaftete draußen ganz mörderlich. Der Lärm im Saal wurde auch immer verworrener und dumpfer. Die beiden Jünglinge im Schranke jammerten und wimmerten, sie lägen zerschmettert am Fuße des Berges; aus dem Hals strömte ihnen der edle Rotwein, sie überschwemmten sich wechselseitig, und der eine sprach zum andern: »Lebe wohl! Ich fühle, daß ich verblute. Warum weckst du mich, Frühlingsluft? Du buhlst und sprichst: ich betaue dich mit Tropfen des Himmels. Doch die Zeit meines Welkens ist nahe, nahe der Sturm, der meine Blätter herabstört! Morgen wird der Wanderer kommen, kommen der mich sah in meiner Schönheit, ringsum wird sein Auge im Felde mich suchen, und wird mich nicht finden.« – Aber alles übertobte die wohlbekannte Baßstimme, die draußen vor der Türe, unter Fluchen und Jauchzen, sich gottlästerlich beklagte: daß auf der ganzen dunkeln Weenderstraße keine einzige Laterne brenne, und man nicht einmal sehen könne, bei wem man die Fensterscheiben eingeschmissen habe.

Ich kann viel vertragen – die Bescheidenheit erlaubt mir nicht, die Bouteillenzahl zu nennen – und ziemlich gut konditioniert gelangte ich nach meinem Schlafzimmer. Der junge Kaufmann lag schon im Bette, mit seiner kreideweißen Nachtmütze und safrangelben Jacke von Gesundheitsflanell. Er schlief noch nicht und suchte ein Gespräch mit mir anzuknüpfen. Er war ein Frankfurt-am-Mainer, und folglich sprach er gleich von den Juden, die alles Gefühl für das Schöne und Edle verloren haben, und die englischen Waren 25 Prozent unter dem Fabrikpreise verkaufen. Es ergriff mich die Lust, ihn etwas zu mystifizieren; deshalb sagte ich ihm: ich sei ein Nachtwandler, und müsse im voraus um Entschuldigung bitten, für den Fall, daß ich ihn etwa im Schlafe stören möchte. Der arme Mensch hat deshalb, wie er mir den andern Tag gestand, die ganze Nacht nicht geschlafen, da er die Besorgnis hegte, ich könnte mit meinen Pistolen, die vor meinem Bette lagen, im Nachtwandlerzustande ein Malheur anrichten. Im Grunde war es mir nicht viel besser als ihm gegangen, ich hatte sehr schlecht geschlafen. Wüste, beängstigende Phantasiegebilde. Ein Klavierauszug aus Dantes »Hölle«. Am Ende träumte mir gar, ich sähe die

Aufführung einer juristischen Oper, die *Falcidia* geheißen, erbrechtlicher Text von Gans, und Musik von Spontini. Ein toller Traum. Das römische Forum leuchtete prächtig, Serv. Asinius Göschenus als Prätor auf seinem Stuhle, die Toga in stolze Falten werfend, ergoß sich in polternden Rezitativen, Marcus Tullius Elversus, als *Prima Donna legataria*, all seine holde Weiblichkeit offenbarend, sang die liebeschmelzende Bravourarie *quicunque civis romanus*, ziegelrot geschminkte Referendarien brüllten als Chor der Unmündigen, Privatdozenten, als Genien in fleischfarbigen Trikot gekleidet, tanzten ein antejustinianeisches Ballett und bekränzten mit Blumen die zwölf Tafeln, unter Donner und Blitz stieg aus der Erde der beleidigte Geist der römischen Gesetzgebung, hierauf Posaunen, Tamtam, Feuerregen, *cum omni causa*.

Aus diesem Lärmen zog mich der Brockenwirt, indem er mich weckte, um den Sonnenaufgang anzusehen. Auf dem Turm fand ich schon einige Harrende, die sich die frierenden Hände rieben, andere, noch den Schlaf in den Augen, taumelten herauf. Endlich stand die stille Gemeinde von gestern Abend wieder ganz versammelt, und schweigend sahen wir, wie am Horizonte die kleine, karmoisinrote Kugel emporstieg, eine winterlich dämmernde Beleuchtung sich verbreitete, die Berge wie in einem weißwallenden Meere schwammen, und bloß die Spitzen derselben sichtbar hervortraten, so daß man auf einem kleinen Hügel zu stehen glaubte, mitten auf einer überschwemmten Ebene, wo nur hier und da eine trockene Erdscholle hervortritt. Um das Gesehene und Empfundene in Worten festzuhalten, zeichnete ich folgendes Gedicht:

Heller wird es schon im Osten
Durch der Sonne kleines Glimmen,
Weit und breit die Bergesgipfel
In dem Nebelmeere schwimmen.

Hätt ich Siebenmeilenstiefel,
Lief ich mit der Hast des Windes
Über jene Bergesgipfel,
Nach dem Haus des lieben Kindes.

Von dem Bettchen, wo sie schlummert,
Zög ich leise die Gardinen,
Leise küßt ich ihre Stirne,
Leise ihres Munds Rubinen.

Und noch leiser wollt ich flüstern
In die kleinen Liljenohren:
Denk im Traum, daß wir uns lieben,
Und daß wir uns nie verloren.

Indessen, meine Sehnsucht nach einem Frühstück war ebenfalls groß, und nachdem ich meinen Damen einige Höflichkeiten gesagt, eilte ich hinab, um in der warmen Stube Kaffee zu trinken. Es tat not; in meinem Magen sah es so nüchtern aus, wie in der Goslarschen Stephanskirche. Aber mit dem arabischen Trank rieselte mir auch der warme Orient durch die Glieder, östliche Rosen umdufteten mich, süße Bulbullieder erklangen, die Studenten verwandelten sich in Kamele, die Brockenhausmädchen, mit ihren Congrevischen Blicken, wurden zu Houris, die Philisternasen wurden Minaretts usw.

Das Buch, das neben mir lag, war aber nicht der Koran. Unsinn enthielt es freilich genug. Es war das sogenannte Brockenbuch, worin alle Reisende, die den Berg erstiegen, ihre Namen schreiben, und die meisten noch einige Gedanken, und in Ermangelung derselben, ihre Gefühle hinzunotieren. Viele drücken sich sogar in Versen aus. In diesem Buche sieht man, welche Greuel entstehen, wenn der große Philistertroß bei gebräuchlichen Gelegenheiten, wie hier auf dem Brocken, sich vorgenommen hat, poetisch zu werden. Der Palast des Prinzen von Pallagonia, enthält keine so große Abgeschmacktheiten, wie dieses Buch, wo besonders hervorglänzen die Herren Akziseeinnehmer mit ihren verschimmelten Hochgefühlen, die Comptoirjünglinge mit ihren pathetischen Seelenergüssen, die altdeutschen Revolutionsdilettanten mit ihren Turngemeinplätzen, die Berliner Schullehrer mit ihren verunglückten Entzückungsphrasen usw. Herr Johannes Hagel will sich auch mal als Schriftsteller zeigen. Hier wird des Sonnenaufgangs majestätische Pracht beschrieben; dort wird geklagt über schlechtes Wetter, über getäuschte Erwartungen, über den Nebel, der alle Aussicht versperrt. »Benebelt heraufgekommen und benebelt hinuntergegangen!« ist ein stehender Witz, der hier von Hunderten nachgerissen wird. Das ganze Buch riecht nach Käse, Bier und Tabak; man glaubt einen Roman von Clauren zu lesen.

Während ich nun besagtermaßen Kaffee trank und im Brockenbuche blätterte, trat der Schweizer mit hochroten Wangen herein, und voller Begeisterung erzählte er von dem erhabenen Anblick, den er oben auf dem Turm genossen, als das reine, ruhige Licht der Sonne, Sinnbild der Wahrheit, mit den nächtlichen Nebelmassen gekämpft, daß es ausgesehen habe wie eine Geisterschlacht, wo zürnende Riesen ihre langen Schwerter ausstrecken, geharnischte Ritter, auf bäumenden Rossen, einherjagen, Streitwagen, flatternde Banner, abenteuerliche Tierbildungen aus dem wildesten Gewühle hervortauchen, bis endlich alles in den wahnsinnigsten Verzerrungen zusammenkräuselt, blasser und blasser zerrinnt, und spurlos verschwindet. Diese demagogische Naturerscheinung hatte ich versäumt, und ich kann, wenn es zur Untersuchung kommt, eidlich versichern: daß ich von nichts weiß, als vom Geschmack des guten braunen Kaffees. Ach, dieser war sogar schuld, daß ich meine schöne Dame vergessen, und jetzt stand sie vor der Tür, mit Mutter und Begleiter, im Begriff, den Wagen zu besteigen. Kaum hatte ich noch Zeit, hinzueilen und ihr zu versichern, daß es kalt sei. Sie schien unwillig, daß ich nicht früher gekommen; doch ich glättete bald die mißmütigen Falten ihrer schönen Stirn, indem ich ihr eine wunderliche Blume schenkte, die ich den Tag vorher, mit halsbrechender Gefahr, von einer steilen Felsenwand gepflückt hatte. Die Mutter verlangte den Namen der Blume zu wissen, gleichsam als ob sie es unschicklich fände, daß ihre Tochter eine fremde, unbekannte Blume vor die Brust stecke – denn wirklich, die Blume erhielt diesen beneidenswerten Platz, was sie sich gewiß gestern auf ihrer einsamen Höhe nicht träumen ließ. Der schweigsame Begleiter öffnete jetzt auf einmal den Mund, zählte die Staubfäden der Blume und sagte ganz trocken: Sie gehört zur achten Klasse.

Es ärgert mich jedesmal, wenn ich sehe, daß man auch Gottes liebe Blumen, ebenso wie uns, in Kasten geteilt hat, und nach ähnlichen Äußerlichkeiten, nämlich nach Staubfäden-Verschiedenheit. Soll doch mal eine Einteilung stattfinden, so folge man dem Vorschlage Theophrasts, der die Blumen mehr nach dem Geiste, nämlich nach ihrem Geruch, einteilen wollte. Was mich betrifft, so habe ich in der Naturwissenschaft mein eigenes System, und demnach teile ich alles ein: in dasjenige, was man essen kann, und in dasjenige, was man nicht essen kann.

Jedoch, der ältern Dame war die geheimnisvolle Natur der Blumen nichts weniger als verschlossen, und unwillkürlich äußerte sie: daß sie von den Blumen, wenn sie noch im Garten oder im Topfe wachsen, recht erfreut werde, daß hingegen ein leises Schmerzgefühl, traumhaft beängstigend, ihre Brust durchzittere, wenn sie eine abgebrochene Blume sehe – da eine solche doch eigentlich eine Leiche sei, und so eine gebrochene, zarte Blumenleiche ihr welkes Köpfchen recht traurig herabhängen lasse, wie ein totes Kind. Die Dame war fast erschrocken über den trüben Widerschein ihrer Bemerkung, und es war meine Pflicht, denselben mit einigen Voltaireschen Versen zu verscheuchen. Wie doch ein paar französische Worte uns gleich in die gehörige Konvenienzstimmung zurückversetzen können! Wir lachten, Hände wurden geküßt, huldreich wurde gelächelt, die Pferde wieherten und der Wagen holperte, langsam und beschwerlich, den Berg hinunter.

Nun machten auch die Studenten Anstalt zum Abreisen, die Ranzen wurden geschnürt, die Rechnungen, die über alle Erwartung billig ausfielen, berichtigt, die empfänglichen Hausmädchen, auf deren Gesichtern die Spuren glücklicher Liebe, brachten, wie gebräuchlich ist, die Brockensträußchen, halfen solche auf die Mützen befestigen, wurden dafür mit einigen Küssen oder Groschen honoriert; und so stiegen wir alle den Berg hinab, indem die einen, wobei der Schweizer und Greifswalder, den Weg nach Schierke einschlugen, und die andern, ungefähr zwanzig Mann, wobei auch meine Landsleute und ich, angeführt von einem Wegweiser, durch die sogenannten Schneelöcher hinabzog nach Ilsenburg.

Das ging über Hals und Kopf. Hallesche Studenten marschieren schneller als die östreichische Landwehr. Ehe ich mich dessen versah, war die kahle Partie des Berges mit den darauf zerstreuten Steingruppen schon hinter uns, und wir kamen durch einen Tannenwald, wie ich ihn den Tag vorher gesehen. Die Sonne goß schon ihre festlichsten Strahlen herab und beleuchtete die humoristisch buntgekleideten Burschen, die so munter durch das Dickicht drangen, hier verschwanden, dort wieder zum Vorschein kamen, bei Sumpfstellen über die quergelegten Baumstämme liefen, bei abschüssigen Tiefen an den rankenden Wurzeln kletterten, in den ergötzlichsten Tonarten emporjohlten, und ebenso lustige Antwort zurückerhielten von den zwitschernden Waldvögeln, von den rauschenden Tannen, von den unsichtbar plätschernden Quellen und von dem schallenden Echo. Wenn frohe Jugend und schöne Natur zusammenkommen, so freuen sie sich wechselseitig.

Je tiefer wir hinabstiegen, desto lieblicher rauschte das unterirdische Gewässer, nur hier und da, unter Gestein und Gestrippe, blinkte es hervor, und schien heimlich zu lauschen, ob es ans Licht treten dürfe, und endlich kam eine kleine Welle entschlossen hervorgesprungen. Nun zeigt sich die gewöhnliche Erscheinung: ein Kühner macht den Anfang, und der große Troß der Zagenden wird plötzlich, zu seinem eigenen Erstaunen, von Mut ergriffen, und eilt, sich mit jenem ersten zu vereinigen. Eine Menge anderer Quellen hüpften jetzt hastig aus ihrem Versteck, verbanden sich mit der zuerst hervorgesprungenen, und bald bildeten sie zusammen ein schon bedeutendes Bächlein, das in unzähligen Wasserfällen, und in wunderlichen Windungen, das Bergtal hinabrauscht. Das ist nun die Ilse, die liebliche, süße Ilse. Sie zieht sich durch das gesegnete Ilsetal, an dessen beiden Seiten sich die Berge allmählig höher erheben, und diese sind, bis zu ihrem Fuße, meistens mit Buchen, Eichen und gewöhnlichem Blattgesträuche bewachsen, nicht mehr mit Tannen und anderm Nadelholz. Denn jene Blätterholzart wird vorherrschend auf dem »Unterharze«, wie man die Ostseite des Brockens nennt, im Gegensatz zur Westseite desselben, die der »Oberharz« heißt, und wirklich viel höher ist, und also auch viel geeigneter zum Gedeihen der Nadelhölzer.

Es ist unbeschreibbar, mit welcher Fröhlichkeit, Naivität und Anmut die Ilse sich hinunterstürzt über die abenteuerlich gebildeten Felsstücke, die sie in ihrem Laufe findet, so daß das Wasser hier wild emporzischt oder schäumend überläuft, dort aus allerlei Steinspalten, wie aus tollen Gießkannen, in reinen Bögen sich ergießt, und unten wieder über die kleinen Steine hintrippelt, wie ein munteres Mädchen. Ja, die Sage ist wahr, die Ilse ist eine Prinzessin, die lachend und blühend den Berg hinabläuft. Wie blinkt im Sonnenschein ihr weißes Schaumgewand! Wie flattern im Winde ihre silbernen Busenbänder! Wie funkeln und blitzen ihre Diamanten! Die hohen Buchen stehen dabei gleich ernsten Vätern, die verstohlen lächelnd dem Mutwillen des lieblichen Kindes zusehen; die weißen Birken bewegen sich tantenhaft vergnügt, und doch zugleich ängstlich über die gewagten Sprünge; der stolze Eichbaum schaut drein wie ein verdrießlicher Oheim, der das schöne Wetter bezahlen soll; die Vögelein in den Lüften jubeln ihren Beifall, die Blumen am Ufer flüstern zärtlich: O, nimm uns mit, nimm uns mit, lieb Schwesterchen! – aber das lustige Mädchen springt unaufhaltsam weiter, und plötzlich ergreift sie den träumenden Dichter, und es strömt auf mich herab ein Blumenregen von klingenden Strahlen und strahlenden Klängen, und die Sinne vergehen mir vor lauter Herrlichkeit, und ich höre nur noch die flötensüße Stimme:

Ich bin die Prinzessin Ilse,
Und wohne im Ilsenstein;
Komm mit nach meinem Schlosse,
Wir wollen selig sein.

Dein Haupt will ich benetzen
Mit meiner klaren Well,
Du sollst deine Schmerzen vergessen,
Du sorgenkranker Gesell!

In meinen weißen Armen,
An meiner weißen Brust,
Da sollst du liegen und träumen
Von alter Märchenlust.

Ich will dich küssen und herzen,
Wie ich geherzt und geküßt
Den lieben Kaiser Heinrich,
Der nun gestorben ist.

Es bleiben tot die Toten,
Und nur der Lebendige lebt;
Und ich bin schön und blühend,
Mein lachendes Herze bebt.

Komm in mein Schloß herunter,
In mein kristallenes Schloß,
Da tanzen die Fräulein und Ritter,
Es jubelt der Knappentroß.

Es rauschen die seidenen Schleppen,
Es klirren die Eisensporn,
Die Zwerge trompeten und pauken,
Und fiedeln und blasen das Horn.

Doch dich soll mein Arm umschlingen,
Wie er Kaiser Heinrich umschlang;
Ich hielt ihm zu die Ohren,
Wenn die Trompet erklang.

Unendlich selig ist das Gefühl, wenn die Erscheinungswelt mit unserer Gemütswelt zusammenrinnt, und grüne Bäume, Gedanken, Vögelgesang, Wehmut, Himmelsbläue, Erinnerung und Kräuterduft sich in süßen Arabesken verschlingen. Die Frauen kennen am besten dieses Gefühl, und darum mag auch ein so holdselig ungläubiges Lächeln um ihre Lippen schweben, wenn wir mit Schulstolz unsere logischen Taten rühmen, wie wir alles so hübsch eingeteilt in objektiv und subjektiv, wie wir unsere Köpfe apothekenartig mit tausend Schubladen versehen, wo in der einen Vernunft, in der andern Verstand, in der dritten Witz, in der vierten schlechter Witz, und in der fünften gar nichts, nämlich die Idee, enthalten ist.

Wie im Traume fortwandelnd, hatte ich fast nicht bemerkt, daß wir die Tiefe des Ilsetales verlassen, und wieder bergauf stiegen. Dies ging sehr steil und mühsam, und mancher von uns kam außer Atem. Doch wie unser seliger Vetter, der zu Mölln begraben liegt, dachten wir im voraus ans Bergabsteigen, und waren um so vergnügter. Endlich gelangten wir auf den Ilsenstein.

Das ist ein ungeheurer Granitfelsen, der sich lang und keck aus der Tiefe erhebt. Von drei Seiten umschließen ihn die hohen, waldbedeckten Berge, aber die vierte, die Nordseite, ist frei, und hier schaut man das unten liegende Ilsenburg und die Ilse, weit hinab ins niedere Land. Auf der turmartigen Spitze des Felsens steht ein großes, eisernes Kreuz, und zur Not ist da noch Platz für vier Menschenfüße.

Wie nun die Natur, durch Stellung und Form, den Ilsenstein mit phantastischen Reizen geschmückt, so hat auch die Sage ihren Rosenschein darüber ausgegossen. Gottschalck berichtet: »Man erzählt, hier habe ein verwünschtes Schloß gestanden, in welchem die reiche, schöne Prinzessin Ilse gewohnt, die sich noch jetzt jeden Morgen in der Ilse bade; und wer so glücklich ist, den rechten Zeitpunkt zu treffen, werde von ihr in den Felsen, wo ihr Schloß sei, geführt und königlich belohnt!« Andere erzählen von der Liebe des Fräuleins Ilse und des Ritters von Westerberg eine hübsche Geschichte, die einer unserer bekanntesten Dichter romantisch in der »Abendzeitung« besungen hat. Andere wieder erzählen anders: es soll der altsächsische Kaiser Heinrich gewesen sein, der mit Ilse, der schönen Wasserfee, in ihrer verzauberten Felsenburg die kaiserlichsten Stunden genossen. Ein neuerer Schriftsteller, Herr Niemann, Wohlgeb., der ein Harzreisebuch geschrieben, worin er die Gebirgshöhen, Abweichungen der Magnetnadel, Schulden der Städte und dergleichen mit löblichem Fleiße und genauen Zahlen angegeben, behauptet indes: »Was man von der schönen Prinzessin

Ilse erzählt, gehört dem Fabelreiche an.« So sprechen alle diese Leute, denen eine solche Prinzessin niemals erschienen ist, wir aber, die wir von schönen Damen besonders begünstigt werden, wissen das besser. Auch Kaiser Heinrich wußte es. Nicht umsonst hingen die altsächsischen Kaiser so sehr an ihrem heimischen Harze. Man blättere nur in der hübschen Lüneburger Chronik, wo die guten, alten Herren, in wunderlich treuherzigen Holzschnitten, abkonterfeit sind, wohlgeharnischt, hoch auf ihrem gewappneten Schlachtroß, die heilige Kaiserkrone auf dem teuren Haupte, Szepter und Schwert in festen Händen; und auf den lieben, knebelbärtigen Gesichtern kann man deutlich lesen, wie oft sie sich nach den süßen Herzen ihrer Harzprinzessinnen und dem traulichen Rauschen der Harzwälder zurücksehnten, wenn sie in der Fremde weilten, wohl gar in dem zitronen- und giftreichen Welschland, wohin sie und ihre Nachfolger so oft verlockt wurden von dem Wunsche, römische Kaiser zu heißen, einer echtdeutschen Titelsucht, woran Kaiser und Reich zugrunde gingen.

Ich rate aber jedem, der auf der Spitze des Ilsensteins steht, weder an Kaiser und Reich, noch an die schöne Ilse, sondern bloß an seine Füße zu denken. Denn als ich dort stand, in Gedanken verloren, hörte ich plötzlich die unterirdische Musik des Zauberschlosses, und ich sah, wie sich die Berge ringsum auf die Köpfe stellten, und die roten Ziegeldächer zu Ilsenburg anfingen zu tanzen, und die grünen Bäume in der blauen Luft herumflogen, daß es mir blau und grün vor den Augen wurde, und ich sicher, vom Schwindel erfaßt, in den Abgrund gestürzt wäre, wenn ich mich nicht, in meiner Seelennot, ans eiserne Kreuz festgeklammert hätte. Daß ich, in so mißlicher Stellung, dieses letztere getan habe, wird mir gewiß niemand verdenken.

Die »Harzreise« ist und bleibt Fragment, und die bunten Fäden, die so hübsch hineingesponnen sind, um sich im ganzen harmonisch zu verschlingen, werden plötzlich, wie von der Schere der unerbittlichen Parze, abgeschnitten. Vielleicht verwebe ich sie weiter in künftigen Liedern, und was jetzt kärglich verschwiegen ist, wird alsdann vollauf gesagt. Am Ende kommt es auch auf eins heraus, wann und wo man etwas ausgesprochen hat, wenn man es nur überhaupt einmal ausspricht. Mögen die einzelnen Werke immerhin Fragmente bleiben, wenn sie nur in ihrer Vereinigung ein Ganzes bilden. Durch solche Vereinigung mag hier und da das Mangelhafte ergänzt, das Schroffe ausgeglichen und das Allzuherbe gemildert werden. Dieses würde vielleicht schon bei den ersten Blättern der Harzreise der Fall sein, und sie könnten wohl einen minder sauern Eindruck hervorbringen, wenn man anderweitig erführe, daß der Unmut, den ich gegen Göttingen im allgemeinen hege, obschon er noch größer ist, als ich ihn ausgesprochen, doch lange nicht so groß ist wie die Verehrung, die ich für einige Individuen dort empfinde. Und warum sollte ich es verschweigen, ich meine hier ganz besonders jenen viel teueren Mann, der schon in frühern Zeiten sich so freundlich meiner annahm, mir schon damals eine innige Liebe für das Studium der Geschichte einflößte, mich späterhin in dem Eifer für dasselbe bestärkte, dadurch meinen Geist auf ruhigere Bahnen führte, meinem Lebensmute heilsamere Richtungen anwies, und mir überhaupt jene historischen Tröstungen bereitete, ohne welche ich die qualvollen Erscheinungen des Tages nimmermehr ertragen würde. Ich spreche von Georg Sartorius, dem großen Geschichtsforscher und Menschen, dessen Auge ein klarer Stern ist in unserer dunkeln Zeit, und dessen gastliches Herz offensteht für alle fremde Leiden und Freuden, für die Besorgnisse des Bettlers und des Königs, und für die letzten Seufzer untergehender Völker und ihrer Götter. –

Ich kann nicht umhin, hier ebenfalls anzudeuten: daß der Oberharz, jener Teil des Harzes, den ich bis zum Anfang des Ilsetals beschrieben habe, bei weitem keinen so erfreulichen Anblick, wie der romantisch malerische Unterharz gewährt, und in seiner wildschroffen, tannendüstern Schönheit gar sehr mit demselben kontrastiert; so wie ebenfalls die drei, von der Ilse, von der Bode und von der Selke gebildeten Täler des Unterharzes gar anmutig untereinander kontrastieren, wenn man den Charakter jedes Tales zu personifizieren weiß. Es sind drei Frauengestalten, wovon man nicht so leicht zu entscheiden vermag, welche die schönste sei.

Von der lieben, süßen Ilse und wie süß und lieblich sie mich empfangen, habe ich schon gesagt und gesungen. Die düstere Schöne, die Bode, empfing mich nicht so gnädig, und als ich sie im schmiededunkeln Rübeland zuerst erblickte, schien sie gar mürrisch und verhüllte sich in einen silbergrauen Regenschleier. Aber mit rascher Liebe warf sie ihn ab, als ich auf die Höhe der Roßtrappe gelangte, ihr Antlitz leuchtete mir entgegen in sonnigster Pracht, aus allen Zügen hauchte eine kolossale Zärtlichkeit, und aus der bezwungenen Felsenbrust drang es hervor wie Sehnsuchtseufzer und schmelzende Laute der Wehmut. Minder zärtlich, aber fröhlicher, zeigte sich mir die schöne Selke, die schöne, liebenswürdige Dame, deren edle Einfalt und heitere Ruhe alle sentimentale Familiarität entfernt hält, die aber doch durch ein halbverstecktes Lächeln ihren neckenden Sinn verrät; und diesem möchte ich es wohl zuschreiben, daß mich im Selketal gar mancherlei kleines Ungemach heimsuchte, daß ich, indem ich über das Wasser springen wollte, just in die Mitte hineinplumpste, daß nachher, als ich das nasse Fußzeug mit Pantoffeln vertauscht hatte, einer derselben mir abhanden, oder vielmehr abfüßen kam, daß mir ein Windstoß die Mütze entführte, daß mir Walddorne die Beine zerfetzten, u. leider s.w. Doch all dieses Ungemach verzeihe ich gern der schönen Dame, denn sie ist schön. Und jetzt steht sie vor meiner Einbildung mit all ihrem stillen Liebreiz, und scheint zu sagen: wenn ich auch lache, so meine ich es doch gut mit Ihnen, und ich bitte Sie, besingen Sie mich. Die herrliche Bode tritt ebenfalls hervor in meiner Erinnerung, und ihr dunkles Auge spricht: du gleichst mir im Stolz und im Schmerze, und ich will, daß du mich liebst. Auch die schöne Ilse kommt herangesprungen, zierlich und bezaubernd in Miene, Gestalt und Bewegung; sie gleicht ganz dem holden Wesen, das meine Träume beseligt, und ganz, wie Sie, schaut sie mich an, mit unwiderstehlicher Gleichgültigkeit und doch zugleich so innig, so ewig, so durchsichtig wahr – Nun, ich bin Paris, die drei Göttinnen stehen vor mir, und den Apfel gebe ich der schönen Ilse.

Es ist heute der erste Mai. Wie ein Meer des Lebens ergießt sich der Frühling über die Erde, der weiße Blütenschaum bleibt an den Bäumen hängen, ein weiter, warmer Nebelglanz verbreitet sich überall. In der Stadt blitzen freudig die Fensterscheiben der Häuser, an den Dächern bauen die Spatzen wieder ihre Nestchen, auf der Straße wandeln die Leute und wundern sich, daß die Luft so angreifend und ihnen selbst so wunderlich zumute ist; die bunten Vierlanderinnen bringen Veilchensträußer; die Waisenkinder, mit ihren blauen Jäckchen und ihren lieben, unehelichen Gesichtchen, ziehen über den Jungfernstieg und freuen sich, als sollten sie heute einen Vater wiederfinden; der Bettler an der Brücke schaut so vergnügt, als hätte er das große Los gewonnen; sogar den schwarzen, noch ungehenkten Makler, der dort mit seinem spitzbübischen Manufakturwaren-Gesicht einherläuft, bescheint die Sonne mit ihren tolerantesten Strahlen – ich will hinauswandern vor das Tor.

Es ist der erste Mai, und ich denke deiner, du schöne Ilse – oder soll ich dich »Agnes« nennen, weil dir dieser Name am besten gefällt? – ich denke deiner, und ich möchte wieder zusehen, wie du leuchtend den Berg hinabläufst. Am liebsten aber möchte ich unten im Tale stehen und dich auffangen in meine Arme. – Es ist ein schöner Tag! Überall sehe ich die grüne Farbe, die Farbe der Hoffnung. Überall, wie holde Wunder, blühen hervor die Blumen, und auch mein Herz will wieder blühen. Dieses Herz ist auch eine Blume, eine gar wunderliche. Es ist kein bescheidenes Veilchen, keine lachende Rose, keine reine Lilje, oder sonstiges Blümchen, das mit artiger Lieblichkeit den Mädchensinn erfreut, und sich hübsch vor den hübschen Busen stecken läßt, und heute welkt und morgen wieder blüht. Dieses Herz gleicht mehr jener schweren, abenteuerlichen Blume aus den Wäldern Brasiliens, die, der Sage nach, alle hundert Jahre nur einmal blüht. Ich erinnere mich, daß ich als Knabe eine solche Blume gesehen. Wir hörten in der Nacht einen Schuß, wie von einer Pistole, und am folgenden Morgen erzählten mir die Nachbarskinder, daß es ihre »Aloe« gewesen, die mit solchem Knalle plötzlich aufgeblüht sei. Sie führten mich in ihren Garten, und da sah ich, zu meiner Verwunderung, daß das niedrige, harte Gewächs, mit den närrisch breiten, scharfgezackten Blättern, woran man sich leicht verletzen konnte, jetzt ganz in die Höhe geschossen war, und oben, wie eine goldene Krone, die herrlichste Blüte trug. Wir Kinder konnten nicht so hoch hinaufsehen, und der alte, schmunzelnde Christian, der uns liebhatte, baute eine hölzerne Treppe um die Blume herum, und da kletterten wir hinauf, wie die Katzen, und schauten neugierig in den offenen Blumenkelch, woraus die gelben Strahlenfäden und wildfremden Düfte mit unerhörter Pracht hervordrangen.

Ja, Agnes, oft und leicht kommt dieses Herz nicht zum Blühen; soviel ich mich erinnere, hat es nur ein einziges Mal geblüht, und das mag schon lange her sein, gewiß schon hundert Jahr. Ich glaube, so herrlich auch damals seine Blüte sich entfaltete, so mußte sie doch aus Mangel an Sonnenschein und Wärme elendiglich verkümmern, wenn sie nicht gar von einem dunkeln Wintersturme gewaltsam zerstört worden. Jetzt aber regt und drängt es sich wieder in meiner Brust, und hörst du plötzlich den Schuß – Mädchen erschrick nicht! ich hab mich nicht totgeschossen, sondern meine Liebe sprengt ihre Knospe, und schießt empor in strahlenden Liedern, in ewigen Dithyramben, in freudigster Sangesfülle.

Ist dir aber diese hohe Liebe zu hoch, Mädchen, so mach es dir bequem, und besteige die hölzerne Treppe, und schaue von dieser hinab in mein blühendes Herz.

Es ist noch früh am Tage, die Sonne hat kaum die Hälfte ihres Weges zurückgelegt, und mein Herz duftet schon so stark, daß es mir betäubend zu Kopfe steigt, daß ich nicht mehr weiß, wo die Ironie aufhört und der Himmel anfängt, daß ich die Luft mit meinen Seufzern bevölkere, und daß ich selbst wieder zerrinnen möchte in süße Atome, in die unerschaffene Gottheit; – wie soll das erst gehen, wenn es Nacht wird, und die Sterne am Himmel erscheinen, »die unglückselgen Sterne, die dir sagen können – –«

Es ist der erste Mai, der lumpigste Ladenschwengel hat heute das Recht, sentimental zu werden, und dem Dichter wolltest du es verwehren?

Aus: *Die Harzreise*

IM UNTERHARZ

Ein schönes patriotisches Lied singend zogen wir durch das heitre Ilsenburg und kehrten ein in der roten Forelle. Bei diesem guten Wirtshause, das für Rechnung des Grafen Wernigerode administriert wird, ist ein herrlicher Garten, wo ich liebliche Mädchengesichter und schöne Blumen sah, und mit einigen Hallensern zu Mittag aß und wirklich gute Suppe und guten Wein genoß und des umklammerten Kreuzes gedachte dem ich diese Genüsse verdankte, und hoffentlich in der Folge noch mehrere verdanken werde. Das Ilsenburger Schloß, ein hohes graues uraltes Gebäude aus der sächsischen Kaiserzeit dient jetzt zu einer Salpetersiederei. Die Hallenser verließen uns hier und mit meinen Landsleuten wanderte ich weiter nach Wernigerode. Das dortige Schloß, ein großes, hohes grauweißes Viereck mit einem Anhang von vielen kleinen Gebäuden, nichts weniger als geschmackvoll und regelmäßig, und gleichsam nur des Bedürfnisses wegen leicht hingestellt, erscheint aber eben deshalb um so wohnlicher und gemütlicher, und wenn man es erst erblickt, wie es von seinem Berge, nicht zu hoch und nicht zu niedrig so recht ernstfreundlich und wohlmeinend die Stadt überragt, so macht es einen ganz eigenen stillfreudigen Eindruck. In der Stadt selbst sah es sehr festlich aus, die Häuser waren mit großen Eichenkränzen behängt, die Leute trugen ihre besten bunten Kleider, und schauten so ehrerbietig heiter, und wenn nicht aus ihren Mienen so etwas gar vergnügt politisch-heimliches herausgekuckt hätte, so würde ich geglaubt haben ich sei wieder in ein niederrheinisches Städtchen versetzt, an einem schönen Palmsonntag. Die geputzte, dicke Frau Wirtin zum Bären, die uns Bier brachte, schien sich in ihrem Fette ganz besonders selig zu fühlen und konnte sich nicht genug verwundern, wie wir es gar wüßten, daß heute die langerwarteten gnädigen Herrn Grafen nach dem Schlosse zurückgekommen wären, und ergoß sich in einer weitläuftigen Beschreibung aller stattgefundenen Feierlichkeiten, Blumenkränze, Reden, Ehrenbogen, Rührung, Musik usw. Wären meine Landsleute nicht so eilig gewesen, so stände ich vielleicht noch jetzt bei der guten Dicken und ließe mir die Wernigeroder Feierlichkeiten erzählen. Wird doch mein Herz überall bewegt durch den Anblick anhänglicher Untertanstreue, und von so einem vergnügten Harznestchen, das mit povern Feierlichkeiten die Ankunft seiner mediatisierten Sedezherren verherrlichen will, wird mein Herz wohl nicht minder bewegt als von einer leuchtenden Kaiserstadt mit ihrem jauchzenden Kaiserfest. Doch ich gesteh es, mein Herz pochte ebenfalls, und vielleicht eben so stark, als ich vorig Jahr im Seebad Ritzebüttel zusah, wie die dortigen hanseatisch freien Bürger die Ankunft ihres frühern Amtmannes, des Senator Abendroth, und ihres Hamburger Bürgermeisters, Bartels, so würdig und mit selbstbewußter Würde feierten. Ich erinnere mich, gleichsam ohne Verabredung waren am Abend alle Häuser illuminiert, und die Einwohner standen davor in ihren Sonntagskleidern, und wie die wackern hochweisen Herrn anspruchslos und kordial grüßend vorbeigingen zogen sie alle ehrfurchtvoll freundlich die Hüte und Mützen und blickten mit besonders herzlicher Liebe auf ihren vorigen Amtmann, der so lange Jahre treu und fleißig für sie gesorgt und ihren Wohlstand geschützt und weidlich befördert. Ich habe viele große Illuminationen gesehen, aber alle mit ihren Transparenten, Pechkränzen, Flammenaltären und Feuerspektakel haben mich nicht so tief angesprochen, wie die ruhigen, bürgerlichen Lichtchen von Ritzebüttel.

Im Wernigeroder Schloß soll manches Bemerkenswerte zu sehen sein; aber wären wir an diesem Tage hinaufgestiegen, so hätte man wahrhaftig glauben können, wir wollten die Herren Grafen sehen. Wir gingen deshalb gleich weiter nach Elbingerode. Links scheint es sich zu verflachen, rechts erblickt man die blauen Umrisse des Brockens und seiner Nachbarberge. Die Gegend ist traulich schön, es kommen Bergpässe, sogar ein Stück Landstraße, ebenfalls Tannenforste, wo die Sonne scheint durch die gepflanzten Stämme und die lieben Hirschlein spazieren gehn. Ich muß immer an die arme heilige Genoveva denken wenn ich im Walde so ein herrliches frommes Tier mit seinem stolzen Geweihe langsam herumwandeln sehe. Ich gehe drauf zu um es zu küssen und mit ängstigen Sätzen stürzt es fort ins Dunkel; und mit Recht erwartet es nichts Gutes von den Menschen, die gewöhnlich nicht so barmherzig sind wie die Hirschkuh die den Schmerzenreich säugte, von den bösen Menschen, die sogar – ich begreife es nicht wie es möglich ist – ein Vergnügen dran finden so ein wehrlos schönes Tier zu hetzen und zu töten. »Am Ganges, am Ganges wohnen Menschen.«

Wir kamen in der Nacht an zu Elbingerode. Durch einen spaßhaften Zufall, dessen Erzählung nicht der Mühe lohnt, logierte ich nicht in demselben Wirtshause mit meinen Landsleuten.

Es war ein grauer Regenmorgen als wir weiter gingen nach dem Rübeland. Von beiden Seiten steigen ungeheure Berge in die Höhe, verwunderliche Felsen, in denen man kleine Höhlenöffnungen gewahrt, die vom Volke Zwerglöcher genannt werden und zur Zeit der Hunnen den Bewohnern dieser Gegend zum Zufluchtsort gedient haben sollen. Mitten durch dieses Bergtal fließt die Bode, ein breites mürrisches Wasser, das unwillig braust wenn es sich hier und da bequemen muß über hohe Steine stürzend und steigend seinen Weg zu nehmen. Längst der Bode ziehn sich die rußigen Häuser von Rübeland, einem Dorfe, das meistens von Eisenarbeitern bewohnt wird. Die dunkeln Schmiedegesichter schauen aus den niedern Fenstern, die Rauchwolken ziehen aus den Türen, die Hämmer schmettern, der Amboß dröhnt und die Bode rauscht. Es sind zwei große Höhlen in dieser Gegend zu sehen, die Baumannshöhle und die Bielshöhle. Man sagte uns, die erstere sei nicht so gut zu befahren wie die andre. Ich wußte jetzt was Fahren heißt und bewog meine Freunde vorzugsweise die Bielshöhle mit unserem Besuche zu beehren. Der Aufseher derselben wohnt am rechten Ufer der Bode, bei ihm zogen wir Bergmannsjacken an, und er geleitete uns über die Brücke nach dem Bielsberge, der am linken Ufer liegt. Der Berg soll seinen Namen haben von dem altdeutschen Götzen Biel, der hier verehrt worden sei. Ich weiß nichts von einem solchen Biel. Vielleicht war es Bileam. Ja vielleicht war es gar sein Esel, dessen hochwohlgeborne Nachkommen noch bis auf heutigem Tage in Deutschland verehrt werden.

Der Leser dieser Blätter ist hier in Gefahr daß ich zu noch

sinnreicheren Hypothesen übergehe, indem mir in diesem Augenblick wieder chaotisch alles in das Gedächtnis aufsteigt was ich mit so vielem Fleiße über deutsche Urgeschichte gelesen und vor fünf Jahren zu Bonn in den Kollegien meiner vielteuren Lehrer Schlegel, Arndt, Hüllmann, Radtlofs usw. gehört habe; – wobei ich noch nicht schmerzlich genug bedauern kann daß letzterer mit seiner deutschen Urgeschichte nicht weiter gekommen ist als bis Sesostris, welcher, wie den Lesern des Herodots bekannt ist, so große Kriegsreisen gemacht hat, und daher gewiß auch in Deutschland war und folglich zur deutschen Urgeschichte gehört. Gewiß hat sich auch Gott Biel mit Sesostris herumgeschlagen. Vielleicht schreibe ich in der Folge eine *Commentatio egyptico-teutonica de pro patria paukereya dei Bilii cum rege Sesostri*, ein stockgelehrtes Werk worin ich die Schriften Pesserons, Court de Gebelin etc., nebst deren Zitaten benutzen und damit die Greifswalder Doktorwürde erlangen werde. Auch neuere Schriftsteller besonders meine speziellen Freunde die sich deshalb binnen sechs Monat bei mir melden wollen, werde ich in diesem gelehrten Werke zitieren, und zwar mit ihrer Straße und Hausnummer, wie es durchaus nötig ist bei manchen obskuren Autoren, die vielleicht nur die einzigen sind die ihr Opus besitzen, während der unglückliche Verleger es längst ins Käsearchiv abgeliefert. Außerdem werde ich mein Werk dem Freunde aller patriotischen Anstrengungen, dem Herrn Geheimrat Schmalz, Ritter des verdienten Ordens, liebevoll zueignen, und dasselbe noch mit kritisch genauen Zeichnungen verzieren worunter gar besonders werkwürdig sein wird: Der Gott Biel in altdeutscher Tracht, der Tempel des Gott Biels, wie er ungefähr ausgesehen haben muß wenn er wirklich existiert hat, der Bielsberg mit dem Eingang zur Höhle, wo einige hoffnungsvolle Söhne Westfalens im Regen stehen und fluchen bis der langsame Führer die Höhlentür geöffnet, und die Lampen angezündet, und jeden der werten Herren damit versehen und sie freundlich ersucht langsam hinab zu folgen.

Ich möchte einem 6 Groschen geben, wer hier statt meiner das Innere der Bielshöhle beschriebe. Es fehlt mir wirklich an den dazu gehörigen Sachkenntnissen. Freilich ist es eine bekannte Erscheinung daß man über eine Sache desto besser schreibt, je weniger man davon versteht. (Wegen Mangel an Raum kann ich die große Menge hierher gehöriger Autoren nicht zitieren, und obendrein, zum Behuf der Hausnummern habe ich in diesem Augenblick das Berliner Adreßbuch nicht bei der Hand.)

Ich kann von der Bielshöhle nur sagen, daß sie weiter ist als das Berliner Schauspielhaus, und enger ist als die Seele eines wahren Dichters. Die Bielshöhle besteht eigentlich aus einer Verbindung von fünfzehn Höhlen, die man ziemlich bequem besehen kann und wo man nur hier und da, auf Leitern herabsteigen oder durchkriechen oder sich durchwinden muß. Ich verstehe mich nur auf eine einzige Steinart – O süßes Herz! – und ich kann also bloß referieren, was man mir gesagt hat, nämlich daß sie aus Tropfstein gebildet. Dieser hat an allen Ecken die abenteuerlichsten Gestalten hervorgebracht. Die interessanteste ist »die betende Nonne«. Wirklich, es sieht aus als ob diese von Bildhauerhand reliefartig in den Stein gemeißelt worden.

Andere Figuren entsprechen mehr oder minder den Namen womit die Phantasie des Höhlenaufsehers sie getauft hat. Hier ist eine spinnende Jungfrau mit fliegenden Haaren, eine Mutter Gottes mit dem Kinde, Fische, Burgen, Riesen, Kammermädchen, Vögel ja sogar ein Judentempel. In letzterem, unter den versteinerten Juden, ist besonders merkwürdig ein Zuckermakler mit dreieckigem Hut und Reformationsgesicht.

Hier und da glaubt man an der Wand versteinerte Wasserfälle zu sehen, auch der Boden bildet hier und dort versteinerte Wellen, die obern Wölbungen sind meistens wie die eines gotischen Doms. Letzteres mahnte mich ganz besonders an die erste Zeit der christlichen Kirche, wo die frommen Verehrer des ewigen Wortes nur in versteckten Höhlen ihre Andacht verrichten durften, und jene mystische Süßigkeit genossen womit jeder verfolgte Glaube seine Bekenner für ihre Opfer tausendfach entschädigt.

Gefühlstörend war es, als plötzlich unser Führer eine kanzelartige Höhe erstieg im Predigertone einige Reime hersagte, und nachher mit einem Schlüssel einige Tropfsteinsäulen anschlug, die zwar wie Orgelpfeifen aussahen aber schlecht klangen. Indessen diese Tropfsteinsäulen leiteten mich auf eine Hypothese womit ich die Unzahl derjenigen vermehren will die über die Entstehung der gotischen Baukunst zu Tage gefördert worden.

Entwurf einer Fortsetzung der *Harzreise*

IV BRIEFE AUS NORDDEUTSCHLAND

»THERMOMETER MEINER GEMÜTSSTIMMUNG«

Einleitung

...weil bei mir immer der Brief den ich schreibe ein Thermometer ist woraus man meine Gemütsstimmung erkennen kann...
(Brief an Rudolf Christiani, 7. März 1824)

Von rund 1800 überlieferten Briefen Heines wurden für diesen Band neun exemplarische ausgewählt, die er zu Hause, nämlich bei seinen Eltern in Oldesloe und Lüneburg, auf seiner Studentenbude in Göttingen und während eines Besuchs bei Schwester und Schwager in Hamburg sowie im Urlaub, in Ritzebüttel und auf Wangerooge, geschrieben hat.

Nach Zwischenstationen in Hamburg und Oldesloe war Lüneburg für seine Eltern zum dauerhaften Wohnsitz geworden. Heine meinte hier zunächst massiv die religiöse Diskriminierung zu spüren. Erst als er Ende 1823 durch den aus jüdischer Familie stammenden Advokaten Rudolf Christiani, der später die Tochter seines Onkels Isaac in Bordeaux, Charlotte Heine, heiratete und dadurch zu seinem »Cousin« wurde, Kontakt zur »höheren Klasse« fand, wurde der anfänglich trübe Eindruck aufgehellt.

Anläßlich der Hochzeit der Schwester Charlotte gab es im Sommer 1823 ein großes Familientreffen in Hamburg, bei dem sich Heine offenbar in seine damals 16jährige Cousine Therese, Amalies jüngere Schwester, verliebte. Für seinen Annäherungsversuch wurde er jedoch wiederum »bekorbt«, wie er dem Freund Moses Moser anvertraute. Therese heiratete 1828 den Advokaten Adolf Halle, der von 1831 bis 1848 als Präses des Hamburger Handelsgerichts amtierte.

Im Frühjahr 1825 legte Heine in Göttingen sein juristisches Staatsexamen ab. Acht Wochen später ließ er sich in Heiligenstadt auf den Namen Johann Christian Heinrich Heine protestantisch taufen. Er reagierte damit auf das judenfeindliche Edikt von 1824, das nichtchristliche Bewerber von akademischen Spitzenfunktionen ausschloß; in zahlreichen deutschen Staaten war selbst die von ihm zeitweilig als Alternative erwogene freie Advokatur Christen vorbehalten. Am 20. Juli schloß er sein Promotionsverfahren zum Dr. juris mit der in lateinischer Sprache geführten Verteidigung von fünf Thesen ab. Anschließend gönnte er sich einen sechswöchigen Erholungsaufenthalt auf Norderney.

Im Herbst 1825 kehrte Heine vorläufig zu den Eltern nach Lüneburg zurück. Nachdem sein Plan, sich in Hamburg als Rechtsanwalt niederzulassen, gescheitert war, liebäugelte er mit der Idee, in Berlin mit Philosophievorlesungen hervorzutreten. Seine Hoffnungen auf eine Staatsanstellung oder eine Advokatur erfüllten sich indessen nicht. In dieser Krise versuchte er, sich durch verstärkte literarische Tätigkeit Einkünfte zu verschaffen, und plante den ersten Band der *Reisebilder.* Anfang 1826 fand er in dem Hamburger Verlagsbuchhändler Julius Campe den geeigneten Verleger, den er auch zu einer Sammlung seiner sämtlichen Gedichte überreden konnte, dem *Buch der Lieder.* Binnen weniger Jahre erfüllte sich der Traum des junge Liebeslyrikers, als Liederdichter einst ebenso populär zu werden wie Goethe, Müller, Rückert oder Uhland mit ihren Sammlungen. Nur wenige Tondichter des 19. Jahrhunderts haben das *Buch der Lieder* übergangen, dessen Titel dadurch im doppelten Sinn wahr wurde. Der Wiener Musikkritiker Alfred Julius Becher sprach bereits 1843 von einer »fast unübersehbaren Menge« von Vertonungen.

Heines launige Briefe ergänzen seine Glossen und Berichte, die wir aus den *Reisebildern, Deutschland. Ein Wintermärchen, Aus den Memoiren des Herren von Schnabelewopski,* der *Börne-Denkschrift* und anderen Dichtungen und Aufsätzen kennen. Zugleich belegen sie, daß Heine in seinen Briefen nicht minder brillant formulierte als in seiner Prosa. Das liest sich so frisch und lebendig, als sei es erst gestern geschrieben.

Der Briefschreiber Heine beherrschte die gesamte Gefühlsskala, von süßer Schmeichelei über diplomatische Höflichkeit bis zu schneidender Bosheit und brutaler Drohung. Es scheint, als hätten weder seine Genuß- noch seine Haßfähigkeit Grenzen gekannt. Kaum ein Brief, der von ihm nicht als literarische Aufgabe angegangen wurde, bis er am Ende mit überraschenden Wendungen, Bildern und Vergleichen, Pointen und Sottisen gespickt war. Im Lichte dieser Sprache erscheinen selbst die alltäglichsten Verrichtungen, die banalsten Vorgänge, die belanglosesten Details wie Kunstobjekte. Die Inhalte sind meistens amüsant, für Heine-Anbeter aber nicht immer erfreulich. Denn nirgendwo offenbart sich sein Allerheiligstes, sein Alltag, seine Beziehungen, die Maschinerie seiner Kämpfe und Auseinandersetzungen, so klar und ungeschützt wie hier. Was Heine brieflich mitteilte und plante, anbot und androhte, erbat und erbettelte, erschwindelte und erzwang, verhandelte, verhöhnte und verlästerte, reicht von den Gipfeln artistischer Hochkomik bis in die Niederungen privater All-Gemeinheiten. Klassische Ruhe wird man bei diesem letzten deutschen Klassiker nicht finden; statt dessen Leichtigkeit, Heiterkeit, Ironie, maliziösen Witz; auch Eitelkeit und kindlichen Mutwillen. Heine lebt; mir scheint, in gewisser Weise ist er sogar lebendiger als viele, die unter uns weilen.

AN HEINRICH STRAUBE IN GÖTTINGEN

[Oldesloe, Anfang März 1821]

Liebster Mensch!

Ich habs ja vorausgewußt und habs Dir auch vorausgesagt. Kaum betrat ich das Weichbild Hamburgs so wars mir plötzlich als ob ich nie dieses Nest verlassen hätte und alles was ich in jenen 2 Jahren der Abwesenheit erlebt, gedacht und gefühlt erlosch aus meinem Gedächtnis.

Ich saß eine Stunde schweigend und fast ohne eigentlich an etwas zu denken. Diese Stunde ist ein bedeutungsloser und dennoch vielsagender Gedankenstrich im Buche meines Lebens. Wie wird dieses Buch endigen? Hat der göttliche Autor eine Tragödie oder ein Lustspiel schreiben wollen? *Dieu mercy,* ich habe auch noch ein Wort mitzusprechen, von meinem Willen hängt die Katastrophe ab, und es kostet mir nur ein Lot Pulver um dem Helden des Stücks die Narrenkappe vom Kopfe zu donnern. Was liegt mir dran ob die Galerie pfeift oder klatscht? Auch das Parterre mag zischen. Ich lache. Auch das kurzbeinige herzliebe Männlein mit der Wünschelrute mag immerhin wimmern: das Stück ist schlecht. Ich lache. Alle himmlische Heerscharen mögen pochen. Ich lache!!! – – – –

Ich lache ob den Gimpeln und den Laffen!
Die mich anglotzen starr und lauwarm nüchtern,
Ich lache ob den kalten Bocksgesichtern,
Die hämisch mich beschnüffeln und begaffen.
Ich lache ob den kunsterfahrnen Affen,
Die sich aufblähn zu stolzen Splitterrichtern,
Ich lache ob den feigen Bösewichtern
Die mich bedrohn mit giftgetränkten Waffen.
Denn wenn des Glückes hübsche Siebensachen
Uns von des Schicksals Händen sind zerbrochen,
Und so zu unsern Füßen hingeschmissen,

Und wenn das Herz im Leibe ist zerrissen,
Zerschnitten und zerschnitten und zerstochen,
So bleibt uns doch das hübsche gelle Lachen!

Ja wenn die weitklaffende Todeswunde meines Herzens sprechen könnte, so spräche sie: Ich lache.

Aber oben in der Eckloge sitzt ein gar hübschgeputztes Sonntagspüppchen, bei dessen Fabrikation der himmlische Kunstdrechsler sich selbst übertroffen. Dieses wunderliebe Frätzchen sollte doch nicht lachen, und es wäre mir sogar lieb wenn diverse Kristalltröpfchen aus diesen zwei Aquatofanaäuglein hervorquöllen. Ja, das ist die Klippe, woran mein Verstand gescheitert ist, und die ich dennoch in Todesangst umklammern möchte. Es ist eine alte Geschichte. Aber der königl. franz. geheime Oberhofmaximenverfertiger François Duc de la Rochefoucauld sagt ganz mit Recht: *»l'absence diminue les mediocres passions, et augmente les grandes, comme le vent eteint les bougies et alume le feu.«*

Vous avez raison, Monseigneur!

Es ging schon gegen Mitternacht, da begab ich mich nach dem Hause meiner Dulcinea de Tobosa, um unter ihren Fenstern die Rolle meines Almansor in der Wirklichkeit zu spielen. Aber ich hatte leider keinen Mantel wie mein Almansor, und mußte frieren wie ein Schneider. Auch hatte ich statt einer hellgestirnten andalusischen Sommernacht nur einen aschgrauen Himmel, feuchten Hamburger Nationalwind, und durchfröstlendes Regengeträufel. Denn der gelbe Kuppler, der mich so oft belogen, hatte sich aus Scham hinter seine Wolkenbatterien verkrochen, und beleuchtete nur mit einzelnen Strahlen das Haus aller Häuser. – Ich brauche Dir nicht zu erzählen, liebster Wimmer, wie sehr ich da gewimmert. Alle Tollhäuser hatten ihre Wahnsinnbilder losgelassen und mir auf den Hals gejagt. In meinem Gehirn feierte dieses verrückte Gesindel seine Walpurgisnacht, meine Zähne klapperten die Tanzmusik dazu, und aus meiner Brust ergossen sich warme Ströme von rotem, rotem Herzblut. Unheimlich umrauschten mich diese Blutwogen, betäubend umnebelte mich der Duft Ihrer Nähe, und sie selbst, sie selbst erschien oben am Fenster, und nickte herab, und lächelte herab, in all ihrer leuchtenden Schönheitsglorie, so daß ich zu vergehen glaubte vor unendlicher Sehnsucht, und Wehmut und Seligkeit. –

Doch doppeltschneidender Schmerz zerriß mein innerstes Gemüt als ich bemerkte daß meine Phantasie mich wieder in den April geschickt hatte. Das schaurigsüße Lockenköpfchen das mir so huldreich herabgenickt, war nur die alte Gouvernante die ihre Jalousien zugemacht, der wundersame Duft der meine Sinne umnebelte war nur der Geruch aus einem nahen Käseladen, und der herabrauschende Blutstrom war nur der Schiffprügelinhalt den eine Hure aus ihrem Fenster herabgoß. Ich möchte Dir noch vieles schreiben wie es mir ging mit meinem armen verrückten Herzen, doch bin ich unpäßlich, schreibe diese Zeilen im Zimmer meiner Eltern, muß vorsichtig sein daß mir niemand über die Schulter sieht, kurz ich bin geniert.

Ich habe meine Familie in einem höchsttraurigen Zustand gefunden. Mein Vater leidet noch immer an seiner Gemütskrankheit, meine Mutter laboriert an Migräne, meine Schwester hat den Katarrh und meine beiden Brüder machen schlechte Verse. Dieses letztere zerreißt mir das Herz. Für den jüngern gebe ich nicht alle Hoffnung verloren. Meine Gedichte gefallen ihm nicht. Das ist ein gutes Zeichen. Meine Schwester fällt aber ein besseres Urteil über meine poetische Verdienste. Als ich ihr jüngst eins meiner besten Geisteswerke vorlas, bemerkte sie: »Oh! das geht.« Dieses Mädchen singt wie ein Engel. Mein jüngerer Bruder wird Medizin studieren. Der ältere studiert jetzt praktisch die Landwirtschaft. Aus brüderlicher Liebe will ich beide verschonen mit meinen Kunsttheorien.

[Schluß fehlt]

AN MOSES MOSER IN BERLIN

Lüneburg den 18. Juni 1823.

Du nimmst wohl keine Million und schreibst mir ehe ich Deinen Brief förmlich beantwortet oder, besser gesagt, erwidert? Gewöhne Dir diese Philiströsität ab. Ich warte gestern begierig auf die Post und auf Brief von Dir, und vergesse daß ich erst selber hätte wieder schreiben müssen. Dies hätte ich auch schon früher getan wenn mich nicht mein noch immer andaurendes Kopfleiden und eine daraus und aus noch andern Kontraritäten entspringende Verdrießlichkeit davon abgehalten hätte. Ich würde Dir heute ebenfalls nicht schreiben, wenn ich Dir es nicht so früh als möglich einprägen wollte daß Du mir sehr oft, wenn auch nur wenig, schreiben mußt, ohne erst abzuwarten daß ich jede Deiner geehrten Zuschriften mit einer darauf passenden Antwort eigens beehre. Wenn ich Dir schreiben will werde ich mich wenig darum bekümmern ob schon ein Brief von Dir zur Beantwortung vorliegt, und ich werde Dir wohl mehrere Briefe hintereinander schreiben, ohne erst die Etikette zu fragen ob es sich auch schickt, und ob es politisch sei jemanden zu schreiben ohne erst seine Antworten regelmäßig abzuwarten. – Aus obigem, besonders aus der Konfusion womit es ausgedrückt ist, wirst Du ersehen haben daß ich verdrießlich, mürrisch, enfin unausstehlich bin. Du kannst also den Brief weglegen wenn Du jetzt grade bei guter Laune bist; Du kannst jetzt meiner Grämlichkeit besser ausweichen, als bei meiner Anwesenheit in Berlin, wo ich Dir in höchsteigener Person auf den Hals kam. Ich lebe hier ganz isoliert, mit keinem einzigen menschlichen Menschen komme ich zusammen, weil meine Eltern sich von allem Umgang zurückgezogen. Juden sind hier, wie überall, unausstehliche Schacherer und Schmutzlappen, christliche Mittelklasse unerquicklich, mit einem ungewöhnlichen Rischeß, die höhere Klasse ebenso im höheren Grade. Unser kleiner Hund wird auf der Straße von den andern Hunden auf eigene Weise berochen und malträtiert, und die Christenhunden haben offenbar Rischeß gegen den Judenhund. – Ich habe hier also bloß mit den Bäumen Bekanntschaft gemacht, und diese zeigen sich jetzt wieder in dem alten grünen Schmucke, und mahnen mich an alte Tage, und rauschen mir alte vergessene Lieder ins Gedächtnis zurück, und stimmen mich zur Wehmut. So vieles Schmerzliche taucht jetzt in mir auf und überwältigt mich, und dies ist es vielleicht was meine Kopfschmerzen vermehrt, oder besser gesagt in die Länge zieht; denn sie sind nicht mehr so stark wie in Berlin, aber anhaltender. Studieren kann ich wenig, schreiben noch weniger. Sonntag schrieb ich einen Aufsatz über Goethe, etwa ein Druckbogen groß, den ich an Varnhagen gestern schickte daß er ihn seinem Buche über Goethe einverleibe. Ich hatte ihn längst versprochen, und schrieb ihn jetzt *en pleine carrière* daß er noch zur rechten Zeit eintreffe. Du wirst in diesem Aufsatz 1/4 Dutzend Deiner eigenen Ideen finden; ich war ehrlich genug sie nackt hinzustellen, denn hätte ich sie mit meinen Purpurlappen umhängt, Du würdest sie wahrlich selber nicht wiedererkannt haben. Der Aufsatz soll Dir bald zu Gesicht kommen. Denke Dir, mein Festspiel ist ungeschrieben geblieben (ich schreibe es aber hinterher) hingegen meine Tragödie gestaltet sich in meinem Kopfe immer mehr und mehr. Sehr drängt es mich, in einem Aufsatz für die Zeitschrift, den großen Judenschmerz (wie ihn Börne nennt) auszusprechen, und es soll auch geschehen sobald mein Kopf es leidet. Es ist sehr unartig von unserem Herr Gott, daß er mich jetzt mit diesen Schmerzen plagt; ja, es ist sogar unpolitisch von dem alten Herrn, da er weiß daß ich so viel für ihn tun möchte. Oder ist der alte Freiherr von Sinaï und Alleinherrscher Judäas ebenfalls aufgeklärt worden, und hat seine Nationalität abgelegt, und gibt seine Ansprüche und seine Anhänger auf, zum Besten einiger vagen, kosmopolitischen Ideen? Ich fürchte der alte Herr hat den Kopf verloren, und mit Recht mag ihm *le petit juif d'Amsterdam* ins Ohr sagen: *entre nous, Monsieur, vous n'existez pas*. Und wir? wir existieren? Um des Himmels willen, sag nicht noch einmal daß ich bloß eine Idee sei! Ich ärgere mich toll darüber. Meinethalben könnt Ihr alle zu Ideen werden; nur laßt mich ungeschoren. Weil Du und der alte Friedländer und Gans zu Ideen geworden seid, wollt Ihr mich jetzt auch verführen und zu einer Idee machen. Rubo lob ich, den habt Ihr nicht dazu bekommen können. Der Lehmann möchte gern Idee werden und kann nicht. Was geht mich der kleine Markus an mit seinem Demonstrieren daß ich eine Idee sei; seine Magd weiß es besser. Die Doktorin Zunz hat mir mit tränenden (Judaism) Augen geklagt; daß man ihren Mann ebenfals zur Idee machen wollte, und daß sie dadurch all seine Kraft und Saft verlöre, Jost hätte sich deshalb vom Verein zurückgezogen und Auerbach sei mal dadurch krank geworden. Ich verbitte mir auch alle übrigen Anzüglichkeiten, daß Du noch nicht weißt welche Idee ich sei; welches so viel heißt als sei ich eine sonderbare Idee; und sonderbar ist Tusch.

Genug des aberwitzigen Gewäsches. In einigen Tagen reise ich nach der Hochzeit meiner Schwester, die zwischen hier und Hamburg stattfindet. Bald drauf – sage und schreibe es aber keiner menschlichen Seele – reise ich auf 8 Tage nach Hamburg.

Ich habe hier ein Stück des Briefes abgeschnitten, weil eine zu heftige, und für einen Brief nicht ziemliche Äußerung mir entschlüpft ist. Mit meinem Oheim stehe ich noch nicht auf dem Fuße, auf dem ich zu stehen wünschte, um mit Sicherheit feste Lebensplane für die Folge entwerfen zu können. Erst nach meiner Zurückkunft von Hamburg kann ich Dir in dieser Hinsicht etwas Bestimmteres sagen. Wenn ich kann, suche ich noch einmal nach Berlin zu kommen und Dich und meine übrigen Freunde zu umarmen. Ich werde Cohn in Hamburg besuchen. Von Dir erwarte ich daß Du mir schreibst (aber kurz) wie ich in Hinsicht des Vereines mich dort zu betragen habe, wen ich dort besuchen kann, und drgl. Kann ich dort einen bestimmten Auftrag des Vereins ausführen, der sich auf ein schon in Berlin besprochenes gründet, so will ich ihn gern übernehmen. Ich freue mich die Monas wiederzusehen. – Du kannst doch an Gans sagen daß ich auf 8 Tage nach Hamburg reise, vielleicht fällt es ihm ein daß ich dort etwas tun kann; nur soll er es nicht hinschreiben. – Hamburg wird viele schmerzliche Erinnerungen in mir aufregen, doch wird es von großem Nutzen sein daß ich hinreise.

Ein mir feindliches Hundepack umlagert meinen Oheim. Ich werde vielleicht Bekanntschaften in Hamburg machen, die in dieser Hinsicht ein Gegengewicht bilden können. Nur ahndets mir daß ich mit meiner abstoßenden Höflichkeit und Ironie und Ehrlichkeit mir mehr Menschen verfeinden als befreunden werde.

Der Posaunenstoß in der Hamb. Zeitung, meine Tragödien betreffend, hat mir Spaß gemacht. Was hat man drüber gesagt? Wenn meine Tragödien ignoriert würden, wäre es mir nicht gleichgültig, Geschätztester! Blätterlob macht mir höchstens flüchtigen Spaß, stärkt mich nicht und erquickt mich nicht, und ist mir doch von größter Wichtigkeit. Doch sei außer Sorge, es wird nicht ausbleiben daß meine Tragödien in den Blättern viel besprochen werden, wenns andre nicht tun tue ich es selbst. Immermann schreibt mir daß er eine kräftige Rezension der Tr. schreiben werde, worin er manches Verletzende aussprechen wird. Sein Brief enthielt daher nur einiges allgemeine (Lob) über die Tragödie, und andere Gegenstände, deren vorzüglichste seine Freude ist mich in Münster zu sehen, und seine Einladung bei ihm zu wohnen. Der mir zuletzt geschickte Brief war von Blomberg, voll ästhetischen Räsonnements. Von dem Rousseau habe ich noch keinen Brief erhalten, und teils Dein Wink über das Unterhaltungsblatt, dessen judenfeindliche Stelle mir sehr auffiel, teils noch manches andre, gibt sichere Anzeichen daß man am Rhein von katholischer Seite über den Almansor höchst unwillig sei, ihn ignorieren möchte, ihn dennoch allgemein bespricht, und den Rousseau gegen mich aufhetzig gemacht hat. Ich verachte dergl. Schwachköpfigkeit allzusehr, um davon empört zu werden, und ich habe es längst gefühlt daß ein gar zu feuriger Enthusiasmus für meine Persönlichkeit endlich verkohlen muß, und wenn Regen auf die Kohlen fällt, dem schwarzen Schmutze Platz macht. Ich erwarte die Zeichen dieses Schmutzes, und ich werde es ohne Bitterkeit zusehen daß mich die Menschen, die mich in den Himmel erhoben, auch zur Abwechselung einmal mit Kot werfen. – Ich habe unlängst eine Anzeige der Rousseauischen Gedichte geschrieben, die ich unverändert im Gesellschafter abdrucken lasse.

Sage doch an Lehmann daß er das Traumgedicht »Mir träumt ich bin der liebe Gott« aus dem Almanach herausnehmen solle, wenn er ihn jemanden liehe; da es möglich ist – daß ich auf einige

Zeit nach Berlin zurück komme. Lache nicht. – Den großen Koffer und die Bücher habe ich noch nicht erhalten. – Fouqué hat mir kürzlich einen sehr herzlichen Brief geschrieben und mir ein sehr schönes Gedicht gewidmet; ich will es Dir gelegentlich mitteilen. Auch dieser wird dieses Gedicht einmal ungeschrieben wünschen, wenn er meinen Stammbaum genauer untersucht hat. Sorge nur daß mir durch Dummheit des Postboten kein Brief verloren geht, und schreib es mir gleich wenn Du irgend in einem Blatte eine Hinweisen über diesen meinen Stammbaum findest. – Ich werde Dir bei meiner Rückkunft von Hamburg viel zu schreiben haben! Grüße mir Gans und Zunz, so wie auch seine Frau. Sage ihnen daß ich viel an sie denke; welches auch ganz natürlich ist, da ich hier ganz isoliert lebe, und noch nicht die letzten Eindrücke Berlins in mir verdrängt werden konnten. Dich, lieber Moser, sehe ich überall, und es ist vielleicht etwas mehr als krankhafte Weichheit, wenn ich auf die wehmütigste Weise überwältigt werde von dem Wunsche wieder mit Dir zusammenzuleben. Gäben die Götter daß dieser Wunsch in Erfüllung gehe! Hamburg? Sollte ich dort noch so viele Freuden finden können als ich schon Schmerzen dort empfand? Dieses ist freilich unmöglich –

Glücklicherweise ruft mich hier mein Bruder zu Tische, und statt mit einer Sentimentalität schließe ich hier den Brief mit dem Vorgefühle eines guten Mittagessens.

H. Heine.

AN MOSES MOSER IN BERLIN

Ritzebüttel den 23. August 1823.

Lieber Moser! Sei froh daß ich Dir so lange nicht geschrieben. Ich hatte nicht viel Erfreuliches mitzuteilen. Ich war zu einer schlimmen Zeit in Hamburg. Meine Schmerzen machten mich unerquicklich, und durch den Todesfall einer Cousine und die dadurch entstandene Bestürzung in meiner Familie fand auch ich nicht viel Erquickliches bei andern. Zu gleicher Zeit wirkte die Magie des Ortes furchtbar auf meine Seele, und ein ganz neues Prinzip tauchte in derselben auf; dieses Gemütsprinzip wird mich wohl eine Reihe Jahre lang leiten und mein Tun und Lassen bestimmen. Wär ich ein Deutscher – und ich bin kein Deutscher, siehe Rühs, Fries a. v. O. – so würde ich Dir über dieses Thema lange Briefe, große Gemütsrelationen schreiben; aber doch sehne ich mich danach Dir in vertrauter Stunde meinen Herzensvorhang aufzudecken, und Dir zu zeigen wie die neue Torheit auf der alten gepropft ist. – Cohn war mir ein sehr lieber Freund in Hamburg und ich gewann ihn sehr lieb. Die Juden sind dort miserabeles Pack, wenn man sich für sie interessieren will darf man sie nicht ansehn, und ich finde es zuträglicher mich von ihnen entfernt zu halten. Dr. Salomon hab ich besucht, er hat mir nicht ganz mißfallen, er ist dennoch ein Auerbachianer. Kley hab ich nicht besucht, Du weißt er war mir von jeher zuwider, und er ist wirklich ekelhaft. Die Monas ist noch die Alte, ich liebe ihn und möchte ihn gern heilen von einer Sentimentalität die er in sich selbst hineingelogen und die ihn jetzt verstimmt. Bernays hab ich predigen gehört, er ist ein Charlatan, keiner von den Juden versteht ihn, er will nichts, und wird auch nie eine andre Rolle spielen; aber er ist doch ein geistreicher Mann, und hat mehr Spiritus in sich als Dr. Kley, Salomon, Auerbach I und II. Ich hab ihn nicht besucht, obschon ich hinlänglichen Anlaß hatte. Ich achte ihn nur insofern er die Hamburger Spitzbuben betrügt, doch den seel. Cartouche achte ich weit mehr. Gans hat in Hamburg den Namen eines Narren, und ich habe mich nicht darüber gewundert. Kaum gelang es mir den Leuten es beizubringen daß Du es nicht bist. Man hatte dort nichts weniger als eine richtige Meinung von Dir; was man von mir hält kann auch nichts Besonderes sein. Ist mir aber nicht gleichgültig. Ich habe ihnen doch schon den Wahn benommen daß ich ein Enthusiast für die jüdische Religion sei. Daß ich für die Rechte der Juden und ihre bürgerliche Gleichstellung enthusiastisch sein werde das gestehe ich, und in schlimmen Zeiten, die unausbleiblich sind, wird der germanische Pöbel meine Stimme hören daß es in deutschen Bierstuben und Palästen widerschallt. Doch der geborene Feind aller positiven Religionen wird nie für diejenige Religion sich zum Champion aufwerfen, die zuerst jene Menschenmäkelei aufgebracht, die uns jetzt so viel Schmerzen verursacht; geschieht es auf eine Weise dennoch, so hat es seine besondere Gründe, Gemütsweichheit, Starrsinn und Vorsicht für Erhaltung eines Gegengifts. Doch nie werde ich es dem Steinweg voraussagen wenn ich etwas für ihn tun will, nie soll er etwas von mir erwarten, und nie soll er sagen dürfen daß ich seine Erwartungen nicht erfüllt. Das war immer meine Weise und es ist mir sehr leid daß gansische Torheit, sein Schwatzen gegen Freund und Feind, mich nur einen Augenblick aus dem Geleise gebracht. Es geschieht Gansen ganz Recht wenn die Juden über ihn schimpfen und ihm jedes Übel in die Schuhe schütten; warum schwatzt er so viel von dem was er tun will, warum verspricht er und berechtigt zu Erwartungen. Ich gedenke wahrlich auch etwas zu tun, vielleicht tue ich schon etwas durch das bloße Existieren, doch werde ich in der Folge Maßregeln ergreifen mich gegen Gansische Publizität sicher zu stellen, da der Gang meines Tuens dieselbe nicht ertragen darf. Ich habe hier meine Meinung hart ausgesprochen, wenn ich mündlich mehr darüber sprechen könnte würdest Du sie billigen, und jetzt kann ich nur hinzufügen daß sie eben aus der Liebe, aus der Liebe für unsere gute Sache, hervorgeht. Gans liebe ich noch immer wie sonst, in der Folge wirst Du immer sehen wie sehr er meinem Herzen teuer ist, wie sehr ich seinen Edelmut schätze und wie sehr ich auf ihn rechne. Daß ich ihm nicht schreibe, liegt teils an meinem Mangel an lichten Stunden, teils in der Besorgnis er könnte was ich unbefangen schreibe an seine zu große Anzahl wahrhafter Freunde vertraulich mitteilen. Auch Dir, lieber Moser, würde ich heute nicht schreiben, wäre es nicht aus eigennütziger Absicht; ewige Freundschaftsdienste, ewige Plackereien, Unruh, Beschwerde, ich rate Dir gebe die Freundschaft mit mir auf. Wahrhaftig, ich würde Dir erst später schreiben, wenn ich es nicht nötig hätte zu eilen, des eignen Nutzens wegen. Ich bin in diesem Augenblick wie zerschlagen, die ganze Nacht habe ich auf der Nordsee herumgeschwommen, ich wollte nach Hellegoland reisen, doch in der Nähe dieser Insel mußte der Kapitän wieder umkehren, weil der Sturm gar zu entsetzlich war. Es hat ganz seine Richtigkeit mit dem was man von der Wildheit des Meeres sagt. Es soll einer der wildesten Stürme gewesen sein, die See war eine bewegliche Berggegend, die Wasserberge zerschellten gegen einander, die Wellen schlagen über das Schiff zusammen und schleudern es herauf und herab, Musik der Kotzenden in der Kajüte, Schreien der Matrosen, dumpfes Heulen der Winde, Brausen, Summen, Pfeifen, Mordspektakel, der Regen gießt herab als wenn die himmlischen Heerscharen ihre Nachttöpfe ausgössen, – und ich lag auf dem Verdecke, und hatte nichts weniger als fromme Gedanken in der Seele. Ich sage Dir, obschon ich im Winde die Posaunen des jüngsten Gerichts hören konnte und in den Wellen Abrahams Schoß weit geöffnet sah, so befand ich mich doch weit besser als in der Sozietät mauschlender Hamburger und Hamburgerinnen. Hamburg!!! mein Elysium und Tartarus zu gleicher Zeit! Ort, den ich detestiere und am meisten liebe, wo mich die abscheulichsten Gefühle martern und wo ich mich dennoch hin wünsche, und wo ich mich gewiß in der Folge oft befinden werde, und –

Mein Oheim Salomon H. hat mich dort sehr gut empfangen, war entzückt von mir, und gab gute Aussichten. Ich freute mich, wegen des schlechten Zustandes meiner Finanzen, denn er gab mir bisher nur 100 Taler vierteljährlich, eine Summe womit ich nie auskommen konnte, und die auch so unbedeutend ist daß ich es auch den besten Freunden verschwieg daß ich von dem Prahlhans so wenig erhalte. Er hatte mir vorig Jahr Oktober durch Lipke sagen lassen daß derselbe mir auf zwei Jahr jährlich 400 Taler geben solle. Ich habe von hier aus die nächsten 100 Taler die den 1ten Oktober fällig waren durch Dich einkassieren lassen (denn ich nahm immer vierteljährlich 100 Taler) und denke Dir mein Erstaunen und meinen Unwillen, als ich hier Brief von Sal. Heine erhielt worin er schrieb:

»Ich hoffe Du bist wohl und munter, zu meinem Verdruß haben die Hrrn Lipke & Co die letzte 100 auf mich angewiesen, die zufolge meiner Order erst den 1ten Jan. 1824 hatten gegeben werden sollen, ich weiß es Herrn Lipke keinen Dank daß Er gegen meine Order gehandelt, indessen ich gab der Zeit mein Wort 500 zu geben, und als redlicher Mann habe mein Wort gehalten.«

Dies sind die eigenen Worte, und aus dem übrigen Teile des Briefes, der die Frucht einer Launenstunde und gehässiger Zuflüsterung zu sein scheint, geht hervor daß er mit obigen Worten bedeutet: daß ich kein Geld mehr von ihm zu erwarten habe. – Nicht wahr das ist süperbe, unvergleichlich! Über diesem Punkte antwortete ich ihm nichts, als daß er in Betreff der Gelder die ich von Lipke empfing in einem Irrtume sei, den er aus der Copia meines Brief an Lipke ersehe. Der übrige Teil meines Schreiben an Sal. H. war wohl ein Meisterstück von Würde und Persiflage, und mag wohl keine milde Stimmung hervorbringen. Dieses ist zwar unklug, aber es ist die Schuld meiner Hausmagd die mir beim Schreiben des Briefes das dritte Glas Wasser nicht gebracht hat. Ich kenne sehr gut die getauften und noch ungetauften Quellen woraus dieses Gift eigentlich herkömmt, auch weiß ich daß mein Oheim, der sich hier so gemein zeigt, zu andern Zeiten die Generosität selbst ist; aber es ist doch in mir der Vorsatz aufgekommen alles anzuwenden um mich so bald als möglich von der Güte meines Oheims loszureißen. Jetzt hab ich ihn freilich noch nötig, und wie knickerig auch die Unterstützung ist die er mir zufließen läßt, so kann ich dieselbe nicht entbehren. Ich schicke Dir den Brief an Lipke, den Du lesen, versiegeln, und abgeben sollst. Du siehst ich habe nicht darin geschrieben daß mein Oheim die Geldzusicherung auf zwei Jahren ignorieren will. Aber es ist mir durchaus nötig daß Lipke in seinem Briefe an meinen

Oheim ausdrücklich erwähne: daß derselbe damals jene Zusicherung auf zwei Jahre gegeben. Siehe zu wie Du das machst. Lipke steht auf einem Fuße mit meinem Onkel, daß er keine Umstände mit demselben zu machen braucht und ihm die Wahrheit sagen kann. Du mußt daher Lipke anregen daß er sich in dieser schlimmen Geschichte sehr für mich interessiere. – Gegen jeden andern wirst Du hoffentlich über die ganze Geschichte schweigen. Sie ist zu jämmerlich.

Das Seebad das ich hier brauche bekömmt mir sehr gut; wären nur nicht die fatalen Gemütsbewegungen. Meine Nerven sind sehr gestärkt, und wenn die Kopfschmerzen nachlassen werde ich noch in diesem Jahre viel kräftiges schreiben. Die Tragödie ist im Kopfe ausgearbeitet, ich gebe mich ans Niederschreiben sobald ich kann und Ruhe hab. Sie wird sehr tief und düster. Naturmystik. Weißt Du nicht wo ich etwas über Liebeszauber, über Zauberei überhaupt lesen kann? Ich habe nämlich eine alte Italienerin die Zauberei treibt zu schildern. Ich lese viel über Italien. Denk an mich wenn etwas Dir in die Hände fällt was Venedig betrifft; besonders der venezianische Karneval. – Wo ich diesen Winter zubringen werde weiß ich noch nicht; Du siehst aus obigem daß ich jetzt ein Mann bin der heute nicht weiß wovon er übermorgen leben soll. – Diese Tage reise ich von hier ab und erwarte in Hamburg bei Cohn Brief von Dir, schreibe mir viel. Ich will Dir nächstens mehr schreiben. Grüße Marcus, ich werde ihm schreiben, sobald ich kann. Auch grüße Lehmann. Gans und Zunz versteht sich von selbst. – Hitzigs Biographie Hoffmanns lese ich jetzt hier, grüße ihn, vielleicht schreibe ich ihm selbst. Varnhagen hab ich in Hamburg gesprochen, wir sind keine gute Freunde mehr, deshalb darf ich auch nichts Ungünstiges über ihn schreiben. Es war ihm nicht lieb daß ich in Hamburg war. Über deinen Aufsatz schreibe ich Dir nächstens, jetzt wackelt mir der Kopf. – Mein Aufsatz über Goethe ist nicht gedruckt, Varnhagen sagt er sei zu spät gekommen, ich glaube aber er hat ihm nicht gefallen. Wenn er wirklich schlecht ist, so kommt das von Deinen Ideen die darin sind. Wirklich meine Aufsätze werden immer schlecht wenn eine vernünftige Idee darin ist. – Ich wünschte daß Du mir 6 Ex. meiner Tragödien, laut beiliegendem Zettel, ungebunden von Dümmler holen läßt und sie mir sobald als möglich, unter Kuvertadresse von Wohlwill nach Hamburg schickst. – Lebe wohl, und habe mich lieb, und bleibe mein Freund, und mache eine Ausnahme von der Menge derer die sich schon meine Freunde nannten. Doch Du machst in so vielen Dingen eine Ausnahme, und ich liebe Dich.

H. Heine.

AN MOSES MOSER IN BERLIN

Lüneburg den 27. Septemb. 1823

Lieber Moser. Ich bin jetzt wieder in Lüneburg, in der Residenz der Langeweile. Mit meiner Gesundheit sieht es eigen aus; gestärkte Nerven, aber anhaltender Kopfschmerz. Dieser bringt mich noch immer zur Verzweiflung, da ich jetzt wieder an meiner Juristerei arbeite. – Ich habe Dir so viel zu schreiben, daß ich wahrlich nicht weiß womit ich anfangen soll. Wenn ich nicht von Deiner Freundschaft überzeugt wäre, hätte ich Dir früher geschrieben; unser Freund Cohn wird nämlich nicht ermangelt haben Dir recht viel Schönes und Gutes von mir mitzuteilen, um Deine Freundschaft für mich zu befestigen. Glaube nicht daß ich mit Bitterkeit gegen Cohn erfüllt sei, wie sehr er es auch gegen mich sein mag. Du wirst gewiß gelacht haben als Du hörtest daß ich mich mit ihm wegen des Tempels überworfen. Ich hatte ihm bei meiner ersten Anwesenheit in Hamburg meine ehrliche Meinung darüber mitgeteilt, aber in höchst gemilderten Ausdrücken. Bei meiner zweiten Anwesenheit in Hamburg beschuldigte er mich (und auf Ehre, mit Unrecht) daß ich mich bei Salomon Heine über Kley und Bernays anders geäußert als bei ihm. Dies hatte zur Folge daß ich, als ich ihn bei meinem Oheim traf, meine Äußerungen so grell als möglich wiederholte. Ich hatte noch einmal ihn zu besuchen, um ein paar Louisd'or, die er noch für mich hatte in Empfang zu nehmen, später sah ich ihn zufällig an der Börsenhalle, und seit der Zeit haben ihn meine Augen nicht wiedergesehn. – Diese Geschichte hat für mich manches Unangenehme zur Folge gehabt, das ich Dir mal mündlich mitteilen werde, ich werde auf vielfache Weise gereizt und gekränkt, und bin ziemlich erbittert jetzt auf jene fade Gesellen, die ihren reichlichen Lebensunterhalt von einer Sache ziehen, für die ich die größten Opfer gebracht und lebenslang geistig bluten muß. Mich, mich muß man erbittern! Just zu einer Zeit, wo ich mich ruhig hingestellt habe die Wogen des Judenhasses gegen mich anbranden zu lassen. Wahrlich es sind nicht die Kleys und Auerbachs die man haßt im lieben Deutschland. Von allen Seiten empfinde ich die Wirkungen dieses Hasses, der doch kaum emporgekeimt ist. Freunde mit denen ich den größten Teil meines Lebens verbracht, wenden sich von mir, Bewunderer werden Verächter, die ich am meisten liebe hassen mich am meisten, alle suchen zu schaden. Du fragst in Deinen Briefen so oft ob Rousseau geschrieben; ich finde diese Frage sehr überflüssig. Ganz andre Freunde haben mir abgesagt und widersagt. Von der großen lieben Rotte, die mich persönlich nicht kennt, will ich gar nicht sprechen. – Unterdessen sind meine Familien- und Finanzumstände die schlechtesten. Du nennst mein Verfahren gegen meinen Oheim Mangel an Klugheit. Du tust mir Unrecht, ich weiß nicht warum ich just gegen meinen Oheim jene Würde nicht behaupten soll, die ich gegen alle andre Menschen zeige. Du weißt ich bin kein delikater zartfühlender Jüngling, der rot wird wenn er Geld borgen muß und stottert wenn er von dem besten Freunde Hülfe verlangt. Ich glaube, Dir brauche ich das nicht zu beschwören, Du hast es selbst erlebt daß ich in solchen Fällen ein dickhäutiges Gefühl habe; aber ich habe doch die Eigenheit von meinem Oheim, der zwar viele Millionen besitzt, aber nicht gern einen Groschen mißt, durch keine freundschaftliche und gönnerschaftliche Verwendungen Geld zu erpressen. Es war mir schon fatal genug das mir zugesagte Geld für das Jahr 1824 zu vindizieren, und ich bin ärgerlich über diese Geschichte weiter zu schreiben. Ich danke Dir für deine freundschaftliche Bemühung in dieser Sache. Ich bin mit meinem Oheim übereingekommen: daß ich nur 100 Louisd'or, zum Studieren von Januar 1824 bis 1825, von ihm nehme, weil ich darauf gerechnet habe, und daß er übrigens sicher sein könne von meiner Seite nie in Geldsachen belästigt zu werden. Für solche Genügsamkeit bin ich auch dadurch belohnt worden, daß mein Oheim mich in Hamburg, wo ich viele Tage auf seinem Landhause verbrachte, sehr ehrte und sehr auszeichnete und gnädig ansah. Und am Ende bin ich doch der Mann der nicht anders zu handeln vermag, und den keine Geldrücksicht bewegen sollte etwas von seiner innern Würde zu veräußern. Du siehst mich daher, trotz meiner Kopfleiden, in fortgesetztem Studium meiner Juristerei, die mir in der Folge Brot schaffen soll. Wie Du denken kannst – kommt hier die Taufe zur Sprache. Keiner von meiner Familie ist dagegen, außer ich. Und dieser ich ist sehr eigensinniger Natur. Aus meiner Denkungsart kannst Du es Dir wohl abstrahieren daß mir die Taufe ein gleichgültiger Akt ist, daß ich ihn auch symbolisch nicht wichtig achte, und daß er in den Verhältnissen und auf der Weise wie er bei mir vollzogen werden würde, auch für andere keine Bedeutung hätte. Für mich hätte er vielleicht die Bedeutung daß ich mich der Verfechtung der Rechte meiner unglücklichen Stammsgenossen mehr weihen würde. Aber dennoch halte ich es unter meiner Würde und meine Ehre befleckend wenn ich, um ein Amt in Preußen anzunehmen, mich taufen ließe. Im lieben Preußen!!! Ich weiß wirklich nicht wie ich mich, in meiner schlechten Lage helfen soll. Ich werde noch aus Ärger katholisch und hänge mich auf. Doch auch dieses fatale Thema breche ich ab, und da ich Dich in einigen Monaten persönlich spreche, will ich die Besprechung desselben bis dahin verschieben. Wir leben in einer traurigen Zeit, Schurken werden zu den Besten, und die Besten müssen Schurken werden. Ich verstehe sehr gut die Worte des Psalmisten: Herr Gott, gib mir mein täglich Brot, daß ich Deinen Namen nicht lästre! – Ich denke Neujahr nach Göttingen zu reisen und dort ein Jahr zu bleiben, ich muß mein jus mit mehr Fleiß als jeder andre studieren, da ich – wie ich voraussehe – nirgends angestellt werde, und mich aufs Advozieren legen muß. Ehe ich nach Göttingen reise, denke ich Dich in Berlin auf einen Tag zu besuchen. Du kannst kaum glauben wie sehr ich mich darauf freue! Es liegt so Vieles, so Schlimmes auf meiner Brust!

d. 30. Sept.

Ich würde Dich noch früher besuchen wenn ich nicht meine Gelder bereits ausgegeben. Die 6 Wochen in Cuxhaven haben mir 30 Louisd'or gekostet. (Mein Oheim schenkte mir 10 Louisd'or vor meiner Abreise nach dem Bad.) Hier lebe ich bei meinen Eltern und habe keine Ausgaben. Es ist fatal daß bei mir der ganze Mensch durch das Budget regiert wird. Auf meine Grundsätze hat Geldmangel oder Überfluß nicht den mindesten Einfluß, aber desto mehr auf meine Handlungen. Ja, großer Moser, der H. Heine ist sehr klein. Wahrlich, der kleine Markus ist größer als ich! Es ist dies kein Scherz, sondern mein ernsthaftester, ingrimmigster Ernst. Ich kann Dir das nicht oft genug wiederholen damit Du mich nicht mißt nach dem Maßstabe Deiner eigenen großen Seele. Die meinige ist Gummi elastic, zieht sich oft ins Unendliche, und verschrumpft oft ins Winzige. Aber eine Seele habe ich doch, *I am positive I have a soul,* so gut wie Sterne. Das gnüge Dir. Liebe mich um der wunderlichen Sorte Gefühls willen die sich bei mir ausspricht in Torheit und Weisheit, in Güte und Schlechtigkeit. Liebe mich weil es Dir nun mal so einfällt; nicht weil Du mich der Liebe wert hältst. Auch ich liebe Dich nicht weil Du ein Tugendmagazin bist, und Adelungisch, Spanisch, Syrisch, Hegelianisch, Englisch, Arabisch und Kalkuttisch verstehst, und mir Deinen Mantel geliehen hast, und Geld geliehen hast und für mich den Kopf zergrübelt hast u. drgl. – ich liebe Dich vielleicht nur wegen einiger närrischen Mienen die ich Dir mal abgelauscht und wegen einiger pudelnärrischer Redensarten, die Dir mal entfallen, und die mir im Gedächtnis kleben geblieben sind, und mich freundlich umgaukeln wenn ich gutgelaunt oder bei Cassa oder sentimental bin. – Ich hatte einen Polen zum Freund, für den ich mich bis zu Tod besoffen hätte, oder besser gesagt für den ich mich hätte totschlagen lassen, und für den ich mich noch totschlagen ließe, und der Kerl taugte für keinen Pfennig, und war venerisch, und hatte die schlechtesten Grundsätze – aber er hatte einen Kehllaut, mit welchem er auf so wunderliche Weise das Wort »Was?« sprechen konnte, daß ich in diesem Augenblick weinen und lachen muß wenn ich daran denke. – Ich will nicht mehr sagen, Du hast mich doch nicht verstanden, und das ist gut; ich glaube Du entbehrst nicht gern den Pathos in der Freundschaft. – Ich will Dir zu Gefallen manchmal den Cato-Mantel umwerfen und jähnen: *Delenda est Carthago.*

Um Gottes willen glaube nicht daß ich dem guten Gans unhold sei, oder seinen Wert verkenne. Es ist wahr, auch ihn liebe ich nicht wegen der dicken Bücher die er schreibt, und wegen der edeln Weise womit er handelt, sondern bloß wegen der spaßhaften Weise womit er mich herumzupfte wenn er was erzählte und wegen der gutmütig kindlichen Miene die er machte wenn ihm etwas Feindseliges oder Böses geschah. Das einzige was ich gegen ihn habe ist daß er durch sein Schwatzen mir manches Unangenehme erregt und vorzüglich daß er ohngeachtet meiner wohlbegründeten Bitten mit dem Schuften Dr. Gustorf über mich gesprochen. Dieser Schuft, der ein Jude ist und sich bei einigen jämmerlichen Unbeschnittenen dadurch beliebt zu machen suchte daß er mich anfeindete, ist zwar nicht der einzige dieser Art, und ich habe auf solche Weise schon manchmal dulden und achselzucken müssen. Aber Freunden nehme ich es übel wenn sie sich trotz meiner Bitten mit drgl. Schurken abgeben. Dieser Kerl ist der Busenfreund von einem gewissen Köchy, der sich ebenfalls auf die feindseligste Weise gegen mich gezeigt aus Poetenneid. Ich sah unlängst die »Elegante Welt« und sah daraus daß dieser Köchy jetzt in Braunschweig lebt indem ich in dieser Zeitschrift Artikel über das Braunschweiger Theater las, woran ich die Feder dieses Menschen erkannte. Ich bin überzeugt dieser Kerl hat in Braunschweig entweder das Ausgepfiffen-werden des Almansors eingeleitet oder wenigstens angeregt. Ich weiß wie drgl. Dinge gemacht werden, ich kenne die Niederträchtigkeit der Menschen, und jetzt wirst Du die Wichtigkeit der wenigen Maßregeln die ich beim Erscheinen des Almansors nehmen mußte, genugsam einsehen. Ich höre das Stück sei ausgetrampelt worden; hast Du nichts Spezielles gehört. Braunschweiger Meßjuden haben diese Nachricht in ganz Israel verbreitet, und in Hamburg bin ich ordentlich kondoliert worden. Die Geschichte ist mir sehr fatal, sie influenziert schlecht auf meine Lage, und ich weiß nicht wie dieses zu reparieren ist. Die Welt mit den dazugehörigen Dummköpfen ist mir nicht so gleichgültig wie Du glaubst. – Ich kriege hier die »Elegante Welt« nicht zu sehen, und ich bitte Dich, wenn Du etwas über den Almansor darin findest, es abzuschreiben und mir umgehend herzuschicken. – Vergiß nicht!!!

Ich sage Dir es ist eine wahre Kunst kleine Briefe zu schreiben. Ich nahm mir vor Dir heute nur zwei Seiten zu schreiben und schon drei sind voll, ohne daß ich eine Hauptsache berührt. Dies ist Deine mir nach Hamburg geschickte Rezension. Ich bedürfte noch einiger Blätter wenn ich ausführlich darüber sprechen wollte. Es möge daher bloß bemerkt werden: daß sie mir ganz erstaunlich gefallen, daß die 2te Hälfte derselben auch stilistisch vortrefflich ist, und daß noch niemand mich so tief begriffen hat wie der Verfasser dieser Rezension. Ich sage diesem geliebten Verfasser meinen innigstens Dank. Es ist noch ein besonderer Grund hinzugetreten weshalb ich wünsche daß derselbe unbekannt bleibe. Es hat doch niemand erfahren daß Du der liebe Vfr. bist? – Daß man mich am Rhein ignorieren will, ist begreiflich; ich bin den literarischen Lausangeln über den Kopf gewachsen, und obendrein sind sie erbittert auf den unchristlichen Almansor. Erhältst Du noch den westfäl. Anzeiger und die Rheinischen Blätter? Wenn Du sie vielleicht gesammelt hast, so schicke sie mir her. Ich will endlich auch nach dem Rhein und Westfalen schreiben daß man sie mir herschicke. – Immermann scheint mir nicht ganz gewogen. Ich habe seinen Periander gelesen. Es ist dies Buch eine höchst merkwürdige Erscheinung. Ich kann es nicht beurteilen; daß entzückend schöne Einzelheiten darin enthalten sehe ich wohl; ob aber das Ganze eine geistreiche Zusammenschmelzung des Antiken mit dem Modernen, oder bloß eine verunglückte Zusammenknetung des Sophokles und des Shakespeares ist – das weiß ich nicht. Es sind rein antike und rein moderne Formen nebeneinander gestellt, wahrhaft antiker Geist bricht manchmal hervor – aber ich will erst mal hören was andere sagen. – Ich schreibe jetzt gar nichts Poetisches; doch drängts mich meine Tragödie zu schreiben. Es hängt alles von meinem Kopfe ab. Wenigstens das weiß ich, daß ich so bald nichts drucken lasse. – Denk an die Notizen über Liebeszauber. – Die 6 Ex. der T. habe ich ebenfalls erhalten. –

Was macht der arme Markus? Hat Cohn etwas für ihn getan? Er hatte es mir versprochen. Ich legte es ihm dringend ans Herz. Gegen mich hatte er, bei meiner ersten Anwesenheit in Hamburg, sich mal sehr pekuniär-nobel geäußert als er in mich drang ob mich etwa Geldnot embarrassiere; er erbot sich mir in diesem Falle hülfreich zu sein, und, wie ein Kaufmann immer alles bestimmt, ließ er mir merken daß ich bis zu der Summe von 150 Talern bei ihm Kredit hätte. Ich dankte ihm, höchstens sei ich dann und wann um ein paar L.d'or verlegen und dann seiest Du es immer an den ich mich zu wenden pflege. Das gefiel mir aber von Cohn, ich nahm daher Gelegenheit über Markus mit ihm zu sprechen, und hatte gute Auspizien. – Ich bin höchst verdrießlich daß ich selbst jetzt zu arm bin um dem guten Menschen zu helfen. – Ich will suchen daß ich so reich werde wie die Hamburger Gaudiebe, Esel Schweinigel und übrige Ehrenmänner. – Wohlwill habe ich in Hamburg selten angetroffen. Er ist ein dicker Mann, folglich ein guter Mann, sagt Cervantes. Er ist sehr verstimmt, sentimental wie ein Pudel. Ich bin ihm herzlich gut. Er hat viel Gefühl; nur schade in seinen Gefühlen sind keine Knochen. – Ich bitte Dich schreibe doch an Cohn daß er bei meinem Oheim nicht auf mich schimpfen soll. – Auch bitte ich Dich erkundige Dich mal bei Dümmler wie es mit dem Absatze der Tragödien aussieht; zwar ist die Antwort vorauszusehen, Verleger klagen immer. – Auch bitte ich Dich sorge daß Gans mir nicht böse wird; ich werde ihm wohl bald schreiben. Ist sein Erbrecht erschienen? Grüße mir auch Zunz recht herzlich, so wie auch Lehmann. Glaube nicht daß ich so ganz und gar nicht an den Verein dächte; ich bin jetzt nur gar zu übel dran. Erkundige Dich auch bei dem Rendanten wann? und wie viel? ich zu bezahlen habe. – Hast Du bei Deinem Aufsatz für die Zeitschr. den Basnage nötig? Der Deinige steht Dir jetzt wieder zu Diensten. Soll ich ihn Dir schon schicken?

Nun habe ich noch ein Anliegen. Mein Bruder, welcher mehrere Jahre die Landwirtschaft praktisch erlernt hat, und einem Inspektordienst vorstehen kann, hat jetzt keine Stelle. Teils läge die

Schuld, sagt er, in dem Umstande daß er beschnitten sei, teils in dem Umstande daß jetzt alle Landwirte *en embarras* sind und ihre Leute abschaffen; am meisten sei ihm aber der Jude im Wege, wenn er eine Stelle nachsucht. Da ich von Berlin her weiß daß Jakobsohn Güter im Mecklenburgischen hat, so glaube ich es ist möglich daß mein Bruder, der die allerbescheidensten Ansprüche macht, bei diesen Gütern auf irgend eine Weise beschäftigt werden kann, wenn man sich in Berlin bei Jacobsohn selbst für ihn verwendet. Sehe daher zu, lieber Moser, daß dieses, durch Dich oder durch jemand anders, geschehe, und schreibe mir darüber so bald als möglich. Überhaupt wenn Du einen andern Ausweg für meinen Bruder weißt, teile mir ihn mit. Der arme Junge ist wirklich in Verlegenheit, und ist ein so guter Mensch daß ich mich für ihn verwenden würde, wenn er auch mein Bruder nicht wäre. – Mein jüngster Bruder studiert fleißig die Alten und wird Mediziner werden. Ich glaube daß er gedeihen wird als Gelehrter und – Mensch. – Grüße mir Lipke vielmal; ich ließe ihm vielen Dank sagen, sollst Du ihm sagen; ich bin dem Manne Dank schuldig. – Lebe wohl, guter Moser, und bleibe mir gewogen, schreibe mir bald; es braucht ja nicht viel zu sein, und Du brauchst mich ja nicht weitläuftig philosophisch zu konstruieren, wie in Deinem vorigen Briefe. – Mit meiner Gesundheit sieht es seit drei Tagen viel besser aus, drei Tage ohne Kopfschmerzen – etwa Nachwirkung des Bades? Ich fange wieder an Lebenskraft und Hoffnung zu empfinden. Bist Du nicht mit dem Schlusse meines Briefes zufrieden?

d. 30. Sept. 1823. H. Heine.

AN CHARLOTTE EMBDEN IN HAMBURG

Endlich Göttingen d. 31. Januar 1824.

Liebe süße Schwester! Ich hoffe daß Dich diese Zeilen in vollem Wohlsein antreffen werden. Was mich betrifft so gehts mir besser als früher. Ich glaube Lüneburg muß eine schlechte Luft haben; fast keine ganz gesunde Stunde genoß ich dort. Die Leute dort haben zwar alles aufgeboten um mir das Nest angenehm zu machen; besonders zuletzt. – Ich habe die Reise ohne besondere Vorfälle abgemacht. Die Lüneburger Heide ist 1/3 von der Ewigkeit und hat mich hinlänglich gelangweilt, und aus Langeweile machte ich Verse, auch Verse an Dich gerichtet, welche ich Dir vielleicht mal mitteile. Es sind nur ein paar Strophen. Aber ich habe Dich lieb und denke beständig an Dich und wenn ich an Deine Kalbereimisere denke hab ich keine Ruh. – In Hannover brachte ich drei Tage zu, und hab eine schöne Frau dort kennengelernt, und war liebenswürdig, nämlich ich. Auf meiner Herreise von Hannov. hatte ich schlechtes Wetter, es schneite als wenn die sämtlichen himmlischen Heerscharen ihre Federbetten auf mich herabschüttelten; und obendrein saß ich auf halboffnem Beiwagen neben dem Schirrmeister, dessen roter Purpurmantel allmählig zum Hermelin wurde. Und ich dachte an Dich und ich ließ es in Gottesnamen fortschnein, und als – Trarah! Trarah! der Junge auf dem Briefpostwägelchen vorbeirollte, wurde mir das Herz bewegt, und ich dachte der hat gewiß Briefe die in 3 Tagen zu Hamburg sind, und ich beneidete die Briefe. Schlafend bin ich in Göttingen angelangt; Was bedeutet das? Als ich des andern Morgens im Wirtshaus am Fenster stehe, sah ich [meinen] alten Stiefelwichser vorbeigehn, und ich rufe ihn her[auf] und der drollige Kerl kommt, ohne Wort zu sprechen, und putzt meine Kleider und Stiefel, ohne Wort zu sprechen, und geht fort und zeigte nicht die mindeste Verwunderung daß ich 3 Jahr von Göttingen abwesend war und mein altes Verbot, nie in meiner Gegenwart zu sprechen und nie etwas zu fragen, hatte er noch nicht vergessen. – Hier habe ich nur wenige Bekannte und die Professoren sind mir auch nicht besonders hold, weil ich, als ich hier konsiliert worden, den Mitgliedern des akad. Senats auf mokante Weise Abschiedskarten zuschickte. – Bis am Hals stecke ich in meinen juristischen Studien und es geht gut. Ich fand es so glücklich daß ich, obschon ich mitten im Cours gekommen, doch einiges hören kann wobei ich nichts versäumt habe. – Lebe wohl, schöne Frau, und behalte mich in gutem Andenken und schreibe mir oft. Meine Adresse ist: H. H. Candidatus Juris auf der Rothenstrasse bei W.e Brandissen in Göttingen.

Grüße mir alle Bekannte, und schreibe mir wie es dort aussieht und ob die Torten dies Jahr in Hamb. gut geraten sind. Wenn Du was Gutes kochst oder bäckst so heb es mir auf, bis ich mal wieder dort bin. Aber Du selbst bist mir doch lieber als alle Torten auf dieser Erde, die Zitronentorten mit inbegriffen. Ich möchte Dir gern mehr schreiben aber in meinem Kopfe ist es zu trübe und ich kann es ja doch nicht ausdrücken wie herzlich Dir ergeben ist

Dein Bruder
H. Heine.

AN RUDOLF CHRISTIANI IN LÜNEBURG

Göttingen d. 26. Mai 1825.

Teurer Christiani!

Wenn es in der ganzen Christenheit irgend einen Menschen gibt der Ursache hat mit mir unzufrieden zu sein, so ist es der Doktor Christiani in Lüneburg. Was wollen Sie mehr als dieses offne Geständnis? Nun schlagen Sie in der Carolina nach und bestimmen Sie meine Strafe. Doch diese wird nicht allzu hart ausfallen. Denn erstens weiß ich daß ich bei Ihnen noch in großer Gunst stehe, zweitens wissen Sie, oder besser gesagt Ihr Selbstbewußtsein sagt Ihnen, daß ich oft genug an Sie denken muß, daß

Briefschreiben überhaupt so eine ganz eigene Sache ist, und daß oft Halbfreunde oder sogar Scheinfreunde sich täglich schreiben und wahre Freunde nur selten, manchmal sogar nie. Über letzteres ließe sich wohl eine große, höchstschmerzliche Dissertation schreiben.

Aber dieses alles will ich nicht zur Entschuldigung gebrauchen, sondern bloß meinen physischen Zustand und dessen Einwirkung auf meine Gemütsstimmg. Ich war nämlich den ganzen Winter krank, und jetzo leide ich an allmähliger Genesung.

Den vorigen Sommer sah es auch nicht sehr glänzend mit meiner Gesundheit aus, und obendrein lag auf mir die Zentnerlast der Pandekten. Meine Erholung waren kalte Bäder, Chronikenstudium, Skandäler, Shakespear, Ulrichs Garten, so wie auch einige eigne Pfuschereien ins Gebiet der Literatur. Letzteres war aber sehr unbedeutend, Ausarbeitung einer Memoirenpartie, Anfang eines Romans, und einige kleine Köter von maliziösen Gedichten. Den Herbst machte ich eine Fußreise nach dem Harz den ich die Kreuz und Quer durchstreifte, besuchte den Brocken, so wie auch Goethe auf meine Rückreise über Weimar. Ich reiste nämlich über Eisleben, Halle, Jena, Weimar, Erfurt, Gotha, Eisenach und Kassel hierher wieder zurück. Viel Schönes habe ich auf dieser Reise gesehen, und unvergeßlich bleiben mir die Täler der Bode und Selke. Wenn ich gut haushalte kann ich mein ganzes Leben lang meine Gedichte mit Harzbäumen ausstaffieren. –

Über Goethes Aussehen erschrak ich bis in tiefster Seele, das Gesicht gelb und mumienhaft, der zahnlose Mund in ängstlicher Bewegung, die ganze Gestalt ein Bild menschlicher Hinfälligkeit. Vielleicht Folge seiner letzten Krankheit. Nur sein Auge war klar und glänzend. Dieses Auge ist die einzige Merkwürdigkeit die Weimar jetzt besitzt. Rührend war mir Goethes tiefmenschliche Besorgnis wegen meiner Gesundheit. Der selige Wolf hatte ihm davon gesprochen. In vielen Zügen erkannte ich den Goethe, dem das Leben, die Verschönerung und Erhaltung desselben, so wie das eigentlich Praktische überhaupt, das Höchste ist. Da fühlte ich erst ganz klar den Kontrast dieser Natur mit der meinigen, welcher alles Praktische unerquicklich ist, die das Leben im Grunde gringschätzt und es trotzig hingeben möchte für die Idee. Das ist ja eben der Zwiespalt in mir daß meine Vernunft in beständigem Kampf steht mit meiner angeborenen Neigung zur Schwärmerei. Jetzt weiß ich es auch ganz genau warum die goethischen Schriften im Grund meiner Seele mich immer abstießen, so sehr ich sie in poetischer Hinsicht verehrte und so sehr auch meine gewöhnliche Lebensansicht mit der goethischen Denkweise übereinstimmte. Ich liege also in wahrhaftem Kriege mit Goethe und seinen Schriften, so wie meine Lebensansichten in Krieg liegen mit meinen angeborenen Neigungen und geheimen Gemütsbewegungen. – Doch sein Sie unbesorgt, guter Christiani, diese Kriege werden sich nie äußerlich zeigen, ich werde immer zum goethischen Freikorps gehören, und was ich schreibe wird aus der künstlerischen Besonnenheit und nie aus tollem Enthusiasmus entstehen.

So bist Du denn der ganzen Welt empfohlen
Das Übrige brauch ich nicht zu wiederholen.

Es ist aber spaßhaft wie ich immer und überall, und ging ich auch nach der Lüneburger Heide, zu Erzgoethianern komme. Zu diesen gehören auch Sartorius und seine Frau, vulgo geistreiches Wesen genannt, mit denen ich hier am meisten verkehre. Ich brachte ihnen Grüße von Goethe, und seitdem bin ich ihnen doppelt lieb. – Es gibt sogar unter den Studenten Goethianer. –

In Kassel war ich mehrmals, fand dort Straube, so wie auch Haxthausen. Letzteren aber nur vorigen Herbst, auf meiner Rückreise vom Harz. »Eine Eule saß und spann.« Wir haben von Ihnen und alter Wünschelrutzeit sehr viel gesprochen. Haxthausen ist ganz versauert, ein Landjunker, trägt jetzt sich sehr modern modisch, und wie mir scheint habe ich ihm nicht mißfallen. Er war mit seiner Schwester, oder besser gesagt Fräulein Schwester, zum Besuch in Kassel.

Straube ist dort kurfürstlich hessischer Prokurator und verheuratet und ebenfalls versauert. Wir haben uns seit vorigen Sommer mehrmals auf 24 Stunden gesehen und freuen uns sehr wenn wir uns wechselseitig betrachten und alter Zeiten gedenken und über gemeinschaftliche Freunde schwatzen. Er hält sehr viel auf Sie und von Ihnen, guter Christiani, und ich mußte ihm viel erzählen. Und dennoch ist er versauert, die Blüten die einst so viel versprachen sind niedergedrückt unter Aktenstößen und Faulheit, und was sich etwa noch Hübsches in ihm regen mag zu hübschen Zeiten, das geht alles verloren in das große Weib, das er sich zugelegt hat, und das in ihrem weißen Kleide eher mit dem Schimmel der Apokalypse als mit den Musen des Helikons Ähnlichkeit hat. –

Mit mir und meinen poetischen Produkten ist Straube unbedingt zufrieden; ja – O Wunder – er ist jetzt enthusiasmiert vom Almansor.

Meine Harzreise habe ich, wie Sie schon in Erfahrung gebracht haben, Anfangs diesen Winter geschrieben. Aber leider konnte ich kaum bis zur Hälfte damit zu Stande kommen, weil ich damals, wie den ganzen Winter hindurch, mich höchst elend befand. Wenn ich daher bedenke, zu welcher trübseligen Zeit ich dieses Reisefragment geschrieben, so muß ich zweifeln ob etwas Gutes daraus geworden. Ich habe es jetzt nach Süddeutschland geschickt, und wenn es nicht zu spät anlangt, werden Sie es in den »Rheinblüthen« gedruckt sehen. Ich kann wahrlich nicht ohne Besorgnis Ihrem Urteil darüber entgegen sehen, und ich wünschte im Grunde Sie bekämen das Opus nie zu Gesicht. Sie finden darin viele alte Witze von mir, mit schlechten neuen Witzen bunt untermischt, nachlässige, unkünstlerische Prosa, unbeholfene Naturschilderungen, verunglückter Enthusiasmus; aber das bitt ich mir aus – die Verse darin sind göttlich.

Diesen Winter, teuerer Christiani, hab ich schrecklich gelitten. Ich war fürchterlich auf den Hund. Zum Verzweifeln. Ich lebte in Schmerzen und Medizin. Jetzt ist es besser, aber noch immer bin ich sehr leidend, höchst angegriffen von den Leiden dieses Winters, und dieses ist Ursache warum ich vor der Hand mich noch nicht von hier fortschieben kann. Lassen Sie dieses aber nicht meinen Eltern merken. Trotz solcher schlimmen Zeiten hab ich doch viel getan, vornehmlich in juristischer Hinsicht so daß ich den 3. Mai, unter Hugos Dekanat, mein Examen zu machen wagen durfte. Es ging ganz vorzüglich, und jetzt habe ich eine Steinlast weniger auf dem Herzen. Diese Last, die mich zum beständigen Ochsen anspornte, so wie meine erwähnte Krankheit verhinderten mich Ihnen zu schreiben; und nun bin ich bei Ihnen entschuldigt.

In sechs Wochen will ich promovieren, dann aber will ich ernsthaft dran denken bald nach Lüneburg zu kommen. Es ist mir höchst schmerzlich daß ich die dortige Anwesenheit meiner Schwester nicht genießen kann. – Von Berlin her klingen mir viele lockende Töne entgegen. Werden mich doch wohl wieder ankötern.

Grüßen Sie mir Spitta, wenn er noch in Lüne ist. Es ist ein Mensch worin Poesie ist und ich achte ihn. Nur ist jetzt die Frage: Was wird aus ihm werden? Jedoch, ich bin der Meinung es steckt etwas mehr in ihm als ein auf der grünen Jünglingspfeife gemütlich hingepiepstes Frühlingsliedchen. Was seinen naselosen Freund Peters betrifft: so sollte ich Sie, lieber Christiani, recht ordentlich mystifizieren; aber dazu sind Sie mir zu lieb. Ich will Ihnen daher offen gestehen daß dieses eins der amüsantesten Rindviehs ist, die unsre Zeit hervorgebracht hat. Ich hab ihn mir seitdem gehalten zu meinem und meiner Freunde Vergnügen. Es ist das wahre Bild des Esels der die Laute schlägt; aber mit welchem Selbstgefühl und welcher Anmaßung! Daß seine Liedchen, obzwar nicht von starkem, dauerndem Werte, dennoch nicht ganz schlecht sind, gibt dem Spaße erst seine rechte Würze. Da er anmaßend im höchsten Grade ist, aufgeblasen von seinem Poetenwert, ein Erzschwächling und dabei den polterndstarken Demagogen spielend, minnesam süßlich und dabei rationalistisch vernünftelnd, ewig in Blüten und Blumen lebend und dabei stinkend wie der Pudel eines Kurländers: so verdiente er daß ich ihn beständig mystifizierte, heute seine Gedichte lobte und ihn entzückte, und morgen wieder den deutschen Patrioten in ihm kränkte, und seine abgetragene eingeseichte Moralität auf alle mögliche Weise zauste –.

Es war ein Götterspaß als er vorigen Winter auf meiner Kneipe, vor einem Dutzend meist unbekannter Menschen, die ihn aber per Renommee kannten, nur halb aufgefordert, seine Gedichte vorlas und durch ausbrechendes Gelächter, Kritik von der tollsten Sorte und noch tollere Anmerkungen, auf die tollste Weise verhöhnt wurde. Versteht sich daß er dieses nicht merkte, zu sehr selbstvergnügt wenn er vorlesen kann, und zu sehr von sich selbst eingenommen wenn er überzeugt ist daß er seinen eignen Kunstansichten entspricht; ja diese Eitelkeit geht so weit daß er, wie er mir ernsthaft erzählte, im Traum bei Goethe war und das Vergnügen hatte seine Gedichte von Goethe enthusiastisch gelobt zu hören. – Was er im »Gesellschafter« über mich geschrieben hat mich sehr amüsiert, obzwar manche glauben es müsse mich tief verletzen. Indessen wenn ich die Wahrheit sagen soll, hat der Kerl dennoch Arschprügel verdient. Doch, ich will mich darüber nicht weiter äußern – wenn Männer wie Christiani von solchen Wischen nicht angewidert werden – was soll ich sagen? – Leben Sie wohl, alter Wünschelruthäuptling, lassen Sie etwas von sich hören, lassen Sie doch bald etwas drucken, damit unsere Genitive von Peter in kritischer Tätigkeit kommen, und damit ich Sie von ganzer Seele auslachen kann. Wirklich, sagen Sie mir wird was von Ihnen gedruckt, oder kann ich zur Befördrg. des Gedrucktwerdens etwas beitragen? Sie haben ganz über mich zu verfügen. – Das Papier geht zu Ende und ich kan[n] Ihnen nur noch sagen daß ich Sie liebe.

H. Heine.

AN CHARLOTTE EMBDEN IN HAMBURG

Göttingen, 31. Juli 1825.

Liebes Lottchen!

Von Vater hab ich erfahren, daß Du die Blumenauen Lüneburgs längst verlassen, und Dich wieder in dem gesegneten Hamburg befindest. Was mich betrifft, so bin ich noch immer, wie Du siehst, in dem gelehrten Kuhstall Göttingen, wo ich den 20. ds. für die juristische Doktorwürde öffentlich disputiert habe. Von Lüneburg wird man Dir diese Nachricht schon mitgeteilt haben. Ich glaubte Dich dort, sonst hätte ich Dir schon früher geschrieben.

An Max habe ich aufgetragen, unserem Moritz von Berlin aus meine Thesen zu schicken, ich hätte ihm auch schon geschrieben, wenn ich es überhaupt der Mühe wert hielte, über eine Doktorpromotion viele Worte zu machen. Grüße mir Moritz recht herzlich, und wenn Du sicher bist, daß er keine Plaudertasche ist, so sage ihm, ich sei jetzt nicht nur Dr. Juris, sondern auch..... Es hat gestern geregnet, so wie auch vor 6 Wochen. Als letzthin der längste Tag war, habe ich an den Zollenspieker gedacht, und hab ihn mit Schwitzen und Gedanken an Euch gefeiert. Du kennst jetzt schon seit 2 Jahr unsern Moritz ganz intim, und mußt jetzt wissen, was an ihm ist, ob er das Maul halten kann u. s. w. Ich habe vorgestern schöne Erdbeeren gegessen, sie haben auf dem Zucker recht weich gelegen, und ich hab sie auch recht gut zugedeckt.

Ich weiß nicht, wie lange ich jetzt noch hier bleibe, und ob ich nicht gar schon diese Tage abreise und wieder eine Fußtour mache. Auf jeden Fall bin ich Mitte September in Lüneburg, um meine Eltern wiederzusehen, und von da aus geht es – ich weiß es wahrhaftig noch nicht, ob es mir möglich sein wird, nach Hamburg mich zu fixieren. Ich befinde mich jetzt zwar nicht mehr so ganz schlecht, mit meiner Gesundheit geht es jetzt Gottlob viel besser als sonst, doch bin ich noch immer krank genug, um mehr an die Gegenwart als an die Zukunft zu denken. Auf keinen Fall werde ich nach Hamburg kommen, wenn nicht dort die Mittel meiner Subsistenz im voraus gesichert sind. – Ist dieses nicht der Fall, so wähle ich vor der Hand Berlin, wo mir gleich mehr Erwerbsquellen offen stehen. – – Wenn ich nur das Bewußtsein gewinne, daß Du liebes Lottchen, mit mir zufrieden bist und einsiehst, daß ich von meiner Seite alles getan habe, wodurch ich es möglich zu machen glaubte, in Deiner geliebten Nähe zu leben. Sei überzeugt, daß kein Vergnügen, kein Champagner, kein Theater, kein Eitelkeitskitzel und keine schönen Damenblicke mir so lieb sind, wie ein trauliches, schwatzendes Zusammensein mit Dir, Du gutes, liebenswürdiges Kind. Du weißt ja, wie ich bin, wie leicht verträglich und folgsam und mit wenigem zufriedengestellt. Du und zwei andere herrliche Damen wissen das sehr gut und wissen es zu schätzen.

Ich bitte Dich, geh viel spazieren, damit Du nicht zu dick wirst! Ich bitte Dich, werde keine Hamburgerin. Grüße nur und küß mir Dein Kindchen. Und schreibe mir bald. Den Brief schicke nur nach Lüneburg, ich will, wenn ich hier so bald abreise, an Vater schreiben, wohin er mir ihn nachschicken soll. –

Unsern endlich ganz in Hamburg befindlichen Gustav grüße mir herzlich. Ich schicke einliegend die Thesen, worüber ich disputiert, die Du an Gustav oder andere Gelehrten mitteilen kannst.

Leb wohl und behalte mich lieb.

Dein Bruder
H. Heine.

AN RUDOLF CHRISTIANI IN LÜNEBURG

Hamburg den so und so vielten Dez. 1825.

Lieber Christiani!

Schlechtes Leben hier. Regen, Schnee und zu viel Essen. Und ich sehr verdrießlich. Hamburg ist am Tage eine große Rechenstube und in der Nacht ein großes Bordell. Alle Menschen sehn mich an als wollten sie das Lyrische Intermezzo parodieren. Und ich selbst bin voller Ironie und Sentimentalität. – Ihren Freund Dr. Halle habe ich besucht. Er ist sehr liebreich, sehr zuvorkommend und ein wahrer Jude. Er zeigte sich nämlich im ersten Augenblick schon jüdisch zuvorkommend mit der Frage: Sie werden doch mein Kollege? Ärgerlich wie ich war (Kleistsche Wendung) sagte ich: Ja; dergestalt daß jetzt jeder glaubt ich bliebe hier um zu advozieren. Ich aber weiß es am allerwenigsten was ich hier tun werde. Indessen glaub nur nicht daß ich hier müßig sei, im Gegenteil wo ich geh und steh mach ich Verse. Folgendes famose Lied machte ich gestern Abend. Ist es nicht wunderschön? Aber damit Du dieses eingestehst, muß ich es wirklich hinschreiben, welches ich hiermit tue

Sie liebten sich beide, doch keiner
Wollt es dem andern gestehn;
Sie sahen sich an so feindlich,
Und wollten vor Liebe vergehn.

Sie trennten sich endlich, und sahn sich
Nur noch zuweilen im Traum;
Sie waren längst gestorben,
Und wußten es selber kaum.

Kennst Du in der ganzen deutschen Literatur ein besseres Lied?

Peters, das ist Dein bestes.

Aber wirklich, Christiani, nachdem Du dieses Lied gelesen hast glaubst Du noch wirklich daß ich hier Advokat werde? Ich denke ich gehe nach Berlin. Meine Freunde schreiben mir von dort aus Mordbriefe, und wollen mich mit *Gensd'armen* von hier wegholen lassen. – Messieurs! ich weiche der Gewalt.

Die Harzreise ist jetzt an Gubitz abgegangen, und ich bin neugierig wie viel Tannenbäume mir die Zensur auf dem Oberharze streichen wird.

Vergiß nicht das Mspt. über Casanova. Ich habe dessen 7te Teil hier gelesen, und wär ich nicht zu moralisch so hätte mir das manchen Drittel gekostet.

Auch den Brief an den jungen Kaufmann hast Du mir nicht zukommen lassen. – Lebe wohl so gut es geht. – Grüße mir alle Bekannte. Entschuldige mich nochmals bei Hagen daß ich ihn vor meiner Abreise nicht gesehn. Aber die schöne, göttingleiche Jochma, was willst Du dieser von mir sagen wenn Du sie siehst? Sag ihr daß ich ein Lump sei, der es nicht verdient von der Sonne beschienen zu werden. Sag ihr daß wenn ich Celle ausnehme sei sie die schönste Frau im ganzen Hannovrischen.

Ich bin ein Unglücklicher, oder, was noch mehr sagen will; ein Esel. Du glaubst nicht wie sehr es mich quält die Amtmännin nicht gesehen zu haben. – Grüß mir auch Amtsassessors Melis, so wie auch Deine Familie, den Herrn v. Penz und ganz apart das kleine Mystikerchen.

Dein Freund
H. Heine.

AN RUDOLF CHRISTIANI IN LÜNEBURG

[Poststempel: Hamburg, 19. September 1827]

– Fraun, gewöhnt an Männerliebe,
Wählerinnen sind sie nicht,
Aber Kennerinnen.
Und wie goldlockigen Hirten,
Vielleicht schwarzborstigen Faunen,
Wie es bringt die Gelegenheit,
Über die schwellenden Glieder
Vollerteilen sie gleiches Recht.

– – – –

– – – –

Darf man solche Obszönitäten drucken lassen? Meint Goethe etwa wir verständen ihn nicht? oder hat derjenige, der das Schmutzige am reinsten und fast in Göttersprache aussprechen kann, mehr Recht zu solchem Aussprechen als wir Plumperen, die wir vom Kote nicht reden können ohne daß auch Kot an den Worten klebe? – Außer jener Stelle gibt es im 3ten u 4ten Teil der neuen Ausg. noch manche andre die ich verstehe –. Im Grunde ist es Gutmütigk. vom alten Herrn daß er in seinen Büchern uns auch immer einige Zeilen gibt die wir verstehn können. Was aber die ganze »klassisch-romantische« Helena soll, versteh ich nicht. Es ist vielleicht ein großherzogl. Weimarsches Staats geheimnis – also von keiner großen politischen Wichtigkeit. Den »Euphorion« könnte man als die romantische Poesie selbst ausdeuten – er wird gezeugt von dem Goethe-Faust und der antiken hellenischen Helena. – Ja! ja! hätte er uns nicht verraten und verkauft, und die Schule stände noch in wogender Blüte – 20,000 Schlegelianer, 20,000 Glöckner der romantschen Minne würden geharnischt auftreten und in Sonetten und Kritiken beweisen, daß Goethes klassisch romantische Helena ein Meisterstück sei! Jetzt aber wird es über letzteres sehr seufzend still hergehn und im Notfall versichert man es sei nicht ganz schlecht.

Und hätte Er noch die alte Karfunkel-Garde, das blaue Blumenregiment, die Wünschelhusaren – wie viel göttlichen Unsinn hätte Goethe in jenem Gedichte anbringen können, er hätte sich in seinen alten Tagen, schwelgend in geistreichem Wahnsinn, noch etwas zu gute tun können – Aber er merkte wohl daß ihm der alte Hinterhalt fehlte und hielt sich zumeist an die Antikenform.

Der Anfang ist schön, man glaubt den alten Tragödien Pathos zu hören – aber es geht allmählig über in einen Schikanederschen Operntext. –

Goethe ist ein großer Dichter – Was mich betrifft so lebe ich in diesem Augenblick ganz allein auf der Insel Wangerooge, und bade. 14 Tage habe ich auf Norderney zugebracht, aus Übermut ging ich hin, lebte recht behaglich unter meinen Feinden – hannövrisches Gesindel ist zu lumpig sich mir persönlich entgegenzustellen und vermag nur einen unwissenden Pöbel aufzuhetzen. Ein Freund, Pr. Dirxen, warnte mich ernstlich abzureisen. Der Assessor Strühker, der sonst in Lüneburg war und den ich in Norderney kennen und lieben lernte, warnte mich ebenfalls sehr dringend, und nur solch dringendes Anmahnen, verbunden mit meiner eignen Furchtsamkeit, bewegte mich mich fortzubewegen. – Spaß bei Seite, es ist kein Spaß auf wüster Insel von einem vernunftlosen, erbitterten Barbarengesindel umgeben zu sein. Man hat den Weibern dort gesagt ich hätte sie als gar zu häßlich geschildert, diese waren mit einigem Rechte aufgebracht – und das Schicksal des Orpheus stand zu befürchten. Meine Harfe, d. h. mein Koffer mit meinen Manuskripten, wäre nach Hamburg geschwommen.

Ich denke in 8 Tagen Thrazien zu verlassen und nach Hamburg zu segeln.

England ist ein hübsches Land, und wenn wir mal wieder zusammenkommen will ich Dir davon erzählen, bis dahin liebe mich, und laß Dir nie weisma[chen] daß ich den hannöv. Adel sonderlich scheue.

Dein Urfreund

H. Heine.

Heut Nacht, im Traum, unglücklicherweis,
Tät ich an der schmutzigsten Magd mich laben,
Und ich konnte doch für denselben Preis
Die allerschönste Prinzessin haben.

Das ist die jüngste Begebenheit.
Laß meinen Eltern wissen daß ich noch lebe.

ANHANG

»ACH! ICH BIN GEFESSELT AN NORDDEUTSCHLAND.«

Nachwort

Die Phantasiegestalten, die Heinrich Heine erfunden oder weltberühmt gemacht hat, bevölkern ein Universum, das sich zwischen Lappland und Brasilien, Mexiko und Thailand erstreckt. Er selber hat davon nur wenig kennengelernt: Zum einen, weil er sich den Luxus des Reisens weit weniger erschwingen konnte als heutige Zeitgenossen, zum andern, weil bei ihm der gesundheitliche Aspekt stärker im Vordergrund stand. Reisen zum puren Vergnügen, zur Erweiterung des persönlichen Horizonts, unternahm er nur selten; statt dessen fuhr er im Sommer ans Meer, ins Thermalbad oder einfach aufs Land, um sich dort von den Alltagsstrapazen der lichtschwachen, kalten, nassen, obst- und gemüsearmen Jahreszeit zu erholen. Seine Bilanz kann sich dennoch sehen lassen: Deutsche Großstädte wie Köln, Hamburg und Berlin waren dem 40jährigen nicht weniger vertraut als die europäischen Metropolen Paris, London, Amsterdam, Florenz und Mailand, das Rheintal, das Weserbergland und der Harz ebenso wie die Normandie und die Bretagne, die Provence und die Toskana.

Heines erste Auslandsreise führte ihn im August 1822 ins Großherzogtum Posen, das damals zu Preußen gehörte. Mitte April 1827 trat er eine Englandreise an; wieder einmal war es der Hamburger Onkel Salomon Heine, der sie finanzierte. Weil aus einer beabsichtigten Weiterreise nach Paris nichts wurde, verbrachte Heine den Rest des Frühjahrs und den halben Sommer 1827 ausschließlich in Großbritannien, hauptsächlich in London und den Seebädern Brighton, Margate und Ramsgate an der Südostküste.

Die große Italienreise von 1828 wurde nicht etwa eines langersehnten Kunst- und Bildungserlebnisses wegen unternommen, sondern weil Heine den Sommer, seiner Gewohnheit gemäß, am

Meer verbringen wollte. Von diesen gesundheitlichen Erwägungen waren auch die Urlaubsreisen nach seiner 1831 erfolgten Übersiedlung nach Paris bestimmt: Ende Oktober/Anfang November 1836 unternahm er Streifzüge durch die Provence mit Aufenthalten in Marseille, Hyères, Aix, Avignon und Lyon; Mai und Juni 1837 verbrachte er mit seiner Frau in Granville, im Juli war er in Rennes. Von August bis September 1837 hielt er sich in Le Havre auf, ein Jahr später in Granville. Die beiden folgenden Jahre machte er gemeinsam mit Mathilde Urlaub in Granville, im September 1840 war er in der Bretagne. Juni und Juli 1841 verbrachte er in Cauterets (Pyrenäen), wobei er auf der Hinreise Lyon, Avignon und Sète passierte. August und September 1842 war er wieder einmal in Boulogne-sur-Mer, Juli und August 1843 in Trouville.

»Ach! ich bin gefesselt an Norddeutschland« – so ein Stoßseufzer in einem Brief vom 1. Juni 1827. Der Region war Heine zunächst durch seine väterlichen Vorfahren verbunden, weshalb es ihn dann auch 1816 dorthin, nach Hamburg nämlich, wo nahe Angehörige lebten, verschlug. 1818 erlangte er sogar die provisorische Aufnahme in die jüdische Gemeinde Hamburgs und damit quasi die Hamburger Staatsbürgerschaft, die er bis zu seinem Tod behielt. So war es eine Heimkehr in die Heimat, als Heine am 21. Oktober 1843 zu seinem ersten Hamburgbesuch seit 1831 aufbrach. Der Grund war zugleich geschäftlicher wie privater Natur: Erste Veranlassung gaben zunächst Verhandlungen mit seinem Verleger Julius Campe über die Rechte an einer Gesamtausgabe, da eine ältere Vereinbarung bis 1848 befristet war. Darüber hinaus wollte Heine auch seine Hamburger Verwandtschaft, insbesondere seine Mutter Betty, wiedersehen. Eine endgültige Rückkehr nach Deutschland war dem politischen Emigranten unmöglich, überdies hatte er selbst sie mehrfach ausgeschlossen, denn die persönliche wie geistige Freiheit, die er als deutscher Schriftsteller in Paris genoß, konnte er zu Hause nirgendwo finden; Preußen war überall. Weil er behördliche Repressalien argwöhnte, hielt er seine Reiseroute, die (nach Zwischenstationen in Lille und Brüssel) größtenteils durch preußisches Gebiet führte, geheim: Über Aachen, Köln, Hagen, Münster und Bremen erreichte Heine am 29. Oktober 1843 Hamburg. Sechs Wochen später trat er die Rückreise an: Über Celle, Hannover, Bückeburg, Minden, Münster, Hagen, Köln und Brüssel kehrte er nach Paris zurück, wo er am 16. Dezember eintraf.

Zweck der zweiten Reise, die er im Juli 1844 unternahm, diesmal in Begleitung seiner Frau Mathilde, war die Überwachung des Drucks der *Neuen Gedichte* und des *Wintermärchens*. Aus Sicherheitsgründen wählte er diesmal das Dampfschiff von Le Havre nach Hamburg; die Rückkehr erfolgte ebenfalls teilweise per Schiff über Amsterdam und Den Haag. Vorsicht war geboten, denn inzwischen wurde Heine in Preußen steckbrieflich verfolgt: Am 16. April 1844 erließ das Innenministerium per Rundschreiben an alle Oberpräsidenten der preußischen Provinzen einen Grenzhaftbefehl gegen Heine und drei weitere Mitarbeiter der »Deutsch-Französischen Jahrbücher« wegen »versuchten Hochverrats und des Majestätsverbrechens«. Am 11. Juli wurde eine ähnliche Anweisung erlassen, diesmal gegen Redakteure und Mitarbeiter des »Vorwärts«, wovon Heine erneut betroffen war. Die Genannten sollten, »so bald sie das diesseitige Gebiet« beträten, »unter Beschlagnahme ihrer Papiere mit sorgfältiger Vermeidung alles Aufsehens verhaftet« und »unter sicherer Begleitung nach Berlin« transportiert werden.

Auf Drängen der preußischen Gesandtschaft in Paris ergriffen schließlich auch die französischen Behörden Maßnahmen gegen die Flüchtlinge. Nur durch sofortige Intervention beim Ministerium gelang es Heine, seine Abschiebung zu verhindern. Eine alte Bestimmung, derzufolge allen während der französischen Besetzung im Rheinland geborenen Deutschen automatisch eine Art Asylrecht in Frankreich gewährt wurde, bewahrte ihn vor der Ausweisung. Sein bis dahin freiwilliges Exil hatte sich in ein unfreiwilliges gewandelt. »Dort im Vaterlande harrten unser der Kerker, die geheimen Hinrichtungen, oder wenigstens jene kleinen Verhaftsbefehle, die das Reisen so unbequem machen«, lautet das Fazit von 1854.

Ein geplanter dritter Deutschlandbesuch war Heine nicht mehr möglich. Ursprünglich beabsichtigte er, im Januar 1846 erneut nach Hamburg zu reisen und von dort aus einen Abstecher nach

Berlin zu machen, wo er mehrere Spezialärzte konsultieren wollte. Als sich Alexander von Humboldt in Heines Auftrag an den preußischen Innenminister wandte, um von diesem die Zusicherung freien Geleits für die Reise nach Berlin zu erwirken, erhielt er jedoch eine klare Absage: Die preußische Ministerialbürokratie wollte nicht vergessen, was sich im Laufe von rund zwei Jahrzehnten an belastendem Material zwischen zwei Aktendeckeln angesammelt hatte. Als sich im Gefolge der Märzrevolution die politischen Verhältnisse entspannten, wäre ein erneuter Deutschlandbesuch eher möglich gewesen, doch war es dafür jetzt zu spät: Heines schwere Erkrankung machte sein Exil dauerhaft.

Wenngleich Heine mit seiner ausgeprägten Haßliebe zu allem Deutschen nie ein vorzeigbarer Heimatdichter geworden ist, so nimmt Norddeutschland in seinem Werk doch eine besondere Stellung ein: Neben Hamburg mit seinen Umgebungen sind hier vor allem die Nordseeinseln, Lüneburg, Göttingen und der Harz zu nennen. In spezieller Hinsicht – zu Anthologiezwecken etwa – mag ihn dies sogar als Dichter des Nordens erscheinen lassen. Dabei ist aber zu bedenken, daß Geographie und kulturelle Höhepunkte Heine oft nur als Staffage dienten. Denn obgleich er vier Bände *Reisebilder* geschrieben hat, die seinen Namen beim großen Publikum bekannt machten, ist Heine doch kein Reiseschriftsteller gewesen. Unterwegs war er weniger in geographischen Räumen als in der Zeit und in der Kultur, wobei seine Interessen vor allem den modernen politischen und sozialen Theorien und Tendenzen galten. Und auch in der Fremde gingen ihm die deutschen Zustände niemals aus dem Kopf.

Heine wollte keine fremde Realität vorstellen; seine Reiseberichte sind daher eher arm an Realien. Ironisch distanzierte er sich von den bildungsbeflissenen Touristen, die mit dem Reiseführer in der Hand die Sehenswürdigkeiten abklappern. Anstelle von Beschreibungen liefert der Autor subjektive Eindrücke, anstelle von Urteilen Ansichten, anstelle von Begebenheiten Erlebnisse. Keine erzählte Heimat begegnet uns also, sondern ein intelligenter Blick auf die vorbeieilende Welt, die in Beziehung gesetzt wird zu eigenen Erfahrungen: »Was ich aus den Dingen nicht hinaussehe, das sehe ich hinein.« Heines subjektiver Prosastil macht das große Ich zur Hauptgestalt.

Heines *Reisebilder*, denen ein großer Teil der hier vorgelegten Texte entnommen ist, sind nur Sammelname und Mantel für verschiedene literarische Formen, Genres und Gattungen. Auch in unserer Auswahl mischen sich eigentliche Reiseaufzeichnungen mit feuilletonistischen Skizzen, Aufsätzen, Polemiken und Gedichten. Möge man es Heine nachsehen, daß er (obschon sich auch an seine Fersen längst der Literatur-Tourismus geheftet hat) keine rechten Baedeker-Qualitäten entwickelte. Dafür wartet er wie stets mit anderen Vorzügen auf, die ihn längst zu unserem erfolgreichsten Exportklassiker gemacht haben. Heinrich Heine beeindruckt durch Leichtigkeit, Munterkeit und Frische, glänzt mit seinem Scharfsinn, demonstriert Höhe ohne Feierlichkeit. Von all unseren Großschriftstellern, von Walther von der Vogelweide bis Heiner Müller, ist er der witzigste, unser größter Ironiker, der mit bizarren Ideen-Assoziationen und despektierlichen Kontrastvergleichen immer wieder die Grundlage für ernsthafte, analytische, teilweise prophetische Resümees von Gewicht schafft.

Eine große Landstraß ist unsere Erd,
Wir Menschen sind Passagiere;
Man rennet und jaget, zu Fuß und zu Pferd,
Wie Läufer oder Kuriere.

Man fährt sich vorüber, man nicket, man grüßt
Mit dem Taschentuch aus der Karosse;
Man hätte sich gerne geherzt und geküßt,
Doch jagen von hinnen die Rosse.

Aus: *Buch der Lieder: Junge Leiden, Romanzen, XIX*

ZEITTAFEL

1797 *13. Dezember* (Datum unsicher): Harry Heine in Düsseldorf geboren. Eltern: Textilkaufmann Samson Heine aus Hannover (1764 bis 1828) und Betty (jüd. Peira) van Geldern aus Düsseldorf (1771 bis 1859). Geschwister: Charlotte (Sarah, um 1802 bis 1899), Gustav (Gottschalk, um 1803 bis 1886), Maximilian (Mayer, um 1804 bis 1879). Kindheit und Schulbesuch in Düsseldorf.

1815 *September/Oktober:* Kaufmännische Praktika im Bankhaus Rindskopf und bei einer Kolonialwarenhandlung in Frankfurt am Main.

1816 *Juni:* Als Lehrling im Bankhaus Heckscher und Co. des Onkels Salomon Heine (1767 bis 1844) in Hamburg.

1817 *Februar/März:* Erste Gedichtveröffentlichungen in der Zeitschrift »Hamburgs Wächter«.

1818 *Juni:* Provisorische Aufnahme in die jüdische Gemeinde (damit quasi hamburgische Staatsbürgerschaft). Eröffnung des Kommissionsgeschäfts »Harry Heine und Comp.« für in Düsseldorf nicht abgesetzte englische Manufakturwaren.

1819 *Februar:* Wegen der Geschäftsunfähigkeit ihres Bruders Samson betreiben Salomon und Henry Heine in Hamburg dessen Entmündigung. Anschließend Liquidation der Geschäfte in Hamburg und Düsseldorf. Rückkehr Heines ins Elternhaus. *Dezember:* Beginn eines von Onkel Salomon finanzierten Studiums an der Universität Bonn (Jura und »Cameralia«).

1820 *Oktober:* Immatrikulation an der Universität Göttingen.

1821 *Januar:* Aufgrund eines geplanten Duells wird Heine durch das Universitätsgericht für ein Semester von der Universität verwiesen. *April:* Immatrikulation an der Universität Berlin.

1822 *August:* Aufnahme in den »Verein für Cultur und Wissenschaft der Juden«.

1823 *April:* »Tragödien, nebst einem lyrischen Intermezzo«.

1824 *Januar:* Erneute Immatrikulation in Göttingen.

1825 *3. Mai:* Juristisches Examen. *28. Juni:* Protestantische Taufe in Heiligenstadt auf den Namen Christian Johann Heinrich. *20. Juli:* Abschluß der Promotion zum Dr. juris (Gesamtnote: III).

1826 *Januar:* Beginn der Verlagsbeziehung zu Julius Campe (1792 bis 1867). *Mai:* »Reisebilder«, 1. Teil.

1827 *April bis August:* »Reisebilder«, 2. Teil. Englandaufenthalt. *Oktober:* »Buch der Lieder«. *November:* Übersiedlung nach München. Journalistische Tätigkeit für die »Neuen allgemeinen politischen Annalen« (als Mitredakteur) und andere Zeitschriften.

1828 *August:* Reise nach Italien. *2. Dezember:* Tod des Vaters in Hamburg.

1829 *Dezember:* »Reisebilder«, 3. Teil.

1830 *Dezember:* Bemühung um eine Stelle als Ratssyndikus in Hamburg.

1831 *Januar:* »Nachträge zu den Reisebildern«. *Mai:* Übersiedlung nach Paris. *Oktober:* Beginn der Korrespondententätigkeit für die »Allgemeine Zeitung« (zunächst bis 1832).

1832 *Dezember:* »Französische Zustände«.

1833 Beginn der Mitarbeit an französischen Zeitschriften. *Juni:* »De la France«. *Dezember:* »Der Salon«, Band 1.

1834 *Mai:* »Tableaux de Voyage«, I–II. *Oktober:* Beginn der engeren Beziehung zu Augustine Crescence Mirat (1815 bis 1883); als »Mathilde« wird sie Heines Lebensgefährtin und Ehefrau.

1835 *Januar:* »Der Salon«, Band 2. *April:* »De l'Allemagne«, I–II. *November:* »Die romantische Schule«. *10. Dezember:* Totalverbot der literarischen Avantgarde des »Jungen Deutschland« durch die Deutsche Bundesversammlung.

1837 *Juli:* »Der Salon«, Band 3; »Ueber den Denunzianten«.

1840 *Februar:* Beginn einer neuen Serie von Korrespondenzberichten für die »Allgemeine Zeitung« (bis 1848). *April:* Beginn der Zahlung einer Jahrespension durch die französische Regierung (bis 1848). *August:* »Ludwig Börne. Eine Denkschrift«. *Oktober:* »Der Salon«, Band 4.

1841 *31. August:* Kirchliche Trauung mit Mathilde. *1. September:* Ziviltrauung. *7. September:* Pistolenduell mit Salomon Strauß.

1843 *Oktober bis Dezember:* Deutschlandreise, Aufenthalt in Hamburg.

1844 *Januar:* Eintritt in die Pariser Freimaurerloge »Trinosophes« (Mitglied bis 1847). *Juli bis Oktober:* Reise nach Hamburg. *September:* »Neue Gedichte« mit »Deutschland. Ein Wintermährchen«. *Dezember:* Tod Salomon Heines in Hamburg. Beginn des Erbschaftsstreits (bis Februar 1847). Erhebliche Verschlechterung von Heines Gesundheitszustand.

1847 *Januar:* »Atta Troll. Ein Sommernachtstraum«. *Februar:* Carl Heine sichert seinem Cousin die unverkürzte Fortzahlung der ursprünglichen Jahresrente zu, die später noch beträchtlich erhöht wird.

1848 *Februar bis Mai:* Zusammen mit Mathilde Aufenthalt in der Klinik seines Freundes Faultrier. *März:* Bekanntwerden von Heines französischer Staatspension. *April:* Rapide Verschlechterung seines Gesundheitszustandes mit fortschreitender Lähmung und Krämpfen. *Mai:* Beginn der Bettlägerigkeit (»Matratzengruft«).

1851 *Oktober:* »Romanzero« und »Der Doktor Faust. Ein Tanzpoem«. *13. November:* Heine errichtet sein rechtsgültiges Testament. *Dezember:* Beginn mit Börsenspekulationen.

1854 *Januar:* Beginn der Arbeit an den »Memoiren«. *Oktober:* »Vermischte Schriften« I–III. *Dezember:* Beginn der Arbeit an einer französischen Gesamtausgabe.

1855 *Februar:* »De l'Allemagne. Nouvelle edition«, I–II. *April:* »Lutèce. Lettres sur la vie politique, artistique et sociale en France«. *Juni:* Bekanntschaft mit Elise Krinitz (»Mouche«, 1825 bis 1896), die ihn häufig besucht. »Poèmes et Légendes«.

1856 *17. Februar, morgens 4.45 Uhr:* Tod Heines. *19. Februar:* Abnahme der Totenmaske durch Joseph Fontana. *20. Februar:* Beerdigung auf dem Friedhof Montmartre. Unter den wenigen französischen Trauergästen sind Dumas und Gautier; die Familie ist nur durch den angeheirateten Cousin Joseph Cohen vertreten. *9. Mai:* »Tableaux de voyage. Nouvelle édition«, I–II.

TEXTNACHWEIS

Die Textzitate wurden der von Manfred Windfuhr edierten historisch-kritischen Gesamtausgabe der Werke Heinrich Heines (16 Bände, Hamburg: Hoffmann und Campe Verlag 1973–1996), die Briefzitate der von der Stiftung Weimarer Klassik und dem Centre National de la Recherche Scientifique in Paris herausgegebenen Säkularausgabe (Berlin: Akademie Verlag, Paris: Editions du CNRS 1970 ff.) entnommen. Druckversehen und irrtümliche Entzifferungen wurden korrigiert; die Orthographie wurde unter Wahrung des Lautstandes der heutigen Rechtschreibung angenähert; in die Interpunktion wurde nicht eingegriffen. Die Kapitelüberschriften wurden vom Herausgeber eingefügt.

BIOGRAPHISCHE NOTIZ

Der Autor

Heinrich Heine, geboren am 13. Dezember 1797 (Datum unsicher) in Düsseldorf, gestorben am 17. Februar 1856 in Paris. Schulzeit und kaufmännische Ausbildung in Düsseldorf, Frankfurt und Hamburg; anschließend Jurastudium in Bonn, Berlin und Göttingen. 1825 Promotion zum Dr. jur., 1831 Übersiedlung nach Paris. Seit 1841 verheiratet mit Augustine (genannt Mathilde) Mirat. Wichtige Publikationen: *Buch der Lieder* (1827), *Reisebilder* (4 Bde., 1826–1831), *Der Salon* (4 Bde., 1833–1840), *Ludwig Börne. Eine Denkschrift* (1840), *Neue Gedichte, Deutschland. Ein Wintermärchen* (1844), *Atta Troll. Ein Sommernachtstraum* (1847), *Romanzero* (1851), *Vermischte Schriften* (3 Bde., 1854), *Memoiren* (postum 1884).

Der Herausgeber

Jan-Christoph Hauschild, geboren 1955 in Leinsweiler bei Landau (Rheinland-Pfalz). Jüngste Publikationen: *Heinrich Heine* (zus. mit Michael Werner), Deutscher Taschenbuch Verlag 2002 (dtv portrait); *Heiner Müller oder das Prinzip Zweifel. Eine Biographie,* Aufbau Taschenbuch Verlag 2003; *Georg Büchner,* Rowohlt Taschenbuch Verlag 2004 (rororo monographie), *Leben Sie wohl und hole Sie der Teufel. Heinrich Heine. Biographie in Briefen,* Aufbau Verlag 2005, *Das Heine Liederbuch. Noten – Texte – Kommentare* (hrsg. zusammen mit Babette Dorn), Hoffmann und Campe Verlag 2005. Hauschild ist auch Herausgeber des *Heinrich-Heine-Kalenders,* der 2007 im 2. Jahrgang bei Hoffmann und Campe erscheint.